Bertram | Kunst

Georg W. Bertram

Kunst

Eine philosophische Einführung

Reclam

9. Auflage

RECLAMS UNIVERSAL-BIBLIOTHEK Nr. 19413
2005, 2023 Philipp Reclam jun. Verlag GmbH,
Siemensstraße 32, 71254 Ditzingen
info@reclam.de
Druck und Bindung: Elanders Waiblingen GmbH,
Anton-Schmidt-Straße 15, 71332 Waiblingen
Printed in Germany 2025
RECLAM, UNIVERSAL-BIBLIOTHEK und
RECLAMS UNIVERSAL-BIBLIOTHEK sind eingetragene Marken
der Philipp Reclam jun. GmbH & Co. KG, Stuttgart
ISBN 978-3-15-019413-3
reclam.de

Inhalt

Einleitung

»Kunst ist schön, macht aber viel Arbeit.« Das lakonische Wort Karl Valentins bringt eine Selbstverständlichkeit zum Ausdruck. Es ist im Großen und Ganzen unbestreitbar, dass Künstler mit ihren Werken viel Arbeit haben. Auch wenn manche Gedichte nur aus wenigen Wörtern und manche Zeichnungen nur aus wenigen Strichen bestehen, steckt doch in jedem noch so kleinen Werk ein großes Maß an künstlerischer Übung und damit Arbeit. Weniger augenfällig ist, dass auch die Rezipienten mit der Kunst einige Arbeit haben. Die Auseinandersetzung mit Kunst bedeutet immer eine gewisse Anstrengung. Diese Anstrengung kann man mit Begriffen wie Aufmerksamkeit, Verständnis, Offenheit der Sinne, Sich-Zeit-Lassen usw. umschreiben.

Die Arbeit, die Kunst für diejenigen darstellt, die mit ihr Erfahrungen machen, ist geistiger Natur. Kunst muss in irgendeiner Art und Weise verstanden werden. Mit Blick auf Literatur wird diese Aussage nicht überraschen. Bei einem schwarzen Quadrat von Kasimir Malewitsch kann es hingegen so scheinen, als gelte es allein, die Dichte der Farbe auf sich wirken zu lassen. Aber auch bei Erfahrungen, die man in dieser Weise (als sinnlich intensiv) beschreiben kann, handelt es sich um Prozesse des Verstehens, die mit einer gewissen geistigen Arbeit verbunden sind. Verstehen heißt unter anderem: Unterscheidungen treffen, Strukturen erfassen. Solches Verstehen findet auch dann statt, wenn wir nicht zu sagen wissen, dass und was wir verstanden haben. Auch wenn ich nur Schwärze auf mich wirken lasse, impliziere ich die Tiefe der Schwärze im Gegensatz beispielsweise zur Seichtheit eines hellen Grau. Ich muss nicht sagen können, dass es die Tiefe der Schwärze ist, die die Intensität meines sinnlichen Erfahrens ausmacht. Ich muss aber meine Erfahrung als eine erleben, die genau diesen Inhalt (die Erfahrung einer sinnlichen Intensität schwarzer Farbe) hat. In der Erfahrung steckt unter anderem eine Beherrschung des Unterschieds von Schwarz und Grau.

Kunst ist, so hat es in der Geschichte der Kunstphilosophie unter anderem Hegel betont, eine geistige Angelegenheit. Kunstwerke sind nicht nur Gegenstände der Wahrnehmung und der sinnlichen Auseinandersetzung, sondern auch und in erster Linie des Verstehens. Es nimmt so nicht wunder, dass seit ihren Anfängen sich auch die Philosophie immer wieder mit Fragen der Kunst befasst hat. Mitte des 18. Jahrhunderts kam es dann dazu, dass die Philosophie der Kunst als eine gesonderte Disziplin der Philosophie begründet wurde.[1] Insbesondere seitdem ist die Kunst in der Philosophie immer wieder Gegenstand intensiver Debatten gewesen. In diesen Debatten kamen vielfältige Überlegungen zustande, die auch für die sonstige Beschäftigung mit Kunstwerken von Interesse sind. Die Philosophie hat Hilfsmittel und Einsichten für die geistige Auseinandersetzung mit der Kunst entwickelt.

Es ist das Ziel des vorliegenden Buches, in diese Einsichten einzuführen und einige Hilfsmittel so aufzubereiten, dass sie für den Umgang mit Kunstwerken brauchbar werden. Die Rezeption von Kunst ist eine Anstrengung des Verstehens, die es nicht nur mit den konkreten Formen und Inhalten eines bestimmten Kunstwerks zu tun hat, son-

1 Die *Aesthetica* von Alexander Gottlieb Baumgarten gelten gängigerweise als Begründungstext der Philosophie der Kunst.

dern immer auch mit der Kunst insgesamt. Diese These ist sicherlich keine Selbstverständlichkeit – sie stellt ihrerseits bereits eine erste gedankliche Herausforderung dar, die mit der Kunst verbunden ist. Diese Einführung will ein Begleiter für solcherlei gedankliche Herausforderungen sein. Sie will Hilfestellungen für die Verständigungsarbeit mit der Kunst insgesamt geben. Aus diesem Grund ist der folgende Text auch durchweg systematisch orientiert. Es geht ihm nicht um einzelne Positionen einer philosophischen Thematisierung von Kunst und um ihre Erläuterung als solche. Vielmehr will er wichtige Fragen und Probleme verständlich machen, die sich in der Auseinandersetzung mit Kunst stellen. Diese Fragen und Probleme sollen systematisch verfolgt und entfaltet werden.

Es handelt sich bei diesem Buch allerdings sehr wohl um eine *philosophische* Einführung in die Frage der Kunst. Die Ausführungen sollen durchweg an Überlegungen und Einsichten orientiert sein, die in der philosophischen Debatte vor allem der vergangenen 250 Jahre zustande gekommen sind. Auf den folgenden Seiten werde ich immer wieder auf das Denken wichtiger Figuren in der Philosophie der Kunst – wie zum Beispiel Kant, Hegel, Heidegger und Adorno – zurückkommen. Auch wenn es nicht mein Ziel ist, ihr kunstphilosophisches Denken umfassend vorzustellen, soll es durchaus möglich sein, sich anhand des Textes über einige Grundzüge des Denkens dieser und anderer Autoren mit Blick auf Kunst zu informieren. Im Zweifelsfall ist es aber das Ziel meiner Darstellungen, den systematischen Gedankengang, den ich verfolge, voranzubringen. Manche Erwähnung kunstphilosophischer Positionen geschieht aus diesem Grund nur am Rand. Ich hoffe, dass sich dadurch der eine oder andere Hinweis ergibt, an welcher Stelle eine weitere Lektüre und Auseinandersetzung lohnend sein könnte.

Dieses Buch handelt von der Kunst. Man wird vielleicht in diesen ersten Zeilen bereits den Begriff »Ästhetik« vermissen. Ästhetik ist die philosophische Disziplin, in der Fragen der Kunst zu Hause sind. Der Begriff Ästhetik stammt von dem griechischen Ausdruck *aisthesis*, von dem der lateinische Ausdruck *aesthetica* abgeleitet wurde. *Aisthesis* heißt so viel wie Wahrnehmung. So ist Ästhetik immer wieder als eine Theorie der sinnlichen Wahrnehmung oder einer speziellen Form sinnlicher Wahrnehmung, des Schönen, betrieben worden. Weder Fragen der sinnlichen Wahrnehmung allgemein noch Fragen des Schönen als solchen bilden einen Gegenstand der folgenden Darlegungen. Aus diesem Grund bleibt der Begriff der Ästhetik am Rand. Wo dennoch von »Ästhetik« oder mit dem korrespondierenden Adjektiv von »ästhetisch« die Rede ist, ist der Begriff auf Kunst eingeschränkt. Ich halte es in diesem Punkt mit Hegel, der Ästhetik als »Philosophie der schönen Kunst« verstanden wissen wollte.[2] Zu Zeiten Hegels sprach man von »schöner« Kunst, um nicht sonstige Künste wie zum Beispiel die Tischlerei mit zu umfassen. Wir heute können die Angabe »schön« weglassen, da wir als Kunst allein das Gesamt der Dinge verstehen, in Auseinandersetzung mit denen wir ästhetische Erfahrungen machen. Handwerkliche Produkte gelten uns gängigerweise als Kunsthandwerk – nicht als Kunst.

Der folgende Text setzt sich aus sieben Kapiteln zusam-

2 Georg Wilhelm Friedrich Hegel, *Vorlesungen über die Ästhetik I*, Frankfurt a. M. 1977, S. 13.

men. Sie sind so komponiert, dass jeweils relativ abgeschlossene gedankliche Zusammenhänge präsentiert werden. Obwohl sich durch den gesamten Text ein roter Faden zieht, lassen sich die Kapitel zum Teil auch unabhängig voneinander lesen. Das gilt vor allem für die ersten vier Kapitel. Gegen Ende des Textes bauen die Überlegungen zunehmend aufeinander auf. Ich habe versucht, wichtige Querverweise im Text kenntlich zu machen. Hilfreich ist vielleicht der Hinweis, dass sich am Ende des dritten Kapitels eine gewisse Zäsur ergibt. Bis dahin werde ich im Grundsatz entfaltet haben, wie Kunst sich philosophisch begreifen lässt. Im Anschluss daran werde ich wichtige Aspekte des philosophischen Begriffs der Kunst in Bezug auf die Auseinandersetzung mit sowie das Verständnis von Kunstwerken und von ästhetischen Erfahrungen verfolgen.

Mit der nun vorliegenden zweiten Auflage ist das Buch um ein Kapitel erweitert worden. Es handelt sich um das siebte Kapitel, das der Beurteilung von Kunstwerken in der Kunstkritik gewidmet ist. Mir ist in der weiteren Arbeit zur Kunstphilosophie seit dem ersten Erscheinen des Buches[3] zunehmend klar geworden, dass es ein Versäumnis war, in seiner Konzeption nicht auch Fragen der Kunstkritik berücksichtigt zu haben. So begreife ich die nun vorgenommene Ergänzung als wichtig für eine angemessene philosophische Erläuterung von Kunst. Auch ansonsten habe ich vorsichtig kleine Änderungen im Text vorgenommen, oh-

3 Vgl. dazu besonders Georg W. Bertram, *Kunst als menschliche Praxis. Eine Ästhetik*, Berlin 2014.

ne allerdings den ursprünglich angelegten Gedankengang als solchen zu verändern.

Der Text entstand im Kontext meiner Lehrtätigkeit in Gießen und Hildesheim. Seminare an der Justus-Liebig-Universität Gießen und vor allem ein Seminarzyklus zur Philosophie der Kunst an der Universität Hildesheim boten mir die Grundlage für die Niederschrift der folgenden Darlegungen. Dank schulde ich allen Studierenden, mit denen zusammen ich die Gedanken erproben konnte, vor allem einem Seminar im Sommer 2004 in Hildesheim, das den Text mit großem Engagement diskutiert hat. Dank schulde ich auch meinen Lehrern, vor allem Odo Marquard und Martin Seel, die mich in je unterschiedlicher Art und Weise in Fragen der Philosophie der Kunst eingeführt haben. Der Text dieses Buches hat sehr von dem intensiven Mitdenken profitiert, das Anna Krewani, Christian Strub und Matthias Vogel ihm gewidmet haben. Auch Juliane Baruck, Inigo Bocken, Tilman Borsche, Stefan Deines, Stefanie Hontscha, Christof Kalb, Jasper Liptow, Kathrin Meyer und Manuel Scheidegger haben mir mit Kommentaren und Kritik geholfen. In besonderer Weise danke ich Dr. Dietrich Klose vom Reclam Verlag für das Vertrauen in das Projekt und für viele hilfreiche Vor- und Ratschläge.

Bei der Niederschrift war es mein Ziel, einen Text zu schreiben, der mit den Lesern ein Gespräch über Kunst führt. Das Buch kann als ein solches Gespräch verstanden werden, das zu Papier gebracht worden ist. Die einzelnen Positionen und Argumente werden entlang von Fragen, Einwürfen und anderen Beiträgen entwickelt. Ich habe versucht, den Gedankengang stets flüssig zu halten und mich nicht in Details zu verlieren. Wenn man eine Diskussion über Kunst führen will, ist es hilfreich, über Kunstwerke zu sprechen. So kommen in dem folgenden Text immer wieder Beispiele zu Wort. Es schien mir dabei oft sinnvoller, klassische und bekannte Werke heranzuziehen, als meine Darlegungen durch interessante neue Beispiele auszuzeichnen. Es soll dem Text im Zweifelsfall zugunsten der Verständlichkeit an Originalität mangeln. Dennoch stößt das Nachdenken über Kunst zuweilen in Bereiche vor, für die sich keine klassischen Beispiele finden lassen. Für ein Gespräch über Kunst ist die moderne und die neueste Kunst von großem Interesse, da diese oftmals selbst ein Gespräch über Kunst führt. Es sind also zuweilen Beispiele vonnöten, die modern und speziell scheinen mögen. Ich habe auch in diesem Fall keine exzentrischen Werke ausgewählt. Dennoch gebe ich in manchen Fällen, in denen ich davon ausgehe, dass ich die Werke nicht als bekannt voraussetzen kann, etwas Beschreibung, um den jeweiligen Rekurs auf ein Werk verständlich zu machen.

Ich wünsche meinem Buch Leser, die in das vom Text verfolgte Gespräch über Kunst eintreten, die antworten, die sich zum Widerspruch herausgefordert sehen oder zustimmend nicken. Es ist an ihnen, das Gespräch fortzuführen.

1 Es gibt Kunstwerke ... gibt es sie wirklich?

Im Jahr 1913 ereigneten sich in zwei Zentren der musikalischen Welt ähnliche Dinge. In Wien lud die Klasse von Arnold Schönberg zu einem Konzert. Unter anderem wurde ein Stück von Schönbergs Schüler Alban Berg uraufgeführt, die Orchesterlieder nach Texten von Peter Altenberg (*Altenberg-Lieder* op. 4). In Paris wurde im gleichen Jahr im Théâtre de l'opéra ein Ballett eines jungen russischen Komponisten erstmals dargeboten: *Le sacre du printemps* von Igor Strawinsky. Die Zuhörer, die diesen Ereignissen beiwohnten, stellten sich – unabhängig voneinander – dieselbe Frage. »Ist das noch Kunst?« fragten sie und kein Zweifel kann daran bestehen, dass sie die Frage mehrheitlich verneinten. In Wien kam es zu Tumulten, die Aufführung musste abgebrochen werden; in Paris wurde das Werk ausgebuht. Heute zählen die Autoren der beiden Werke zu den wichtigsten Komponisten des 20. Jahrhunderts; das besagte Ballett gehört zum Standardrepertoire der Neuen Musik.

In unseren Tagen ist der Kunstbetrieb ruhiger geworden. Schon länger dürfte es keine Konzerte mehr gegeben haben, die durch ein aufgebrachtes Publikum gesprengt worden sind. Dennoch liest man zuweilen noch von wütenden Angriffen auf Bildwerke. In einer Ausstellung, die junger britischer Kunst gewidmet war (*Sensation*, Royal Academy of Arts, London, 1997), wurde zum Beispiel das Werk *Portrait der Kindermörderin* des Künstlers Marcus Harvey durch einen Anschlag mit einem Farbbeutel beschädigt.

Grund für die Attacke war die Tatsache, dass das Werk eine Kindermörderin zeigt. Nicht die Neuheit der künstlerischen Ausdrucksweise, sondern der von dem Kunstwerk dargestellte Gegenstand war hier der Stein des Anstoßes.

Den Beispielen ließen sich viele hinzufügen. Alle zeigen sie eines: *Kunst ist umstritten*. Das liegt nicht allein am konservativen Geschmack derer, die sich für Kunst interessieren, und an ihrem aufrichtigen moralischen Empfinden. Es liegt vielmehr auch daran, dass Kunst von Grund auf mit der Frage danach verbunden ist, was als Kunst gilt und was nicht. Mit Kunst gehen wir nicht wie mit anderen Gegenständen des Alltags, wie zum Beispiel mit Tischen, um. Es ist eine Selbstverständlichkeit, dass Tische in unserer Lebenswelt vorkommen; sie haben unhinterfragte Funktionen, die wir ohne viel Nachdenken in Anspruch nehmen. Bei Kunstwerken ist dies anders. Der Umgang mit ihnen ist nicht von den Selbstverständlichkeiten geprägt, die das außerkünstlerische Sonst weithin kennzeichnet.

Man kann von einer *mangelnden Selbstverständlichkeit* der Kunst sprechen. Diese stellt allerdings keinen Mangel dar, sondern ist ein erstes positives Kennzeichen der Kunst. Sie unterscheidet Kunst von vielen anderen Dingen, die uns selbstverständlich sind. Die mangelnde Selbstverständlichkeit der Kunst ist ein guter Einstiegspunkt in das Nachdenken über Kunst. Sie manifestiert sich darin, dass Kunst grundsätzlich mit der Frage verbunden ist, was als Kunst gilt und was nicht. Kunst ist immer mit dem Nachdenken über Kunst verbunden. Aus diesem Grund ist der naheliegende Einstieg in eine theoretische Auseinandersetzung mit Kunst ihre Fragwürdigkeit. Einer der großen philosophischen Kenner der Kunst im 20. Jahrhundert, Theodor W. Adorno (1903–1969) – selbst Kompositionsschüler des bereits erwähnten Alban Berg –, hat in einem großen Text zur Philosophie der Kunst notiert: »Zur Selbstverständlichkeit wurde, daß nichts, was die Kunst betrifft, mehr selbstverständlich ist, weder in ihr noch in ihrem Verhältnis zum Ganzen, nicht einmal ihr Existenzrecht.«[4]

Über Kunst nachzudenken heißt erst einmal zu verstehen, dass und inwiefern das Nachdenken über Kunst von Grund auf zur Kunst gehört. Das ist keine spektakuläre These. Dennoch beinhaltet sie, recht verstanden, eine wichtige Einsicht über Kunst. Das folgende erste Kapitel hat die Aufgabe, diese Einsicht explizit zu machen. Es soll darlegen, warum Kunst immer mit der Frage verbunden ist, ob etwas Kunst ist oder nicht.

Die naheliegende Frage: Was ist Kunst?

Wenn wir uns einem Gegenstand gedanklich nähern, fragen wir normalerweise erst einmal, was dieser Gegenstand ist. Es liegt nahe, mit Blick auf Kunst genauso zu verfahren. Man kann entsprechend fragen, was Kunst ist. Wenn diese Frage zu abstrakt ist, kann man sie noch einmal konkretisieren: Was macht ein Kunstwerk zu einem Kunstwerk? Wenn wir so fragen, begreifen wir ein Kunstwerk als einen Gegenstand, der bestimmte Eigenschaften hat. Einige dieser Eigenschaften sind dafür verantwortlich, dass es sich um ein Kunstwerk handelt. Wir wollen wissen, um welche Eigenschaften es sich handelt. Aus diesem Grund fragen

4 Theodor W. Adorno, *Ästhetische Theorie*, Frankfurt a. M. 1973, S. 9.

wir: Was ist Kunst? Auf diese Frage hin sollen sich die unterscheidenden Merkmale von Kunstwerken bestimmen lassen.

Ein essentialistischer Kunstbegriff

Den Sinn dieser Frage kann man sich an einer Unterscheidung klar machen, die immer wieder die Debatten über die Kunst bestimmt: an der Unterscheidung von ›echter‹ Kunst und ›bloßen‹ Unterhaltungsprodukten. Es gibt nach dieser Differenzierung zum Beispiel zwei Formen von Musik: die so genannte ›ernste‹ Musik und die Unterhaltungsmusik. Will man die etwas abwertende Tendenz dieser Begrifflichkeit mildern, kann man statt von Unterhaltungsmusik auch von populärer Musik sprechen. Die veränderte Sprechweise ändert aber nichts daran, dass man zwischen der Musik, die auf MTV oder im Musikantenstadl läuft, und der, wie sie die Berliner Philharmoniker normalerweise spielen, einen Unterschied macht. Wie man diesen Unterschied versteht, hängt damit zusammen, welche Antworten man auf die Frage »Was ist Kunst?« gibt. Er wird bestimmt durch die Eigenschaften, die man Kunstwerken zuschreibt.

Die gesuchten Eigenschaften sollen angeben, was die Kunst – so lässt sich in alltäglicher Sprechweise sagen – ausmacht. In philosophischer Sprechweise kann man sagen: Sie sollen das Wesen der Kunst erfassen. Mit dem lateinischen Wort für Wesen (*essentia*) kann man hier von einem *essentialistischen* Kunstbegriff sprechen. Wer nach den spezifischen Eigenschaften von Kunstwerken fragt, zielt auf einen solchen Kunstbegriff. Er will wissen, was zum Beispiel ein

Bild von Gerhard Richter gegenüber einem ganz normalen Urlaubsfoto auszeichnet. Er interessiert sich sicherlich auch für die Frage, ob Jazz oder kommerzielle Kinofilme Kunst sind oder nicht. Wir sind geneigt zu fordern, es solle feststehen, wo Kunst beginnt und wo sie endet.

Man kann sich das Verhalten einiger Zuhörer im Konzertsaal des Wiener Musikvereins im Jahre 1913 durchaus als geleitet von einem essentialistischen Kunstbegriff verständlich machen. Stellen wir uns die Provokation vor, die es damals bedeutete, dass im dritten von Bergs Orchesterliedern zu Anfang alle zwölf Halbtöne der Tonleiter auf einmal erklingen. Ist es nicht plausibel, dass man durch diese Provokation einige Eigenschaften, die man als zur Kunst gehörend betrachtet, verletzt sieht? Aus der Perspektive der besagten Zuhörer handelt es sich möglicherweise um die Eigenschaften, wohlklingend zu sein und einer mehr oder weniger harmonischen Ordnung zu folgen. Man kann Bergs Orchesterlied durchaus so hören, dass es diese Eigenschaften nicht hat. Ist es also nicht naheliegend, dass die Zuhörer sich in diesem Moment fragen, ob das noch Kunst ist?

Die Frage, ob das Kunst ist oder nicht, stellt sich aber nicht nur, wenn wir mit einem Kunstwerk konfrontiert sind, das uns nicht recht behagt – oder neutraler gesagt: wenn wir mit einem Phänomen konfrontiert sind, von dem wir nicht wissen, ob es ein Kunstwerk ist oder nicht. Sie spielt auch in vielen ganz und gar harmlosen Kontexten eine Rolle. In diesen Kontexten geht es unter anderem darum, Kunstwerke zu ordnen oder ihre Geschichte zu erzählen. Es gibt eine Geschichte des Entstehens und Vergehens von Kunstwerken und unterschiedliche Ordnungen, die aus dieser Geschichte resultieren. Sowohl für die bildende Kunst als auch für die Literatur und die Musik lassen sich eine solche Geschichte und entsprechende Ordnungen rekonstruieren. Dies wird – unter anderem – in den Künstewissenschaften (der Kunstwissenschaft, der Literaturwissenschaft und der Musikwissenschaft) vielfältig betrieben. So wird ein Verständnis von den geschichtlichen Entwicklungen der unterschiedlichen Künste gewonnen. Es lassen sich zum Beispiel epochale Einteilungen vornehmen und es lässt sich darüber streiten, wo die Moderne beginnt, wann und ob sie in die Postmoderne übergeht, usw.

Wer allerdings eine Geschichte von Kunstwerken erzählen, sich auf irgendeine Zeit oder Bewegung im Rahmen dieser Geschichte spezialisieren oder Kunstwerke in bestimmter Weise ordnen will, der muss wissen, welche Gegenstände Kunstwerke sind und welche nicht. Er muss über Kriterien verfügen, den einen Gegenstand als Kunstwerk zu behandeln und den anderen nicht. Normalerweise werden solche Kriterien nicht offen zutage liegen. Es wird vielmehr ein Wissen geben, dass ein Gegenstand wie Leonardo da Vincis *Mona Lisa*, Jan van Eycks *Das Verlöbnis der Arnolfini*, Johann Sebastian Bachs *Weihnachtsoratorium* oder Miguel de Cervantes' *Don Quijote* immer schon als Kunstwerke verstanden worden sind. Es gibt einen Kanon von Kunstwerken, der eine gewisse Stabilität aufweist. An diesen Kanon kann man sich erst einmal halten, wenn man Geschichten von Künsten oder Kunstwerken erzählt oder Ordnungen von Künsten oder Kunstwerken herstellt.

Das Gegebensein eines Kanons von Kunstwerken, von dem wir mit einer gewissen Selbstverständlichkeit ausgehen, suggeriert, dass Kunstwerke bestimmte Eigenschaften haben. Man ist also versucht zu denken, dass ein Gegenstand diese Eigenschaften haben muss, um zum Kanon der Kunst zu gehören. So scheint unser selbstverständlicher Umgang mit Kunstwerken für einen essentialistischen Kunstbegriff zu sprechen. Die Zuordnung von Gegenständen zum Kanon der Kunst scheint nur unter der Bedingung Sinn zu geben, dass Kunstwerke in irgendeiner Weise miteinander verwandt sind.

Ein erstes Problem: Wie wird etwas Kunst?

Wenn man vom Kanon der Kunst und der Künste ausgeht, um ein essentialistisches Kunstverständnis zu verteidigen, steht man allerdings unter anderem vor der folgenden Frage: Wie kommt es, dass der Kanon sich erweitert? Wie ist es möglich, neue Werke als Kunstwerke zu verstehen? Auf der Basis der bisherigen Überlegungen müssen wir auf diese Frage folgendermaßen antworten: Dass ein Gegenstand als Kunstwerk verstanden wird, liegt in den Eigenschaften begründet, die ein Kunstwerk ausmachen. Der Gegenstand muss in irgendeiner Weise das aufweisen, was ihn zum Kunstwerk macht.

Wie aber erkennen wir, dass ein Gegenstand die entscheidenden Eigenschaften besitzt? Vergleichen wir ein Kunstwerk diesbezüglich noch einmal mit einem Tisch. Wir sind zum Beispiel überzeugt, dass ein Tisch – im Normalfall – die Zusammenstellung von einer Platte und Beinen ist und dass er für die unterschiedlichsten Tätigkeiten und Beschäftigungen nützt. Gehen wir zum Beispiel durchs Möbelkaufhaus, dann können wir – im Normalfall – eine Vielzahl von Gegenständen unschwer als Tische erkennen. Bei einem Kunstwerk ist dies anders. Gehen wir davon aus, dass ein Kunstwerk charakteristische Eigenschaften hat, dann gilt auf jeden Fall, dass wir diese Eigenschaften nicht einfach so erkennen können. Es reicht nicht, einfach nur kurz hinzuschauen oder kurz hinzuhören, um zu erkennen, dass ein Gegenstand ein Kunstwerk ist. Es bedarf vielmehr einer längeren Auseinandersetzung mit dem Gegenstand, um zu dieser Erkenntnis zu kommen.

Mit einem Kunstwerk muss man *Erfahrungen* machen. Kunstwerke haben die Eigenart, dass ich nicht einfach sagen kann, ob etwas ein Kunstwerk ist, unabhängig davon, ob ich es selbst als Kunstwerk erfahren habe. Die Eigenschaften, die für ein Kunstwerk charakteristisch sind, können nicht mit einem Schlag erfasst, sie müssen erfahren werden.

Eine mögliche Reaktion

Trägt man diesen Überlegungen Rechnung, wird man das Wesen der Kunstwerke nicht mehr in den Gegenständen suchen, sondern in den Erfahrungen, die wir mit Kunstwerken machen. Die Tatsache, dass ein Gegenstand ein Kunstwerk ist, liegt entsprechend nicht in dem Gegenstand begründet, sondern in den Erfahrungen, die in der Auseinandersetzung mit dem Gegenstand zustande kommen. Zwar kann man zugestehen, dass diese Erfahrungen mit dem Gegenstand zusammenhängen. Der Gegenstand als solcher reicht aber nicht hin, um die Erfahrungen zu erklären. Er hat die charakteristischen Eigenschaften erst dann, wenn tatsächlich Erfahrungen mit ihm gemacht werden. Das genau ist der Unterschied zwischen einem Kunstwerk und einem Tisch. Man muss nicht an einem Tisch essen oder lesen oder einen Wein trinken, um zu erkennen, dass es sich um einen Tisch handelt. Das Kunstwerk hingegen muss man als Kunstwerk erfahren, um zu erkennen, dass es ein Kunstwerk ist.

So gesehen ging es den Zuhörern in Wien möglicherweise nicht um die Eigenschaften der Orchesterlieder Alban Bergs (um die Eigenschaften des Gegenstands), sondern um die Eigenschaften der Erfahrungen, die im Hören der Lieder zustande kamen. Man kann hier allgemein von *ästhetischen Erfahrungen* sprechen. Ästhetische Erfahrungen sind Erfahrungen, die Rezipienten in der Auseinandersetzung mit Kunstwerken machen. Eine Antwort auf die Frage »Was ist Kunst?« muss, so scheint es, auf die Eigenschaften solcher Erfahrungen gestützt werden. Es muss demnach nach den Eigenschaften ästhetischer Erfahrungen gefragt werden, will man das Wesen der Kunst aufklären.

Man kann die theoretische Reaktion, die sich damit andeutet, dadurch schärfen, dass man den Unterschied von *Werkästhetik* und *Rezeptionsästhetik* einführt. Wer das Wesen der Kunst werkästhetisch zu bestimmen sucht, der sucht die Eigenschaften von Kunst in den Gegenständen. Wer das Wesen der Kunst hingegen rezeptionsästhetisch denkt, rückt die Eigenschaften der Erfahrungen in den Mittelpunkt, die wir mit Kunstwerken (und möglicherweise auch zum Beispiel mit bestimmten Naturphänomenen) machen. Es scheint, als sollten wir auf das Problem, ein Kunstwerk als ein Kunstwerk zu erkennen, dadurch reagieren, dass wir Kunst rezeptionsästhetisch verstehen.

Damit aber wird unser Problem nicht gelöst. Schaut man nur auf bestimmte Eigenschaften von Erfahrungen, verliert man die Kunst letztlich aus dem Blick. Wenn es nur in den Erfahrungen begründet ist, was als Kunst gilt und was nicht, kann sich auch die Natur als Kunst erweisen oder die Technik oder andere Aspekte der Welt, in der wir leben. Dann aber geht es einem nicht mehr im engeren Sinn um Kunst. Die Erfahrungen werden so letztlich als unabhängig von bestimmten Gegenständen begriffen. Man kann dieser Unabhängigkeit der Erfahrungen von bestimmten Gegenständen Rechnung tragen, indem man von dem Ästhetischen spricht. Bestimmte Erfahrungen der Natur können ästhetisch sein, ein Essen kann ästhetisch sein oder eine Versammlung von Menschen auf einem großen Platz. In der Philosophie der Kunst ist ein solcher Schritt beim jetzigen Stand unserer Überlegungen nicht sinnvoll. Es sprechen noch nicht ausreichende Gründe dafür, die theoretische Perspektive auf bestimmte Eigenschaften von Erfahrungen zu beschränken. Stattdessen sollte erst einmal ein Versuch gemacht werden, die Erfahrungen, um die es geht, und die Gegenstände, um die es geht, zusammenzubringen. Einem solchen Versuch ist der nächste Abschnitt gewidmet.

Erste Weichenstellung: Wann ist Kunst? – Auf dem Weg zu einem anti-essentialistischen Kunstbegriff

Wer fragt, was Kunst ist, sollte klären, ob sich ein Zusammenhang zwischen den Eigenschaften von Kunstwerken und den Eigenschaften der Erfahrungen mit Kunstwerken denken lässt. Der Blick auf Kunstwerke sollte nicht von dem Blick auf ästhetische Erfahrungen isoliert werden und umgekehrt. Ich begreife dies als eine theoretische Weichenstellung, die für ein Nachdenken über Kunst wichtig ist. Die neue Perspektive, die durch die entsprechende Weichenstellung begründet wird, relativiert die Frage nach der Kunst. Wenn das Zusammenspiel von Kunstwerken und Erfahrungen in dieser Frage Auskunft geben soll, dann lässt sich weder für bestimmte Gegenstände noch für bestimmte Erfahrungen einfach so sagen, dass es solche der Kunst sind. Erst ein konkretes Zusammenspiel führt dazu, dass wir von Kunst sprechen können. Ein Gegenstand ist, so verstanden, nicht als solcher einer der Kunst. Erst dadurch, dass er mit einer bestimmten Erfahrung verbunden ist, wird er zu Kunst.

Um diesem Zusammenhang Rechnung zu tragen, ist eine Verlagerung der Frage erforderlich, mittels deren man über Kunst nachdenkt. Es kann nicht länger gefragt werden, *was* Kunst ist. Das gilt zumindest in dem Maße, wie diese Frage voraussetzt, dass man für Kunstwerke oder ästhetische Erfahrungen sagen kann, welche Eigenschaften dazu führen, dass sie das sind, was sie sind. Wenn aber Kunst erst durch ein besonderes Zusammenspiel von Gegenständen und Erfahrungen begründet wird, muss man den Blick auf die Praxis lenken. Erst in der Praxis entscheidet sich ja, ob ein Zusammenspiel von Werken und Erfahrungen zustande kommt.

Eine entsprechende Verlagerung kann man erzielen, indem man nicht mehr »Was ist Kunst?«, sondern – wie der amerikanische Philosoph Nelson Goodman (1906–1998) – (nur noch) »Wann ist Kunst?« fragt.[5] Nach Goodman muss

5 Vgl. Nelson Goodman, *Weisen der Welterzeugung*, übers. von Max Looser, Frankfurt a. M. 1990, 4. Kap.

man die klassische Frage, was Kunst sei, genau deshalb als falsch gestellt begreifen, weil sie den Zusammenhang von Kunstwerken und Kunsterfahrung tilgt. Kunst ist seines Erachtens nur dann Kunst, wenn Kunstwerke in Praktiken involviert sind, die sich als ästhetische Praktiken begreifen lassen. Ich kann *Eine kleine Nachtmusik* von Wolfgang Amadeus Mozart nicht nur als Kunst gebrauchen, sondern auch als Hintergrundmusik für einen Einkaufsbummel. Ich kann die erste *Duineser Elegie* von Rainer Maria Rilke dazu verwenden, um Fremdsprachlern anhand der ersten Zeile (»Wer, wenn ich schriee, hörte mich denn aus der Engel Ordnungen?«) den Konjunktiv Zwei des Deutschen beizubringen.

Goodman trägt solchen Fällen dadurch Rechnung, dass er Kunst als eine Frage des Umgangs mit Kunstwerken erklärt. Ein Kunstwerk ist demnach nicht als solches ein Kunstwerk, sondern erst dadurch, dass es zu einem Bestandteil einer bestimmten Praxis wird. Eine Erfahrung kann aber auch nicht einfach jeden beliebigen Gegenstand oder jedes beliebige Ereignis zu einem Kunstwerk machen – ein Gegenstand muss vielmehr bestimmte Eigenschaften aufweisen, damit er zu einem potentiellen Gegenstand ästhetischer Erfahrungen wird. Nach Goodman muss man mit Blick auf die Kunst den Zusammenhang von Gegenständen und Erfahrungen betrachten. Man kann von einer *ästhetischen Praxis* sprechen. Eine ästhetische Praxis liegt dann vor, wenn es zu einem Umgang mit Kunstwerken kommt, in dem ästhetische Erfahrungen gemacht werden.

Aus dieser veränderten theoretischen Perspektive betrachtet resultiert die Irritation der Zuhörer der Wiener

Aufführung im Jahr 1913 nicht daraus, dass entweder dem Kunstwerk oder der durch es ausgelösten Erfahrung bestimmte Eigenschaften fehlen. Sie resultiert schlicht daraus, dass es für sie im Hören des dargebotenen Werks nicht zu einer ästhetischen Praxis kommt.

Will man im Sinn der damit angedeuteten Verlagerung den Begriff der Kunst angemessen entwickeln, muss man sagen, wann Praktiken als Praktiken mit Kunst zu verstehen sind. Diese Strategie des theoretischen Umgangs mit Kunst kann man als *anti-essentialistisch* bezeichnen. Anders als bei der Frage »Was ist Kunst?«, von der unsere Überlegungen ihren Ausgang genommen haben, gehen wir nun nicht mehr davon aus, dass man beim Nachdenken über Kunst zum Wesen von Kunstwerken oder ästhetischen Erfahrungen vordringen muss. Wir fragen überhaupt nicht mehr nach einem Wesen – weder nach einem solchen bestimmter Gegenstände noch nach einem solchen bestimmter Erfahrungen. Vielmehr gehen wir davon aus, dass eine bestimmte Form von Praxis entwickelt sein muss, damit wir von Kunst sprechen können.

Wenn ich von »einer bestimmten Form von Praxis« spreche, könnte man denken, dass es uns jetzt um das *Wesen* einer ästhetischen Praxis geht. Man könnte bezweifeln, dass wir tatsächlich auf dem Weg zu einem anti-essentialistischen Kunstbegriff sind. Es ist also wichtig zu begründen, warum wir mit Blick auf eine ästhetische Praxis nicht mehr von einem Wesen ausgehen. Es sind zwei Gründe, die ich anführen will. Erstens kann eine Praxis sich verändern. Sie kann immer neue Formen annehmen – Formen, die entstehen und die auch wieder zu Ende gehen. Zweitens können Gegenstände unabhängig davon Gegenstände einer ästhetischen Praxis sein, ob sie dezidiert als Kunstwerke geschaffen wurden oder nicht.

Der anti-essentialistische Aspekt der Verlagerung auf die Frage »Wann ist Kunst?« liegt vor allem darin, dass man nicht einfach von Eigenschaften einer solchen Praxis ausgeht, die Kunst ausmachen. Wir können die Eigenschaften der Praxis nicht unabhängig von der Praxis denken, die sich historisch entwickelt hat. Das heißt, dass die Eigenschaften auch anders sein könnten beziehungsweise dass eine Veränderung dieser Eigenschaften immer möglich ist. Unabhängig von einer konkreten, historisch entstandenen Praxis, in der wir uns mit Kunstwerken auseinandersetzen, lassen sich die entsprechenden Eigenschaften nicht sinnvoll denken. Ein in diesem Sinn anti-essentialistisches Verständnis einer ästhetischen Praxis macht auch verständlich, dass wir manchmal mit Gegenständen ästhetische Erfahrungen machen, die nicht dezidiert als Kunstwerke geschaffen worden sind. So werden zum Beispiel eine Vielzahl von kultischen Gegenständen – wie antike Statuen – heutzutage oftmals als Kunstwerke behandelt. Kunst muss anti-essentialistisch begriffen werden, wenn verständlich werden soll, dass sie auch Gegenstände umfasst, die nicht dezidiert als Kunstwerke hervorgebracht wurden.

Ist Kunst eine Institution?

Überlegungen dieser Art können die These motivieren, dass Kunst durch Institutionen bestimmt wird, die sich mit der Kunst beschäftigen. Entsprechend ist im vergangenen Jahrhundert – maßgeblich von dem amerikanischen Kunstphilosophen George Dickie (geb. 1926) – eine so genannte

Institutionentheorie der Kunst vertreten worden.[6] Dieser Theorie zufolge gilt als Kunstwerk, was von den Institutionen der Kunst – wie Museen, der Kunstkritik, der Kunst- und Kulturförderung usw. – als Kunstwerk behandelt wird. Die Frage »Wann ist Kunst?« findet somit die einfache Antwort, dass Kunst dann der Fall ist, wenn ein Gegenstand oder ein Geschehen von einer oder mehreren Kunstinstitutionen als Kunst anerkannt wird. All das, was in Museen oder Galerien hängt beziehungsweise steht, was in Konzerthäusern oder Rundfunkanstalten in einem bestimmten Rahmen aufgeführt wird, usw., zählt so als Kunst. Kunstinstitutionen gelten entsprechend als die Orte, an denen ästhetische Praktiken zustande kommen können.

Diese Antwort auf die Frage, was ein Kunstwerk ist und was nicht, kann aber nicht überzeugen. Das lässt sich an einer einfachen Frage verdeutlichen: Was ist eine Kunstinstitution? Zählt ein Jazzclub als eine Kunstinstitution oder nicht? Gehören normale Multiplexkinos oder große Konzerte von Gruppen wie U2 oder Interpreten wie Michael Jackson dazu oder nicht? Von Fragen dieser Art wird man direkt oder indirekt genötigt, Eigenschaften zu benennen, die eine Institution zu einer Kunstinstitution machen. Mit dieser Frage kommt man allerdings zu einem essentialistischen Verständnis von Kunst zurück. Anstelle der Eigenschaften von Kunstwerken oder ästhetischen Erfahrungen fragt man nun nach den Eigenschaften von Kunstinstitutionen. Es scheint also sinnvoll, die Frage nach den Eigenschaften von Kunstinstitutionen zu vermeiden. Dies lässt sich erreichen, indem man allein auf die Kunstkritik ver-

6 Vgl. George Dickie, *Art and Aesthetics*, Ithaca (N. Y.) 1974.

weist. Entsprechend ist Kunst nur, was in den Feuilletons großer Zeitungen als Kunst besprochen wird. Wann aber gelten ein Feuilleton beziehungsweise eine Kritik als solche, die uns in diesem Sinn sagen, was Kunst ist und was nicht? Ist eine normale Lokalzeitung zum Beispiel ein Ort, an dem wir Kunstkritiken finden? Wie steht es mit Starmagazinen im Fernsehen?

Mir scheint folgende Diagnose angemessen: Die Fragen kommen im Rahmen einer Institutionentheorie nicht zur Ruhe. Eine solche Theorie zieht keine angemessenen Konsequenzen aus der ersten Weichenstellung mit Blick auf die Frage, mittels deren wir nach der Kunst fragen. Sie argumentiert immer noch essentialistisch. Sie stützt sich nicht mehr auf Kunstwerke oder ästhetische Erfahrungen, sondern auf Institutionen der Kunst. Hinsichtlich dieser Institutionen steht sie aber weiterhin vor der Frage nach Eigenschaften, die eine Institution zu einer Institution der Kunst werden lassen. Das Zusammenspiel von Kunstwerken und ästhetischen Erfahrungen gerät dabei aus dem Blick.

Ein weiteres Problem: Beteiligung an einer ästhetischen Praxis

Dennoch kann man aus dem Scheitern einer Institutionentheorie der Kunst eine wichtige Lehre ziehen: nämlich dass die Frage »Wann ist Kunst?« unzureichend bleibt. Es gibt erst einmal keinen guten Grund, dass man diese Frage nicht mit Blick auf Institutionen beantworten sollte. Dem ersten Augenschein nach könnte eine gute Antwort lauten: »Wenn ein Gegenstand im Museum hängt!«. Wenn wir nun sehen, dass diese Antwort uns nicht zufrieden stellen kann, lässt sich das als Hinweis darauf verstehen, dass auch die Frage »Wann ist Kunst?« der Kunst irgendwie nicht gerecht wird. Wie können wir das Unzureichende an dieser Frage verstehen? Die Frage versteht den Zusammenhang von Kunstwerk und Erfahrung in ästhetischen Praktiken als einen äußerlichen Zusammenhang. Sie setzt die Möglichkeit voraus, dass man für eine beliebige Praxis von außen sagen kann, ob diese Praxis als eine ästhetische Praxis zu verstehen ist.

Als wir weiter oben auf ästhetische Erfahrung zu sprechen kamen, ging dies aber von der Intuition aus, dass zu Kunstwerken ein äußerer Zugang unmöglich ist. Ich habe in diesem Sinn versucht, einen Unterschied zwischen Kunstwerken und gewöhnlichen Gegenständen wie Tischen zu plausibilisieren. Für einen Tisch gilt, dass ich ihn auch erkennen kann, wenn ich nichts mit ihm vorhabe. Ein Kunstwerk hingegen muss als Kunstwerk erfahren werden, um als das Werk, das es ist, erkennbar zu sein. Die Erfahrung allerdings muss man machen. Sie ist keine Erfahrung, die man von außen bestimmen oder diagnostizieren kann. Genau aus diesem Grund reicht es nicht, nach der Kunst mit der Frage »Wann ist Kunst?« zu fragen. Es gilt nicht nur, eine bestimmte Praxis als eine ästhetische Praxis zu begreifen. Es gilt vielmehr, sie als eine Praxis zu begreifen, an der diejenigen, die sie als ästhetisch begreifen, beteiligt sind. Die Praxis muss als Praxis verstanden werden, die einen angeht.

Zweite Weichenstellung: Welchen Wert hat die Kunst für uns?

Die anti-essentialistische Verlagerung auf die Frage »Wann ist Kunst?« reicht also nicht aus. Wenn ich Mozarts *Eine kleine Nachtmusik* höre, ist die Frage nicht, was ich gerade mache, sondern die Frage, was die Musik mir sagt. Auch beim alltäglichen Einkaufsbummel kann es vorkommen, dass die Musik mit einem Mal zu mir spricht. Nun lässt sich ein solches Phänomen auch auf der Basis der Frage »Wann ist Kunst?« erklären. Man kann dann sagen, dass ich mitten im Gang durchs Kaufhaus zum Beispiel meine Praktiken geändert habe. Unversehens habe ich begonnen, mich mit der Musik in der Weise auseinanderzusetzen, dass diese Auseinandersetzung als eine ästhetische Praxis begriffen werden muss. Man kann versucht sein, eine solche Veränderung darauf zurückzuführen, dass sich die Einstellung einer Rezipientin verändert hat. So ist es möglich, von einer *ästhetischen Einstellung* zu sprechen (vgl. hierzu auch S. 200 ff.). Eine solche Einstellung könnte dafür verantwortlich sein, dass es zu ästhetischen Praktiken kommt. So würde ich zum Beispiel eine Konsumeinstellung zugunsten einer ästhetischen Einstellung aufgeben.

Eine solche Rekonstruktion allerdings übersieht die Relevanz des Kunstwerks. Nach unseren Intuitionen lässt sich nicht jedem beliebigen Gegenstand gegenüber eine ästhetische Einstellung einnehmen. Nicht jede Musik eignet sich für ein ästhetisches Hören. Wenn eine Musik mit einem Mal zu mir spricht, heißt das nicht, dass ich einfach meine Einstellung verändert habe. Es heißt vielmehr, dass ich eine Erfahrung mache. Das Kunstwerk involviert mich in ein ästhetisches Geschehen. Es ruft in gewisser Weise die Erfahrung, die ich mache, hervor. So betrachtet verstößt es gegen unsere Erfahrungen mit Kunst, diese Erfahrungen auf Einstellungen zurückzuführen, die eine Rezipientin einem bestimmten Gegenstand gegenüber einnimmt. Der Zusammenhang zwischen derjenigen, die an der Erfahrung beteiligt ist, dem Gegenstand, der erfahren wird, und der Erfahrung selbst muss anders bestimmt werden.

Die erforderliche Bestimmung lässt sich vorläufig durch die Redeweise einfangen, dass in der ästhetischen Erfahrung ein Kunstwerk als solches zu sprechen beginnt. Das Kunstwerk sagt einem etwas. Wenn etwas zu einem spricht, gehen wir gewöhnlich davon aus, dass irgendwelche Inhalte vermittelt werden. Was uns etwas sagt, übermittelt uns eine Botschaft. Wir sollten an dieser Stelle die Redeweise, dass etwas zu uns spricht, neutraler verstehen. Wir haben noch keine Anhaltspunkte dafür, wie wir einen möglichen Inhalt von Kunstwerken denken sollen. Aus diesem Grund müssen wir das Sprechen von Kunstwerken erst einmal anders verstehen. Ich halte es für hilfreich, dafür bei dem Begriff der Erfahrung zu bleiben. Ein Kunstwerk spricht eine Rezipientin im Sinne einer Erfahrung an, die als solche zu machen sich lohnt. Das Werk zeigt sich als ein Gegenstand, der es wert ist, als solcher erfahren zu werden. In diesem Sinn muss man den Unterschied verstehen, der eine Praxis zu einer ästhetischen Praxis macht. Der Unterschied wird nicht durch eine bestimmte Einstellung einer Rezipientin hervorgerufen, sondern durch die Resonanz des Kunstwerks bei einer Rezipientin.

Man muss aus diesem Grund die Frage, mittels deren man nach der Kunst fragt, noch einmal so verlagern, dass sie den Zusammenhang von Kunstwerk und seiner Resonanz in der ästhetischen Erfahrung erfasst. Meines Erachtens eignet sich dann besonders die Frage »Welchen Wert hat die Kunst für mich beziehungsweise für uns?«, um nach der Kunst zu fragen. Die Frage hält fest, dass erstens eine ästhetische Praxis nur dann hinreichend begriffen ist, wenn sie im Zusammenhang mit der Perspektive einer in diese Praxis involvierten Rezipientin gedacht wird, dass es aber zweitens nicht ausreicht, die Perspektive als Träger einer ästhetischen Einstellung zu begreifen. Die Perspektive einer Rezipientin muss als angesprochene Perspektive verständlich werden. Die Rezipientin macht ästhetisch die Erfahrung eines Gegenstands oder eines Geschehens, den oder das zu erfahren für sie wertvoll ist. Aus diesem Grund ist die Frage nach dem Wert, den die Kunst für einen hat, geeignet, den Begriff der Kunst aufzuklären.

Zwischenstand

Die neuerliche Verlagerung der Frage macht endgültig deutlich, dass es keine äußeren Kriterien dafür geben kann, was oder wann Kunst ist. Wenn Kunst damit zusammenhängt, dass sie uns anspricht, dann muss sie aus der Perspektive des Beteiligtseins heraus verstanden werden. Kunst lässt sich nur mit Blick auf Situationen begreifen, in denen Rezipierende durch Kunstwerke angesprochen werden. Was es heißt, angesprochen zu werden, lässt sich auf keinen Fall mehr mittels äußerer Kriterien verstehen. Eine Antwort auf diese Frage kann nur aus der Perspektive des Beteiligtseins, aus der Innenperspektive, erfolgen. Das heißt nicht, dass in allen Punkten die ganz und gar persönlichen Erfahrungen, die eine Rezipientin mit einem Kunstwerk macht, das letzte Wort haben. Die These ist vielmehr, dass wir ohne Rezipierende, die für sie wertvolle Erfahrungen machen, nicht sinnvoll von Kunst sprechen können. Wir müssen in der theoretischen Betrachtung dessen, was Kunst ist, auf die Innenperspektive von Rezipierenden zurückgreifen. Wir müssen sagen, in welcher Weise die Beteiligung an einer ästhetischen Praxis für die Rezipierenden etwas bedeutet.

Man kann diese Überlegungen in der These resümieren, dass Kunst keine Frage der Erkenntnis ist. Bei Fragen der Erkenntnis gehen wir davon aus, dass sie auch unabhängig von der Innenperspektive einsichtig sind. Wir wollen ja nicht wissen, was jemand für eine Erkenntnis hält, sondern was eine Erkenntnis ist. Es muss sich unabhängig davon, wie jemand Erkenntnisse aus der Innenperspektive beschreibt, sagen lassen, was Erkenntnisse sind – was nicht notwendig heißt, dass die Innenperspektive in der Explikation dessen, was Erkenntnisse sind, keine Rolle spielt. Im Falle der Kunst hingegen kann eine solche grundsätzliche Unabhängigkeit von der Innenperspektive nicht erreicht werden.

Die zweite Weichenstellung mit Blick auf die leitende Frage, mittels deren man nach der Kunst fragen kann, macht die erste nicht ungeschehen. Sie wird vielmehr transformiert. Man kann also weiter die Frage »Wann ist Kunst?« als Ausdruck der Erkenntnis, dass Kunst nicht essentialistisch bestimmt werden kann, im Spiel halten. Diese Frage muss allerdings mit der Einschränkung verbunden werden, dass sie nur aus der Perspektive des Beteiligtseins an ästhetischen Erfahrungen verständlich ist. Mit dieser Einschränkung bleibt all das, was bislang über den Zusammenhang von Kunst und Kunstpraxis ausgeführt ist, gültig. Die Frage nach dem Wert der Kunst impliziert stets, dass bestimmte Praktiken der Kunst entwickelt sind – Praktiken, die irgendwann einen Anfang gehabt haben und die auch irgendwann ihr Ende finden können.

Nebenbei kann ich an diesem Punkt einen Aspekt meines philosophischen Vorgehens festhalten. Positionen, die sich im Zuge der Entwicklungen eines Gedankens als unzureichend erweisen, bleiben dennoch im Spiel. Sie werden, wie gesagt, transformiert. Ich gehe davon aus, dass an allen Bestimmungen, die im Zuge des (philosophischen) Nachdenkens über Kunst gewonnen worden sind, ein wahrer Kern ist. Oftmals muss man die Bestimmungen nur in angemessener Weise relativieren beziehungsweise mit anderen Bestimmungen zusammensetzen, um diesen Kern zu erkennen. Philosophie, so wie ich sie verstehe, geht es darum, Positionen in einer Weise zu begreifen, dass sich zeigt, was wahr an ihnen ist. Dazu gehört auch, erst einmal die Fragen kritisch zu betrachten, die sich mit Blick auf einen philosophischen Gegenstand wie die Kunst stellen. Auch hinsichtlich der Fragen gilt es zu klären, was an ihnen plausibel ist.

Interesselosigkeit

Die zweite Weichenstellung mit Blick auf die leitende Frage stößt uns auf ein Motiv, das die gesamte Kunstphilosophie durchzieht. Für die Erfahrung der Kunst ist charakteristisch, dass sie als solche einen Wert darstellt. Wir können dies anders ausdrücken, indem wir sagen, dass die ästhetische Erfahrung selbstzweckhaft ist. Wer ästhetische Erfahrungen macht, will damit nichts sonst in der Welt erreichen. Immanuel Kant (1724–1804) hat von der »Interesselosigkeit« gesprochen, mit der die ästhetische Erfahrung verbunden ist.[7] Es geht in der Kunst nicht darum, etwas zu realisieren (zum Beispiel ein bestimmtes Problem zu lösen oder eine bestimmte soziale Stellung zu erlangen). Es geht auch nicht darum, in irgendeiner Form ein angenehmes Erlebnis zu haben, es sich gut gehen zu lassen, usw. »Interesselosigkeit« bedeutet, dass die ästhetische Erfahrung kein Ziel hat, das über sie hinausgeht.

Diese Charakteristik des Ästhetischen beleuchtet die Frage, auf die wir nun gestoßen sind. Die Frage, welchen Wert die Kunst für uns hat, muss als Frage nach etwas verstanden werden, das einen Zweck an sich darstellt. Die mangelnde Selbstverständlichkeit der Kunst ist so mit einem anderen Aspekt verbunden: mit ihrer Selbstzweckhaftigkeit. Worin auch immer das Lesen eines Gedichts, das Betrachten eines Bildes oder das Hören eines Musikstücks besteht: Was ästhetisch an ihm ist, ist selbstzweckhaft. Mit dieser Angabe ist allerdings noch nicht viel gewonnen. Wenn wir von etwas sagen, es sei selbstzweckhaft, wissen wir noch nicht, was das ist. So ist die Interesselosigkeit des Ästhetischen auch keine Antwort auf die Frage, die wir nun gewonnen haben. Sie sagt uns vielmehr etwas darüber, wie wir diese Frage verstehen können. Die Frage, welchen Wert die Kunst für uns hat, fragt nach der spezifischen Interesselosigkeit, die mit der Kunst verbunden ist.

7 Immanuel Kant, *Kritik der Urteilskraft*, Frankfurt a. M. 1977, B 5 ff.

Noch ein Problem: Was ist der Wert der Kunst?

Man kann allerdings den Eindruck haben, dass die Frage, auf die unsere Überlegungen nun zugelaufen sind, die Dinge nicht klarer macht. Was soll es heißen, dass etwas einen Wert hat? Wenn dieser Wert mit der Innenperspektive von Rezipierenden zusammenhängt: Wie kann festgestellt werden, dass der Wert vorliegt oder nicht? Es kann durchaus so scheinen, als sei durch den Verweis auf die Selbstzweckhaftigkeit der ästhetischen Erfahrung nichts gewonnen. Wenn man eine Erfahrung bloß macht, um diese Erfahrung zu machen, kann es sich auch um einen netten Zeitvertreib handeln. Inwiefern dieser Zeitvertreib als werthaft begriffen werden sollte, ist damit nicht gesagt.

Das Problem dabei ist, dass der Begriff des Wertes nicht deutlich genug ist. Ein Wert kann etwas sein, das ich besitze. Er kann auch eine Größe sein, an die ich mich halte oder an die zu halten ich mir vornehme. In ästhetischen Erfahrungen allerdings geht es in erster Linie weder um Besitz noch um Werte individuellen oder gesellschaftlichen Verhaltens. Der Begriff des Wertes in der Frage »Welchen Wert hat Kunst für uns?« ist damit nur negativ charakterisiert. Er muss noch in positiver Weise verständlich gemacht werden.

Ästhetische Selbstverständigung

In Martin Heideggers (1889–1976) kunstphilosophischer Abhandlung *Der Ursprung des Kunstwerkes* findet sich eine berühmte und umstrittene Analyse eines Bildes von

Vincent van Gogh.[8] Dieses Bild – *Vieux souliers aux lacets* (1886, Rijksmuseum Vincent van Gogh, Amsterdam) – zeigt Schuhe, die stark von Alter und Gebrauch gezeichnet sind. Die Schuhe sind aus jedem Kontext herausgelöst. Sie stehen nach allem Getragenwordensein in einem konturlosen Niemandsland. Entsprechend kommentiert Heidegger auch die Nutzlosigkeit der Schuhe. Er legt dar, dass die Schuhe nicht mehr wie andere Gegenstände des alltäglichen Gebrauchs funktionieren. Die Unbrauchbarkeit der Schuhe ist aber nicht nur Teil dessen, was das Bild darstellt – sie ist auch charakteristisch für das Bild als solches. Was auf einem Bild dargestellt ist, lässt sich nicht gebrauchen. Dargestellte Schuhe zum Beispiel kann man nicht anziehen. In diesem Sinn sind sie unbrauchbar. Heidegger akzentuiert, dass sich mit ihnen nichts anfangen lässt.

Dies ist allerdings nur der erste Schritt von Heideggers Überlegungen. In einem zweiten Schritt fällt er sich selbst ins Wort und kommt zu einer radikal anders gelagerten Einschätzung. Und dennoch, sagt er, lässt sich an dieser Darstellung unbrauchbarer Schuhe viel von dem verstehen, was Schuhe für diejenigen bedeuten, die sie tagtäglich tragen. Das Bild zeigt die Schuhe als Teil einer Welt, in der sie im Zusammenhang mit Arbeitsschritten stehen, in der sie mit Unterwegssein und schweren Füßen verbunden sind.

Der erste Schritt von Heideggers Darlegungen ist aus dem Vorangegangenen bereits vertraut. Kunst ist irgendwie nicht so brauchbar, wie andere Gegenstände des alltäg-

8 Martin Heidegger, »Der Ursprung des Kunstwerkes«, in: M. H., *Holzwege*, 7. Aufl. Frankfurt a. M. 1994, S. 1–74, hier S. 17 ff.

lichen und unalltäglichen Lebens es sind. Mit ihr lassen sich keine Ziele verfolgen, die über die ästhetische Erfahrung hinausgehen. Ich habe dieses Charakteristikum der Kunst mit Kants Begriff der Interesselosigkeit zusammengefasst. Der zweite Schritt, den Heidegger mit den Worten »Und dennoch« einleitet, kann man folgendermaßen resümieren: Gerade in ihrer Unbrauchbarkeit beginnt Kunst uns etwas zu sagen. Als solche eignet sie sich in besonderer Weise, uns Dinge unseres Lebens vor Augen zu führen. Sie eröffnet uns Blicke auf Vertrautes und überraschende Perspektiven. Sie sagt, wie wir verstehen können, was uns alltäglich umgibt. Nicht nur Bilder eröffnen in dieser Weise Verständnisse, sondern auch Texte und Musik. Goethes *Werther* ist ein berühmtes Dokument dieser Leistungsfähigkeit der Kunst. Eine ganze Generation hat sich von diesem Text eine gewisse Perspektivlosigkeit des eigenen Daseins vor Augen führen lassen. Die Selbstmordrate ging nach seinem Erscheinen signifikant in die Höhe.

Dass Kunst uns anspricht …

Es lohnt, an dieser Stelle ein erstes Mal auf Georg Wilhelm Friedrich Hegel (1770–1831) und seine Philosophie der Kunst zu sprechen zu kommen. Im Sinne von Hegels Philosophie der Kunst kann man sagen, dass Kunst als Selbstverständigung zu verstehen ist. Hegel gebraucht diesen Begriff zwar selbst nicht; die Grundidee Hegels lässt sich aber gut mit ihm wiedergeben. Was mit »Selbstverständigung« gemeint ist, kann man sich anhand der Erläuterungen Heideggers zu dem Bild von van Gogh klar machen. Das Bild leistet in seiner Unbrauchbarkeit eine Klärung vom jeweiligen Selbstverständniss. Es spricht eine Rezipientin in dem Sinn an, dass es ihr etwas über sich und ihre Welt sagt. Mit dem Begriff der Selbstverständigung kann man den Wert der Kunst folgendermaßen erläutern: Der Wert der Kunst besteht darin, dass sie für uns besondere Aspekte der Welt, in der wir leben, und unserer selbst, verständlich macht.

Die somit erzielte Klärung hinsichtlich der Frage nach dem Wert, den die Kunst für uns darstellt, können wir folgendermaßen etwas ausführlicher fassen: Ästhetische Erfahrungen sind in dem Sinne wert, als solche gemacht zu werden, als sie uns mit uns selbst konfrontieren. Die Selbstzweckhaftigkeit ästhetischer Erfahrungen hat, so verstanden, eine klare Kontur. Es geht darum, sich mit sich selbst auseinanderzusetzen. Genau aus diesem Grund ist das, was ästhetisch erfahren wird, dem ersten Augenschein nach unbrauchbar. Diese Unbrauchbarkeit ist die Kehrseite der positiven Bestimmung der Kunst: eine selbstverständigende Erfahrung zu ermöglichen. Die ästhetische Erfahrung hat einen konkreten Wert, der darin besteht, dass in ihr Selbstverständigung zustande kommt.

Man könnte nun denken, dass Kunst nur dann Selbstverständnisse eröffnet, wenn sie Aspekte der Welt und der Verständnisse, die wir mit der Welt und mit uns selbst verbinden, darstellt. Kunst führt jedoch auch dort zu Selbstverständnissen, wo sie ganz und gar abstrakt bleibt, wo sie – wie oftmals im Falle der modernen und nachmodernen Kunst – dem ersten Augenschein nach ganz und gar verständnisabweisend auftritt. Stellen wir uns beispielsweise eine Betrachterin von Barnett Newmans *Who is Afraid of Red, Yellow and Blue III* (1967, Stedelijk Museum, Amsterdam) vor. Sie ist möglicherweise von den Farben angesprochen, von der Unübersichtlichkeit der Newman'schen Bildwelt. Womöglich versetzt das Bild sie in Unruhe, erfährt sie die Unmöglichkeit, das Bild zu überblicken, als bedrohlich, usw.

Ein solches Beispiel aber überzeugt noch nicht, wenn verständlich werden soll, wie auch abstrakte Kunst die Rezipierenden anzusprechen vermag. Die Farblichkeit von Newmans Werk hält ja noch Kontakt zu der Welt alltäglicher Erfahrungen, auch wenn sie diese Welt nicht darstellt: Farben, wie Newman sie verwendet, kommen in dieser Welt vor. Dieser Kontakt aber geht zum Beispiel bei absoluter Musik – bei Musik, die nicht auf irgendeine Form der Darstellung aus ist (vgl. auch S. 180 ff.) – dem Anschein nach gänzlich verloren. Dennoch kann man auch hinsichtlich solcher Musik den Wert der Selbstverständigung begreiflich machen. Denken wir zum Beispiel an Robert Schumanns *Klavierquintett* op. 44. Auch dem Nichtkenner wird die formale Strenge des Werks unüberhörbar sein. Zugleich weckt das Hören dieser Musik vielfältige Bezüge zu Verständnissen, die wir mitbringen. Die schreitende Musik des zweiten Satzes und die Ausgelassenheit des abschließenden Rondos werden unterschiedlichste Resonanzen auslösen. Die Musik beginnt in solchen Resonanzen zu sprechen, auch ohne dass sich Bilder der Welt einstellen.

Die Unausweichlichkeit des Nachdenkens über Kunst

Ich habe zu Anfang dieses Kapitels die These vertreten, dass Kunst irreduzibel mit dem Nachdenken über Kunst verbunden ist. Wir haben nun Anhaltspunkte gewonnen, um diese These zu plausibilisieren. Wenn der Wert der

Kunst als Selbstverständigung gedacht werden muss, dann lässt sich verstehen, dass Kunst immer und unentwegt umstritten ist. Selbstverständigung leistet ein Gegenstand beziehungsweise eine Erfahrung nur dann, wenn zugleich gesagt werden kann, in welchem Sinn er beziehungsweise sie als Selbstverständigung verstanden wird. Wenn ich mich von einem Foto gut getroffen fühle, muss ich sagen können, hinsichtlich welcher Aspekte ich mich gut getroffen sehe. Wenn ich mich als dickköpfig bezeichne, muss ich mich immer fragen, was ich damit sagen will: Handelt es sich um eine Entschuldigung oder um das Eingeständnis, dass es gut wäre, ich würde mein Verhalten ändern? Zur Funktionsweise von Selbstverständigungen gehört, dass – zumindest implizit – darüber Rechenschaft abgelegt wird, in welchem Sinn sie als Selbstverständigungen funktionieren. Die Selbstverständigung bedarf stets einer Rückversicherung hinsichtlich ihres Gelingens und ihres Ertrags.

Die Frage danach, wie Kunst als Selbstverständigung funktioniert, lässt sich noch konkreter fassen. Selbstverständigungen benötigen ja zwangsläufig ein Subjekt, das sich über sich selbst verständigt. Es ist eine konkrete Betrachterin, die vor Newmans Bild steht und der dieses Bild – günstigstenfalls – etwas sagt. Die Betrachterin kann durch die Betrachtung nur dann Verständnisse über sich gewinnen, wenn sie zugleich die Frage, welchen Wert das Bild für sie hat, zumindest implizit beantwortet. Sobald sie ein Kunstwerk in irgendeiner Hinsicht als Selbstverständigung erfährt, ist implizit auch eine Antwort auf die Frage nach dem Wert dieses Werks für sie gegeben. Der Wert steht immer im Zusammenhang mit individuellen Verständnissen. Die Betrachterin sieht sich in ihren eigenen

Verständnissen angesprochen. Das Bild sagt ihr etwas mit Blick darauf, was sie über Menschen, Tiere und Welt, über die kleinen und großen Dinge ihres Alltags denkt.

Ist die Betrachterin von dem Werk angesprochen, so beantwortet sie damit implizit die Frage nach dem Wert des Werks. Ihre Antwort hat einen konkreten Charakter. Auch wenn sie es nicht sagen kann, ›weiß‹ die Betrachterin in ihrer Auseinandersetzung mit dem Werk, ob sie in dem Bild die Unübersichtlichkeit des Ganzen thematisiert findet oder die Stereotypie menschlicher Wahrnehmung. In William Shakespeares *Hamlet* sieht sie menschliche Verzweiflung – ein *Ungarischer Tanz* von Johannes Brahms gilt ihr als Beispiel ausgelassener Heiterkeit. All diese Resonanzen, die von Kunstwerken geweckt werden, müssen als Selbstverständigungen verstanden werden. Kunstwerke zeigen sich in ihnen als etwas, das den Wert hat, irgendwie mit Blick auf die Welt und Situation einer Rezipientin etwas auszusagen. Der Wert eines Kunstwerks ist in einer bestimmten Situation ästhetischer Erfahrung in dieser Weise konkret.

Der konkrete Wert eines Kunstwerks, das ästhetisch erfahren wird, hat aber zugleich seine allgemeine Seite. Diese habe ich bislang in der Formulierung zum Ausdruck gebracht, dass Kunst umstritten ist, dass sie durch eine mangelnde Selbstverständlichkeit geprägt ist. Eine ästhetische Erfahrung ist nur dadurch wertvoll, dass in ihr der Wert gerade in Frage steht. Zugespitzt gesagt: Jede ästhetische Erfahrung problematisiert ihren Gegenstand in grundsätzlicher Weise. Diese These muss man allerdings mit der richtigen Betonung vortragen, damit sie nicht zu einer Absurdität wird. Phänomenal ist es ja ohne Frage falsch, dass jede ästhetische Erfahrung ihren Gegenstand fundamental problematisiert. Die Besuchermassen, die sich Tag für Tag durch den Louvre wälzen, stehen nicht vor den Bildern und fragen sich, inwiefern sie hier Kunst vor sich haben. Dennoch kommt es sicherlich auch bei ihnen zuweilen zu ästhetischen Erfahrungen. Wollen wir dieser Möglichkeit gerecht werden, müssen wir auch diese Erfahrungen als solche verstehen, in denen Kunst umstritten ist. Auch dort, wo es keine expliziten Debatten darüber gibt, ob ein Gegenstand ein Kunstwerk ist oder nicht, sind Gegenstände, die als Kunstwerke erfahren werden, mit solchen Debatten verbunden. Ästhetische Erfahrungen müssen so verstanden werden, dass sie implizit die Frage »Es gibt Kunstwerke … gibt es sie wirklich?« mit »Ja« beantworten. In aller ästhetischen Erfahrung steht die Kunst als ganze in Frage.

Die ästhetische Selbstverständigung muss also im Zusammenhang mit der Frage gedacht werden, ob etwas ein Kunstwerk ist oder nicht. Kunst ist nur dadurch Selbstverständigung, dass sie unentwegt als ein Wert befragt wird. Wäre Kunst selbstverständlich, könnte sie nicht in der Weise Resonanzen bei den Rezipierenden hervorrufen, wie sie es als Selbstverständigung tut. Dass die Kunst uns anspricht, hängt damit zusammen, dass immer unklar ist, was als Kunst gelten kann und was nicht. Kunstwerke wecken Resonanzen vor dem Hintergrund der Alternative, dass sie auch stumm bleiben können, dass sie uns nichts über uns sagen. In dieser Weise gehören die mangelnde Selbstverständlichkeit der Kunst und ihr Wert als Selbstverständigung zusammen.

Die Geschichtlichkeit der ästhetischen Erfahrung

Es lohnt an dieser Stelle, noch einmal auf ein Phänomen zurückzukommen, das bereits im ersten Abschnitt dieses Kapitels zur Sprache gekommen ist. Es handelt sich um die Frage der Geschichte von Kunst und von Kunstwerken. Ich habe dort ausgeführt, dass es für eine geschichtliche Ordnung von Kunstwerken relevant ist, Kunstwerke als solche zu identifizieren. Im Weiteren habe ich nun den Gedanken verfolgt, dass eine solche Identifikation nicht ohne eine Bezugnahme auf die Perspektive des Beteiligtseins an ästhetischen Erfahrungen gelingen kann. Das allerdings hat Folgen für das Verhältnis von Kunst und Geschichte. Diese Folgen kann man in der These zusammenfassen, dass die Geschichte der Kunst *als* Kunst von ästhetischen Erfahrungen her verstanden werden muss.

Wenn Kunst immer damit verbunden ist, dass sie als ein Wert befragt wird, dann gibt es keinen Gegenstand, von dem man einfach so sagen kann, er sei ein Kunstwerk. Ein Gegenstand erweist sich erst dadurch als Kunst, dass er in einer bestimmten Weise als geeignet für die Klärung vom jeweiligen Selbstverständniss erfahren wird. Wie bereits angemerkt, garantiert aber nichts, dass nur Gegenstände oder Geschehnisse in dieser Weise erfahren werden, die als Kunst (im Rahmen der Institution »Kunst«) geschaffen wurden. Auch Gegenstände und Darbietungen, die nicht als Kunst produziert werden, können als ästhetische Selbstverständigungen bestehen – so zum Beispiel kultische oder repräsentative Gegenstände. Es nimmt entsprechend nicht wunder, dass ethnographische Sammlungen sich auch gut als Kunstausstellungen betrachten lassen (und so, wie zum

Beispiel auf der Museumsinsel Hombroich, Neuss, Teil von Kunstausstellungen sind).

Versteht man die Geschichte der Kunst auf der Basis ästhetischer Erfahrungen, hat Kunst keinen definitiven Anfang und auch kein definitives Ende. Was zu einer Zeit als ästhetisch wertvoll erfahren wird, kann zu einer anderen Zeit als bloßer Alltagsgegenstand gebraucht werden. In unseren Tagen hat zum Beispiel die Musik der Renaissance eine große Wiedererweckung erlebt, nachdem sie Jahre zuvor eine Sache weniger Spezialisten war. Es ist kaum vorstellbar, dass die Musik von Johann Sebastian Bach fast in Vergessenheit geraten war, bevor unter anderem Felix Mendelssohn Bartholdy durch eine Aufführung der *Matthäus-Passion* 1829 einen Anstoß dazu gab, das überwältigende künstlerische Erbe Bachs für die Nachwelt zu sichern. Diese Beispiele illustrieren die These, dass die Geschichte der Kunst durch die Erfahrungen mit ihr konstituiert wird. Ästhetische Erfahrungen sind nicht (allein) von der Geschichte der Institution »Kunst« abhängig.

Zwei Autoren der Tradition des kunstphilosophischen Nachdenkens haben in besonderer Weise die spezifische Geschichtlichkeit ästhetischen Erfahrens thematisiert: Hegel und Heidegger. Heidegger spricht davon, dass alle Kunst »Stiftung« sei.[9] In aller ästhetischen Erfahrung wird entsprechend ein Verstehen gestiftet. Ein solches Verstehen hat seinen jeweils eigenen geschichtlichen Horizont. Eine ästhetische Selbstverständigung kann sowohl in Auseinandersetzung mit einer zeitgenössischen Trance-Musik

9 Vgl. Heidegger, »Der Ursprung des Kunstwerkes« (s. Anm. 8), S. 61.

wie in der Auseinandersetzung mit einem antiken Kultgegenstand zustande kommen. Die Kehrseite der so verstandenen Geschichtlichkeit der Kunst hat Hegel ausbuchstabiert. Danach können ästhetische Erfahrungen zu Ende gehen, auch wenn die Institution Kunst weiter existiert. Hegel hat die These vertreten, dass ästhetische Praktiken als selbstverständigende Praktiken, die für die Beteiligten unerlässlich sind, an Bedeutung verlieren können. Man bezeichnet diese These als *Satz vom Ende der Kunst*. Es kann nach Hegel dazu kommen, dass Kunstwerke nicht mehr die Resonanzen hervorrufen, von denen auf den vorangehenden Seiten die Rede war. Trotzdem können Kunstwerke weiter geschaffen, ausgestellt, aufgeführt und gesammelt werden. Hegel spricht davon, dass in einer solchen Situation die »Kunst nach der Seite ihrer höchsten Bestimmung [...] ein Vergangenes« ist.[10] Hegel war der Auffassung, dass diese Situation schon zu seiner Zeit, um 1820, eingetreten war. In diesem Punkt wird man ihm nicht Recht geben wollen. Von ihm lernen kann man aber auf jeden Fall, dass Kunst zu Ende gehen kann und dass ein solches Ende nicht mit einem Zu-Ende-Gehen von Kunstwerken, also der Institution »Kunst«, zusammenfallen muss. Es kann immer sein, dass sich zum Beispiel unsere Kultur so weiterentwickelt, dass in ihr ästhetische Erfahrungen keine eminente Rolle (mehr) spielen.

Sowohl Heidegger als auch Hegel markieren mit ihren Überlegungen die besondere Geschichte, die mit ästhetischen Erfahrungen verbunden ist: die Geschichte des Ent-

10 Georg Wilhelm Friedrich Hegel, *Vorlesungen über die Ästhetik I* (s. Anm. 2), S. 25.

stehens und Vergehens von Selbstverständigungen. Wo Kunstwerke ästhetisch erfahren werden, werden sie als Selbstverständigungen gesucht und hinterfragt.

Kunst und Philosophie der Kunst

Tritt man einmal einen Schritt von den bisherigen Überlegungen zurück, kann man durchaus zu zweifeln beginnen, ob die Philosophie in Sachen Kunst ein guter Ratgeber ist. Philosophie ist eine recht abstrakte Angelegenheit. Kunstwerke hingegen sind sinnlich und konkret. Sie zeigen intensive Farben oder geben schrille Klänge zu hören. Es scheint, als könne man solchen sinnlichen Phänomenen nicht gerecht werden, wenn man sie mit einer philosophischen Theorie angeht. Dieser Eindruck verstärkt sich noch, wenn man sich näher ansieht, was manche Philosophen zur Kunst geschrieben haben. Von dem bereits mehrfach erwähnten Martin Heidegger zum Beispiel gibt es Interpretationen zu Gedichten, die sich lesen wie philosophische Abhandlungen. In einem solchen Umgang wird, so kann man meinen, die Kunst verfehlt.

Trotz aller Vorbehalte, die man von Seiten der Kunst der Philosophie gegenüber zum Teil durchaus zu Recht hegt, zeigen die zurückliegenden Darlegungen jedoch bereits den Zusammenhang von Kunst und Philosophie. Wenn Kunst Selbstverständigung ist, dann gehört zu ihr immer das Nachdenken darüber, ob und wie sie als Selbstverständigung funktioniert. Kunst hängt untrennbar damit zusammen, dass sie als Kunst befragt oder – wie ich drastischer gesagt habe – problematisiert wird. Das geschieht üblicherweise in der Kunstkritik, also in einer sprachlichen Praxis der Interpretation und Bewertung von Kunstwerken. Im Rahmen von kurzen oder langen Gesprächen, von Erfahrungsberichten in Internetportalen oder Artikeln im Feuilleton wird darüber nachgedacht, ob und wodurch Kunstwerke gelingen oder scheitern und was sie für uns wertvoll macht. Die Philosophie der Kunst setzt genau bei einem solchen Nachdenken ein, mit dem Kunst zwangsläufig zusammenhängt. Sie muss die mit der Kunst verbundene Fragwürdigkeit so aufgreifen, wie sie sich in der Auseinandersetzung mit Kunstwerken ergibt. Die Philosophie der Kunst hat so die Aufgabe, die für die Kunst konstitutive mangelnde Selbstverständlichkeit und ihren Wert als Selbstverständigung explizit zu machen. Sie erweist sich damit möglicherweise als ein hilfreicher Partner in der Begegnung mit Kunst.

Die Philosophie der Kunst ist nicht als eine »philosophische Entmündigung der Kunst« zu verstehen, wie es ein Titel des amerikanischen Philosophen Arthur Danto (1924–2013) polemisch behauptet.[11] Man könnte vielmehr die gegenteilige These vertreten: Die Kunst wird demnach überhaupt erst im Nachdenken über sich mündig. Dieses Nachdenken muss nicht unbedingt philosophisch sein. Dennoch kann man die Philosophie als eine Explikation des Nachdenkens verstehen, das, wie dargestellt, mit der Kunst notwendigerweise verbunden ist. Diese Explikation kann das Ziel haben, die Standards, die im Nachdenken über Kunst im Spiel sind, zu diskutieren und das Nachdenken so über das Erreichen und Verfehlen seiner eigenen

11 Vgl. Arthur C. Danto, *Die philosophische Entmündigung der Kunst*, übers. von Karen Lauer, München 1993.

Standards aufzuklären. Eine so verstandene Philosophie der Kunst entstammt der Kunst als einer Sache, die nach gedanklicher Auseinandersetzung verlangt. Sie entstammt nicht der Philosophie.

Die Philosophie der Kunst darf aber nicht davon ausgehen, dass ästhetisch Erfahrende Philosophen sind oder werden sollten. Ästhetisch Erfahrende bringen vielmehr eine Praxis der Selbstverständigung in der Auseinandersetzung mit Kunstwerken mit. Eine solche Praxis kann zu einem Gegenstand fruchtbarer theoretischer Erkundung werden. Kunstliebhaber müssen nicht eo ipso auch Theoretiker sein. Sie müssen vielmehr so verstanden werden, dass die theoretische Erkundung ihrer Erfahrungen möglich und lohnend ist. Die (philosophische) Theorie entwickelt sich in Auseinandersetzung mit den Erfahrungen, die Rezipierende in der Auseinandersetzung mit Kunstwerken machen.

Aus diesen Überlegungen folgt wiederum für die Philosophie der Kunst, dass sie nicht den Anspruch haben kann, alle ästhetischen Erfahrungen mit einer gültigen Theorie auszustatten. Ihr Anspruch kann allein darin bestehen, dass sie ästhetische Erfahrungen durch Explikation bereichert. Die Explikationen haben es, wie dargelegt, durchaus mit Fragen und Problemen zu tun, die in ästhetischen Erfahrungen selbst vorliegen. So kann man die Philosophie der Kunst als eine Weiterentwicklung der Kunst verstehen, in dem Sinn, dass die Explikation ästhetischer Selbstverständigung dazu beiträgt, solche Selbstverständigung reichhaltiger zu erfahren und zu entfalten. Es nimmt entsprechend nicht wunder, dass in der Geschichte der Künste die künstlerische Produktion immer wieder durch philosophische Überlegungen wichtige Impulse erhalten hat.

Wie nach der Kunst fragen: eine Zusammenfassung

In diesem ersten Kapitel ging es darum, zu klären, wie nach der Kunst gefragt werden sollte, und darum, die Ansprüche einer Philosophie der Kunst abzustecken. Eine Explikation der Kunst gelingt, so habe ich argumentiert, nur dann, wenn Kunstwerke als Gegenstände begriffen werden, die grundsätzlich fragwürdig sind. Nach der Kunst kann nicht wie nach einem Gegenstand gefragt werden, dessen Beschaffenheit man verstehen will. Aus diesem Grund sollte man nach der Kunst nicht mit der Frage »Was ist Kunst?« fragen. Eine angemessene Fassung der Frage lautet meines Erachtens »Welchen Wert hat die Kunst für uns?«.

Ich habe auf der Basis dieser Weichenstellungen ausgeführt, dass Kunst als Selbstverständigungsgeschehen zu begreifen ist. Selbstverständigungen sind zwangsläufig mit der Frage verbunden, inwiefern sie Selbstverständigung leisten, und werden aus diesem Grund als solche thematisiert. Das gilt auch für Kunstwerke. Sie werden gerade deshalb auf ihren Wert hin befragt, weil sie als Selbstverständigung fragwürdig sind. Das Geschehen der Kunst ist auch dort, wo es nicht zu einer Theorie der Kunst kommt, immer von einer Reflexion beziehungsweise einem Streit um die Kunst begleitet. Die Philosophie der Kunst kann diese Reflexion beziehungsweise diesen Streit explizit machen.

Diese Überlegungen tragen dazu bei, die Erwartungen der Philosophie der Kunst gegenüber zu schärfen. Der Philosophie der Kunst darf man zutrauen zu erläutern, inwiefern Kunst ein Selbstverständigungsgeschehen darstellt und inwiefern sie sich von anderen Selbstverständigungsgeschehen (wie dem Tagebuchschreiben und der Psychotherapie) unterscheidet. Die Philosophie der Kunst kann Fragen, Begriffe und Konzepte explizit machen, die in einer ästhetischen Praxis im Spiel sind. Durch ihre Explikationen trägt sie günstigstenfalls zu einer Bereicherung dieser Praxis bei. Sie kann allerdings nicht den Anspruch haben, ein notwendiger Bestandteil einer ästhetischen Praxis zu sein. Sie muss sich jederzeit vor der Kunst dadurch rechtfertigen, dass ihr Beitrag aufschlussreich und weiterführend ist.

Ich will dieses erste Kapitel nicht schließen, ohne eine Warnung vorzubringen. Alle betrachteten Fragen und Begriffe sind nur Teil eines Vorspiels in Sachen Kunst gewesen. Es wurde bislang nur beleuchtet, mittels welcher Frage ein Einstieg in ein philosophisches Nachdenken über Kunst gelingt. Eine Antwort auf die Frage, die ich vorgeschlagen habe, ist, wenn überhaupt, erst angedeutet worden.

2 Die Kunst und die Künste

Bevor man die Frage, welchen Wert die Kunst für uns hat, beantworten kann, muss man erst noch eine theoretische Hürde in Augenschein nehmen. Der Singular Kunst ist nicht so selbstverständlich, wie andere Singulare es sind. Ich kann zum Beispiel davon sprechen, was *der* Hund ist. Es ist ein Fleisch fressendes Haustier, das vier Beine hat und das bellt. Auch wenn Hunde groß werden können wie Kälber oder in ausgewachsenem Zustand kleiner sind als gewöhnliche Katzen, bringt eine solche Bestimmung *des* Hundes wenig Probleme mit sich. Sie wird allen Hunden gerecht. Mit *der* Kunst verhält es sich anders. Die einzelnen Künste sind nicht so gefügig wie die einzelnen Hunde beziehungsweise Hunderassen. Ihre Unterschiede lassen sich nicht mit der gleichen Leichtigkeit unter einen Allgemeinbegriff subsumieren. Zwar kann man trivialerweise Kunst als etwas bestimmen, das gemacht ist. Der Begriff der Kunst zeigt in diesem Punkt noch seine Herkunft aus dem griechischen Begriff »téchnē« und dem lateinischen Begriff »ars«. Beide Begriffe heißen so viel wie Herstellungskunst und umfassen so unterschiedliche Dinge wie die Sattlerei und das Schreiben von Theaterstücken.

Wenn man aber die einzelnen Künste etwas genauer betrachtet, sieht man, dass der Begriff der Herstellung in sehr unterschiedlicher Weise zu ergänzen ist. Die Künste arbeiten in ihrer Herstellung mit recht unterschiedlichen Materialien und arbeiten mit diesen Materialien wiederum auf äußerst unterschiedliche Weise. Die Literatur arbeitet mit dem Material natürlicher Sprachen und formt daraus Texte verschiedener Länge und Gestalt, die in stiller Lektüre oder stimmhafter und körperlicher Aufführung dargeboten werden können. Bei einer Plastik hingegen gibt es keine Darbietung dieser Art. Auch wird bei ihr gewöhnlich kein im Vorhinein strukturiertes Material verwendet. Ihren Ausgangspunkt bilden höchst unterschiedliche Dinge: mehr oder weniger formlose Steine und Hölzer, verflüssigte Metalle oder alle möglichen sonstigen gestalteten oder ungestalteten Gegenstände der alltäglichen und nichtalltäglichen Welt. Diese Dinge haben immerhin gemeinsam, dass sie keine Verwandtschaft mit dem Material zeigen, auf dem die Literatur aufbaut.

Mit Blick auf unterschiedliche Materialien und Verarbeitungsformen in den unterschiedlichen Künsten spreche ich im Folgenden allgemein von ästhetischen Medien und ästhetischen Verfahrensweisen. Jede einzelne Kunst hat ihr mehr oder weniger spezifisches Medium und ihre mehr oder weniger spezifischen Verfahrensweisen.[12] Ein ästhetisches Medium ist das in unterschiedlicher Weise strukturierte Material, mit dem eine Kunst arbeitet. Im Falle der Literatur handelt es sich zum Beispiel um die natürliche Sprache. In der Plastik hingegen sind es unterschiedlich form- und gestaltbare Materialien wie Steine, Hölzer, Metalle oder anderes. Unter einer ästhetischen Verfahrensweise hingegen verstehe ich die Art und Weise, wie eine Kunst mit und in ihrem Medium arbeitet. In der Literatur unterscheidet sich die Verfahrensweise zum Beispiel bei Prosa oder Lyrik. Formt die Prosa aus Ausdrücken der natürlichen Sprache lange Erzählstränge, geht es der Lyrik eher darum,

12 Vgl. dazu auch Martin Seel, *Ästhetik des Erscheinens*, München 2000, S. 172 ff.

aus solchen Ausdrücken bestimmte Konstellationen herzustellen. Die ästhetische Verfahrensweise der Plastik ist das Bearbeiten eines oder mehrerer Materialien an ihren Oberflächen und in den Raumkonstellationen, die sie bilden. So unterscheiden sich die Künste grundsätzlich und zum Teil tiefgreifend mit Blick auf die ihnen eigenen Medien und Verfahrensweisen.

Nehmen wir an, wir kämen aus einer Welt, in der man keine Kunst kennt: Es wäre sicher nicht einfach, uns beizubringen, was Plastik und Literatur miteinander gemeinsam haben. Allgemeiner gesagt: Die Kunst lässt sich nicht mit einer einfachen Formulierung des Typs »Fleisch fressendes Haustier, das vier Beine hat und bellt« umreißen. Die Künste arbeiten in unterschiedlichen Medien und sie arbeiten mit unterschiedlichen Verfahrensweisen. Diese Medien und Verfahrensweisen haben Charakteristika, die stark divergieren. Die Divergenz der Charakteristika hat zum Beispiel zur Folge, dass manche Künste sich ausstellen lassen, andere Künste hingegen Darbietungen benötigen.

Für das Nachdenken über Kunst stellt die Vielheit der Künste ein Problem dar. Einen Begriff der Kunst kann man nur dann verständlich machen, wenn eine plausible Antwort auf die Frage gelingt, wie trotz der Unterschiedlichkeit der Künste von Kunst gesprochen werden kann. Eine solche Antwort will ich im Rahmen dieses Kapitels geben. Es sollen erst unterschiedliche Vorbehalte geweckt werden, ob nicht die Unterschiedlichkeit der Künste das letzte Wort behält. Dann will ich Positionen verfolgen, die die Differenz der Künste egalisieren. Es handelt sich erstens um Hegels epochalen Entwurf eines Systems der Künste und um das Konzept des Gesamtkunstwerks beziehungsweise seinen kleinen Verwandten, den Begriff der Intermedialität. Die Plädoyers für die Unterschiedlichkeit der Künste und ihr Dementi in einem theoretischen oder praktischen System stellen zwei Extrempositionen dar, zwischen denen ein plausiblerer Weg liegt. Im Anschluss an die Entfaltung der Extrempositionen werde ich diesen Weg skizzieren. Ich werde darlegen, dass von *der* Kunst gerade von der Unterschiedlichkeit der Künste her gesprochen werden kann. Die Spannung zwischen den Künsten und der Kunst muss also zugelassen werden – sie ist keine theoretische Hürde, sondern ein Charakteristikum der Kunst. Die Frage nach der Kunst betrifft die Kunst gerade in der Unterschiedlichkeit der Künste. Kunst leistet Selbstverständigung in der Differenz unterschiedlicher künstlerischer Medien und Verfahrensweisen.

Unterteilungen der Künste

Betrachtet man die Unterschiedlichkeit der Künste, ist leicht einzusehen, dass es immer wieder Zeiten, Autoren und Texte gegeben hat, die nicht von der Kunst, sondern von den Künsten her denken. Besonders deutlich ist diese Tendenz im 18. Jahrhundert zu beobachten. Aber auch im 19. und 20. Jahrhundert finden sich entsprechende Ansätze. Markant sind dabei Texte und Positionen, die den Versuch unternehmen, die Künste zu gruppieren. Der einfachste Fall einer solchen Gruppierung ist es, zwei Pole zu formulieren, und die unterschiedlichen Künste dann jeweils einem der beiden Pole zuzuordnen. Die Pole werden dabei so betrachtet, dass sie unterschiedliche Prinzipien von Kunst zum Ausdruck bringen, die ein einheitlicher Begriff der Kunst nicht zu umfassen vermag.

Drei solche Gruppierungen sollen hier knapp skizziert werden. Es handelt sich erstens um Lessings prominente Unterscheidung von einerseits Künsten, die sich im Raum, und andererseits Künsten, die sich in der Zeit entwickeln. Zweitens kommt Nietzsches Unterscheidung von Dionysischem und Apollinischem zur Sprache. Auch wenn Nietzsche diese Unterscheidung nicht vorgeschlagen hat, um anhand ihrer eine Aufteilung der Künste vorzunehmen, eignet sie sich doch für eine solche Aufteilung. Analoges gilt für die dritte Unterscheidung. Auch Walter Benjamin wollte mit seiner Unterscheidung von auratischer und nichtauratischer Kunst nicht alle Künste in zwei unterschiedliche Lager verweisen. Dennoch lässt die von ihm vorgeschlagene Unterteilung sich gut als eine prinzipielle Unterteilung der Künste verstehen.

Raumkünste und Zeitkünste

Gotthold Ephraim Lessing (1729–1781) hat im Jahr 1766 seinen berühmten kunstkritischen Traktat *Laokoon oder über die Grenzen der Malerei und Poesie* veröffentlicht. Dort entwickelt er eine Unterscheidung unter den Künsten, die seitdem zu einem Gemeinplatz kunstphilosophischen und kunstkritischen Nachdenkens geworden ist: die Unterscheidung zwischen Raumkünsten und Zeitkünsten. Diese Unterscheidung ist rasch nachvollzogen. Raumkünste sind Architektur, Plastik und Malerei; Zeitkünste hingegen Literatur und Musik. Für Raumkünste ist charakteristisch, dass sie den Raum benötigen, um sich zu entfalten. Kunstwerke dieser Künste konfigurieren unterschiedliche Elemente nebeneinander. Ein solches Nebeneinander kann man nur überblicken, wenn es sich im Raum darbietet. Die unterschiedlichen Elemente einer Architektur, einer Plastik oder einer Malerei werden so im Raum gleichzeitig wahrgenommen. Architektur ist als solche gestalteter Raum. Eine Plastik muss in einem Raum zur Aufstellung kommen. Ihre Elemente stehen im Raum nebeneinander. Auch für Bilder – Malerei, Grafik, Fotografie oder anderes – gilt, dass sie ein Nebeneinander von Elementen realisieren. Das Nebeneinander findet allerdings in diesem Fall – mehr oder weniger – auf einer Fläche statt.

Ganz anders ist dies bei der Literatur. Wird mir ein Gedicht oder eine Prosa vorgelesen, kann ich die Augen schließen. Ich kann in einem kleinen Raum, im Freien oder in einem Fahrzeug unterwegs sein: Dieser Unterschied betrifft die Möglichkeit ästhetischer Erfahrungen mit dem jeweiligen Text nicht wesentlich. Was ich hingegen benötige, um den Text ästhetisch erfahren zu können, ist Zeit. Der Text hat eine bestimmte Dauer, innerhalb deren er sich entfaltet. Seine ästhetischen Elemente stehen nicht nebeneinander, sondern nacheinander. Unter die Zeitkünste ist nach Lessing auch die Musik zu rechnen. Auch für die Musik gilt, dass sie Zeit benötigt, um stattfinden zu können. Ich kann schon ein einfaches musikalisches Thema nicht erfassen, wenn ich es nach zwei Sekunden abbreche. Mehr noch als die Literatur hat die Musik eine Dauer, die ihr gesetzt ist. Wenn ich nicht eineinviertel Stunden Zeit mitbringe, kann ich Anton Bruckners *8. Symphonie* nicht im Zusammenhang hören. Die Musik kann zudem – mehr als Lessing sich vielleicht vorstellen konnte – unabhängig von einem bestimmten Raum ästhetisch erfahren werden. Ob mein Konzertsaal die Berliner Philharmonie ist, eine Terrasse, das Auto oder bloß ein kleiner Kopfhörer beim Spaziergang: in jedem Fall lässt die Musik sich ästhetisch erfahren. Lessing fasst den Unterschied, den er markieren will, folgendermaßen knapp zusammen: »Es bleibt dabei: die Zeitfolge ist das Gebiete des Dichters, so wie der Raum das Gebiete des Malers.«[13]

Lessings Unterscheidung kann man dadurch noch weiter plausibilisieren, dass man sie mit anderen, verwandten Unterscheidungen kombiniert. Die erste Unterscheidung, die ich in diesem Sinn heranziehen will, ist diejenige zwischen Künsten, die man aufführen muss, und solchen, für die das nicht zutrifft. Musik und Literatur sind Aufführungskünste (*performing arts*). Bei ihnen kommt es zu einem Unterschied zwischen Vorlage und Realisierung. Ein gedrucktes Exemplar von Italo Calvinos *Wenn ein Reisender in einer Winternacht* steht als solches jenseits der Frage, ob es als Kunst bestehen kann oder nicht. Erst in meiner Lektüre rückt es in die Dimension ästhetischer Werthaftigkeit. Ein solcher Unterschied spielt hingegen bei Raumkünsten nicht in gleicher Weise eine Rolle. Zwar gibt es auch bei der Architektur Vorlagen; diese sind aber nicht das Werk wie ein Exemplar von Calvinos Text das Werk ist. Im Fall der Architektur ist das Werk letztlich auf den realisierten Bau beschränkt. Genauso ist es im Falle von Plastiken und Bildern. Auch in ihrem Fall zählt die faktische Realisierung als das Werk. Erst wenn eine solche Realisierung aus-

13 Gotthold Ephraim Lessing, *Laokoon oder Über die Grenzen der Malerei und Poesie*, Stuttgart 1964, S. 129.

gestellt wird, ist das Werk für einen Rezipienten zugänglich. In diesem Sinn kann man hier vielleicht von Ausstellungskünsten sprechen. Zeitkünste sind Aufführungskünste; Raumkünste hingegen Ausstellungskünste.

Nelson Goodman hat eine andere, mit der Unterscheidung von Zeitkünsten und Raumkünsten verwandte Unterscheidung vorgeschlagen. Er spricht von »allographischen« und »autographischen« Künsten.[14] Diese Redeweise verschiebt den Akzent noch einmal. Allographisch sind Künste dann, wenn bei ihnen die Unterscheidung zwischen einem Original und einer Fälschung keinen Sinn gibt. Johann Wolfgang Goethes *Faust* kann viele Millionen Mal gedruckt werden, ohne dass eine Fälschung vorliegt. Ein zweites Exemplar von Caspar David Friedrichs *Mönch am Meer* stellt aber mindestens eine Kopie, wenn nicht gar eine Fälschung dar. All die Künste – wie die Literatur, die Musik, aber auch der Tanz –, bei denen das Werk in einer Notation besteht, sind allographisch: Ein bestimmtes Werk wie etwa Goethes *Faust* bleibt dasselbe, auch wenn es noch einmal neu für den Druck gesetzt wird. Wird dabei der Satzspiegel oder die Schrifttype geändert, tut das dem Werk nichts an. Das Werk erträgt ein anderes Schreiben (griech. *állē graphē*). Bei Architektur, Plastik und Malerei ist dies nicht so. Hier beinhalten die Werke ihre eigene Schreibweise. ›Notiert‹ man sie noch einmal, handelt es sich um eine Kopie oder gar um eine Fälschung. Jede Realisierung stellt so ein Original, einen Autographen dar.

Die drei Differenzierungen, die ich miteinander kombi-

14 Nelson Goodman, *Sprachen der Kunst. Entwurf einer Symboltheorie*, übers. von Bernd Philippi, Frankfurt a. M. 1995, S. 112 ff.

niere, zeigen in unterschiedlicher Weise, dass das Räumliche und das Zeitliche in den Künsten anders funktionieren. Diese Andersheit wird in allen drei skizzierten Differenzierungen beleuchtet. Ich will die Differenzierungen noch einmal mit einem anderen Fokus resümieren: Dieser Fokus betrifft den Werkstatus in den unterschiedlichen Künsten. Es gibt Künste (Architektur, Plastik, Malerei), in denen man die Werke davontragen kann. In anderen Künsten (Literatur, Musik) hingegen lassen sich nur Notationen von Werken von Ort zu Ort bewegen. Werke gibt es bei diesem zweiten Typ von Künsten erst dann, wenn es zu einer Darbietung kommt. Die Werke dieses zweiten Typs von Künsten sind eigenartig immateriell.

Die Immaterialität, von der ich spreche, ist allerdings nicht absolut. Literatur zum Beispiel gibt es nicht ohne eine gewisse Materialität des Farbauftrags oder der stimmlichen Artikulation. Dennoch bedarf diese Materialität einer Entfaltung, die bei einer Marmorplastik nicht erforderlich ist. Die Entfaltung als solche ist mehr als nur die sinnliche Präsenz eines Materials, das ich vom einen Ort zum anderen bringen kann. Der Begriff der Immaterialität fasst die Notwendigkeit dieser Entfaltung. So kommt man von Lessings Unterscheidung her zu folgender Zuspitzung: Es gibt einerseits Künste, deren Werke materiell, und andererseits Künste, deren Werke in gewisser Weise immateriell sind.[15] Wo Werke materiell sind, gelten andere Gesetze als dort, wo Werke einen irgendwie immateriellen Status haben.

15 Hans-Georg Gadamer spricht von »statuarischen« und »transitorischen« Künsten (vgl. Hans Georg Gadamer, *Die Aktualität des Schönen*, Stuttgart 1977, S. 108).

Bevor ich jedoch zu einer zweiten Abgrenzung von Künsten komme, will ich einige Störmomente in die bislang entwickelte Unterscheidung einzeichnen. Wie steht es zum Beispiel mit Künsten wie dem Theater, dem Tanz oder neueren Formen wie dem Film oder dem Happening? Der Tanz ist – wie schon seine mögliche Verbindung mit Musik anzeigt – eine Kunst, die sich grundsätzlich in der Zeit entfalten muss. Er bedarf aber zugleich des Nebeneinanders im Raum als des Spielraums der Entfaltung von körperlichen Bewegungen und Konstellationen. Gehen hier nicht Räumlichkeit und Zeitlichkeit, körperliche Materialität und Immaterialität der Choreographie ineinander über? Und wie steht es mit der Musik? Ist Musik nicht auch an eine Form der Räumlichkeit gebunden? Bedarf die Immaterialität der melodischen und harmonischen Kombinationen nicht zutiefst einer materialen Realisierung?

Nicht zuletzt muss man fragen, ob nicht auch alle der von Lessing angeführten Raumkünste ihre eigene Zeitlichkeit haben. Wer eine Skulptur einfach nur einen kurzen Augenblick betrachtet, wird sie nicht gut als Skulptur erfahren können. Das Nebeneinander der Plastik bedarf des Nacheinanders, um sich zu entfalten. Aber auch ein ›einfaches‹ Bild wird nicht mit einem Schlag erfasst. Es will vielmehr ›gelesen‹ werden. Unterschiedliche Zusammenhänge und Abgrenzungen auf dem Bild müssen in einer solchen Lektüre erprobt werden. Ein Bild hat so gerade als Kunstwerk, also als Gegenstand eines Selbstverständigungsgeschehens, eine zeitliche Dimension. Besonders augenfällig ist diese Dimension im Falle der Architektur. Ein Bauwerk muss um- und durchwandert werden. Ohne eine Erschließung der von ihm dargebotenen Räume und unterschiedlichen Perspektiven kann es nicht ästhetisch erfahren werden. Die Abgrenzung von Raum- und Zeitkünsten ist – zusammenfassend gesagt – nicht so stabil, wie sie im ersten Moment scheinen mag.

Dionysische und apollinische Künste

Dem stürmischen Traktat *Die Geburt der Tragödie aus dem Geiste der Musik*, den der junge Altphilologe und Philosoph Friedrich Nietzsche (1844–1900) im Jahr 1872 veröffentlichte, kann man eine andere Grenze entnehmen, die sich für die Diskussion von Künsten fruchtbar machen lässt. Nietzsche selbst spricht nicht von einer Grenze zwischen Künsten, sondern von zwei unterschiedlichen ästhetischen Prinzipien. Er hat diese unterschiedlichen Prinzipien unter Rekurs auf zwei Götter der griechischen Antike formuliert. Auf der einen Seite steht Dionysos, der Gott des Rausches und der Ekstase. Ihm gegenüber profiliert Nietzsche auf der anderen Seite Apollo, den Gott des Traumes und des schönen, harmonischen Scheins. Nietzsche sieht in diesen beiden Götterfiguren zwei Prinzipien verkörpert, die er als äußerst bedeutsam für die antike Kultur begreift. Seine Analyse dieser Kultur soll uns allerdings hier nicht interessieren. Vielmehr gilt es nachzuvollziehen, wie die von Nietzsche unterschiedenen Prinzipien für eine Differenzierung von Künsten genutzt werden können. In diesem Sinn spreche ich in – freier – Anlehnung an Nietzsches Text von dionysischen und apollinischen Künsten.

Beiden Formen von Künsten kann eine paradigmatische Kunst zugeordnet werden. Im Fall der dionysischen Künste handelt es sich um die Musik, die in Nietzsches Betrachtungen – Nietzsche war zur Zeit der Niederschrift seines Traktats ein glühender Verehrer der Musik Richard Wagners – eine zentrale Stellung innehat. Im Fall der apollinischen Künste steht die Malerei Pate. Dionysische Künste agieren rauschhaft und ekstatisch. Diese Charakterisierung trifft allerdings nicht auf all das zu, was wir unter Musik verstehen. Eine Fuge von Bach lässt sich genauso wenig wie ein moderner Popsong mittels dieser Charakterisierung erfassen. Sie passt eher auf ein Klavierstück von Frédéric Chopin, auf das unendliche Melos von Wagners Opern oder auf manche zeitgenössische Jazz-Improvisation. Nietzsche hat besonders eine formal ungebundene Musik, wie sie von manchen seiner romantischen Zeitgenossen (keineswegs von allen) favorisiert wurde, im Blick. Alle Künste, die – wie der Tanz, oder Improvisationsformen wie Free-Jazz oder Happenings, aber auch das Action Painting eines Jackson Pollock – formal ungebunden sind, lassen sich auf der Basis von Nietzsches Unterscheidung als dionysische Künste begreifen.

Apollinisch sind hingegen all diejenigen Künste, die durch klare Form- und Strukturgebung ausgezeichnet sind. Darstellende Malerei und klassische Plastiken gehören genauso zu diesen Künsten wie erzählende und dramatische Literaturen. Auch die Architektur und der erzählerische Film sind – primär – apollinische Künste. In ihren unterschiedlichen künstlerischen Medien bauen diese Künste übersichtliche Welten, Ordnungen und Zusammenhänge. Sie entfalten eine strukturierte Wirklichkeit. Zweifelsohne können die Ordnungen und Zusammenhänge wie in einer monumentalen Prosa oder in einem großen Wandgemälde (man denke an Michelangelos *Jüngstes Gericht* in der Sixtinischen Kapelle) komplex sein. Trotz aller möglichen Komplexität schaffen apollinische Künste aber geordnete Welten.

Man kann überlegen, ob sich hinter der Unterscheidung von apollinischen und dionysischen Künsten die Unterscheidung von darstellenden und nichtdarstellenden Künsten verbirgt.[16] Letztere ist aus der Art und Weise vertraut, wie oftmals die Geschichte der modernen Kunst erzählt wird. Üblicherweise gehen wir davon aus, dass es in der Entwicklung der modernen Kunst zunehmend einen Abschied vom Prinzip der Darstellung gegeben hat. In der Moderne kommt es demnach zu einem Siegeszug der nichtdarstellenden Kunst. Die Unterscheidung von Apollinischem und Dionysischem fällt allerdings nicht mit dieser Unterscheidung von Darstellung und Nichtdarstellung zusammen. Dennoch kann man letztere heranziehen, um erstere zu präzisieren. Das apollinische Prinzip des schönen Scheins hängt – wie das Prinzip der Darstellung – mit der äußeren Wirklichkeit zusammen. Das dionysische Prinzip der Ekstase hingegen überschreitet jegliche äußere Wirklichkeit, da es zum Beispiel keine übersichtlichen Strukturen hervorbringt.

Der an Nietzsches Text gewonnene Unterschied besteht zwischen Künsten, die sich auf irgendeine Art und Weise an Formen, Gestalten und Strukturen außerhalb ihrer

16 Mit diesem Akzent wird die Unterscheidung eher von dem Kunstkritiker und -theoretiker Konrad Fiedler oder von Paul Valéry vertreten. Vgl. etwa Konrad Fiedler, »Über den Ursprung der künstlerischen Tätigkeit«, in: K. F., *Schriften zur Kunst I*, 2. Aufl. München 1991, S. 111–220; Paul Valéry, *Eupalinos oder der Architekt*, übertr. von Rainer Maria Rilke, Frankfurt a. M. 1995.

selbst orientieren, und solchen, die dies nicht tun. Die Formen, Gestalten und Strukturen, die nach dem apollinischen Prinzip hervorgebracht werden, dürfen nicht als Darstellungen begriffen werden. Nietzsche hält sie eher für wirklichkeitskonstituierend in dem Sinn, dass sie den Menschen mit einer übersichtlichen Welt von Formen, Gestalten und Strukturen ausstatten. Dieses Verständnis setzt allerdings voraus, dass man dem Menschen eine Konstitution von Wirklichkeit zutraut. Da man dieses Zutrauen nicht unbedingt teilen muss, kann man neutraler von einer Wirklichkeitsorientierung des apollinischen Prinzips sprechen. Eine Orientierung an Formen, Gestalten und Strukturen der alltäglichen Wirklichkeit liegt zum Beispiel bei der Architektur vor (bei der es sich nicht um eine darstellende Kunst handelt). Für die Musik ist hingegen charakteristisch, dass sie sich von den Formen, Gestalten und Strukturen der alltäglichen Wirklichkeit löst. Dies gilt im weitesten Sinn auch für nichtdarstellende Malerei oder Plastik und in einem noch weiteren Sinn auch für experimentelle Poesie wie zum Beispiel die Lautgedichte Hugo Balls oder Ernst Jandls.

Wenn man Nietzsches Unterscheidung in dieser Weise auf den Punkt bringt, dann kann man in ihr tatsächlich eine Unterscheidung zwischen vormodernen und modernen Künsten präformiert sehen. Die modernen Künste, die in den Tagen, in denen Nietzsche schreibt, gerade im Entstehen begriffen sind, emanzipieren sich demnach von den Formen, Gestalten und Strukturen dessen, was als wirklich gilt. Sie entwickeln eine autonome Form-, Gestalt- und Strukturgebung. Vormoderne Künste hingegen sind in dem Sinn als apollinisch zu begreifen, dass sie sich durch die Form-, Gestalt- und Strukturgebungen der außerkünstlerischen Wirklichkeit gebunden sehen. Eine solche historische Übertragung von Nietzsches Unterscheidung zehrt allerdings sehr vom Mythos der künstlerischen Avantgarden, die die erste Hälfte des 20. Jahrhunderts dominiert haben. Die Rückkehr darstellender und erzählender Formen in der zweiten Hälfte des 20. Jahrhunderts, sowohl in der bildenden Kunst als auch in der Literatur, lässt eine historische Übertragung von Nietzsches Grenzziehung zweifelhaft erscheinen.

Mit Blick auf die Unterscheidung von Dionysischem und Apollinischem in der Kunst sind genauso wie bei derjenigen von Raum- und Zeitkünsten grundsätzliche Vorbehalte angebracht. Auch in ihrem Fall sind die Konturen in der künstlerischen Praxis oftmals nicht scharf. Schon immer haben Bilder und Plastiken weit über die Wirklichkeit und über geordnete Formen und Strukturen hinausgegriffen. Man denke nur an den Manierismus oder an die Romantik, um sich ein rauschhaftes beziehungsweise ekstatisches Moment in den struktur- und ordnungsgebundenen Künsten zu vergegenwärtigen. Sowohl für die spielerische Literatur eines Laurence Sterne als auch für die phantastische Literatur eines Jean Paul ist es charakteristisch, dass sie Struktur- und Ordnungsgebung als rauschhafte und ekstatische Prinzipien verwenden. Zugleich findet man auch unter den dionysischen Künsten wie der Musik immer wieder Epochen, Künstler und Werke, die apollinisch arbeiten. Das gesamte musikalische Werk Richard Wagners lässt sich in diesem Sinn genauso wie die großen Symphonien Gustav Mahlers als musikalischer Weltentwurf verstehen. Die Musik hält aber auch in ganz grundsätzlicher

Weise Kontakt zur Wirklichkeit. Hätte die Wirklichkeit, in der wir leben, keine Ordnung durch Klang, durch Töne, Stimmen und Geräusche, gäbe es wohl auch keine Musik. So leben noch in den konstruiertesten Partituren der zweiten Wiener Schule (Arnold Schönberg, Alban Berg, Anton Webern) klangliche Ordnungen der alltäglichen Wirklichkeit fort.

Auratische und nichtauratische Künste

Die dritte Grundunterscheidung der Künste, die ich darstellen will, wurde von Walter Benjamin (1892–1940) in dem kurzen Text *Das Kunstwerk im Zeitalter seiner technischen Reproduzierbarkeit* entwickelt. Weniger noch als Nietzsche hat Benjamin dabei den Anspruch, eine Unterscheidung für die Künste insgesamt zu etablieren. Es geht ihm vielmehr um eine Unterscheidung zwischen Malerei auf der einen und Fotografie und vor allem Film auf der anderen Seite. Benjamins Ziel ist es darzulegen, dass die technischen Reproduktionskünste Fotografie und Film den Begriff der Kunst insgesamt verändern (eine Veränderung, die Benjamin nicht zuletzt auch für politisch bedeutsam hält). Um diese Veränderung zu markieren, führt Benjamin einen Begriff ein, der die nicht mit technischer Reproduktion verbundene Malerei charakterisieren soll: den Begriff der Aura. Dieser Begriff geistert, seit Benjamin ihn in diesem Kontext in die Welt gesetzt hat, durch kunstphilosophische und kunstkritische Texte. Es ist allerdings nicht ganz klar zu sehen, was er besagt.

Benjamin gibt seinen Lesern eine Definition, die den Wunsch nach Klarheit verstärkt: Aura sei die »einmalige

Erscheinung einer Ferne, so nah sie sein mag«.[17] Ich will zwei Aspekte dieser Definition hervorheben: die Einmaligkeit und die Ferne. Diese beiden Aspekte kann man in einer etwas freien Auslegung von Benjamins Überlegungen zur Basis einer weiteren Unterscheidungslinie zwischen Künsten machen. Der Begriff der Einmaligkeit steht gemäß einer solchen Auslegung nicht für ein Original. Er steht vielmehr dafür, dass ein Werk eine Geschichte haben kann. Auch für Werke der Literatur, auf die sich die Differenz von Original und Kopie nicht in der gleichen Weise wie bei Bildern anwenden lässt, gilt, dass sie eine Geschichte der Überlieferung und der Interpretation haben. Im Lichte dieser Geschichte ist das Werk der einmalige Fokus der Überlieferungen und Interpretationen, die sich an ihm entlang ausgebildet haben.

Wichtiger in der Bestimmung der Aura ist aber der Begriff der Ferne. Es ist nicht ganz einfach, ein Verständnis dieses Begriffs zu gewinnen. Benjamin geht es um die Distanz, die ein auratisches Kunstwerk evoziert. Es bringt seine Rezipienten in eine distanzierte Stellung. Man kann diese Stellung mit Charakterisierungen wie Respekt und Ehrfurcht umreißen. Eine Rezipientin erfährt ein auratisches Kunstwerk als eines, das eine besondere Größe besitzt. Solche Charakterisierungen machen aber den Punkt noch nicht deutlich, um den es Benjamin meines Erachtens geht. Die Distanz, die ein auratisches Kunstwerk bewirkt, besteht in erster Linie darin, dass es seine Rezipienten in eine innerliche Haltung bringt. Respekt und Ehrfurcht

17 Walter Benjamin, *Das Kunstwerk im Zeitalter seiner technischen Reproduzierbarkeit*, Frankfurt a. M. 1963, S. 15.

können Momente dieser Haltung sein. Sie kann aber auch Momente wie Verständnis und Begeisterung aufweisen. Die Aura fordert von den Rezipierenden, sich in eine Innenwelt zurückzuziehen und sich in dieser Weise in ihrer Innenwelt angesprochen zu erfahren. Der Aura eines Kunstwerks korrespondiert eine strukturelle Differenz von Innenwelt und Außenwelt bei den Rezipierenden. Aus diesem Grund spricht Benjamin von einer »Ferne, so nah sie sein mag«. Die Ferne ist nicht räumlich, sondern strukturell.

Dieses Verständnis auratischer Künste wird deutlicher, wenn man das Gegenbild nichtauratischer Künste betrachtet. Als nichtauratisch ist nach Benjamin in erster Linie der Film zu begreifen. Der Film bringt seine Zuschauer nicht in eine Stellung der Distanz, sondern legt ihnen nahe, alle Distanz aufzugeben. Der Zuschauer soll sich beim Film ganz in dem Raum der »Bewegungsbilder«[18] verlieren. Benjamin umschreibt die Undistanziertheit, die bei der nichtauratischen Form ästhetischer Rezeption entsteht, mit Begriffen wie Zerstreuung und Eindringen. Beim Film verschmelzen der visuell und akustisch dargebotene Raum und der Wahrnehmungsraum des Betrachters. Der Betrachter gerät in den Zustand distanzlosen Mitgerissenwerdens, ganz wie beim Varieté oder Zirkus. Er verliert die Haltung eines Betrachters. Bei einer solchen Form ästhetischer Zerstreuung verschwindet aber nicht allein die Distanz – es verschwindet auch die Einmaligkeit. Die Rezipierenden geraten nicht in die Position, Überlieferungen oder Interpreta-

18 Vgl. Gilles Deleuze, *Das Bewegungs-Bild. Kino 1*, übers. von Ulrich Christians und Ulrike Bokelmann, Frankfurt a. M. 1989.

tionen auszubilden. Aus diesem Grund bildet sich auch keine Geschichte aus, im Rahmen deren ein Werk seine Einmaligkeit gewinnt.

Die Abgrenzung, die sich durch eine freie Zuspitzung von Benjamins Ausführungen gewinnen lässt, ist die zwischen innerlichen und äußerlichen Künsten. Die Grenze zwischen beiden ist im Nachdenken über Kunst zumeist zur Unterscheidung von echter Kunst und bloßer Unterhaltung herangezogen worden. Die echte Kunst hat demnach einen geistigen Gehalt, wohingegen die bloße Unterhaltung das geistlose Spiel mit künstlerischen Formen darstellt. Eine solche Unterscheidung lebt fort in der (bereits im ersten Kapitel erwähnten) Klassifikation von klassischer Musik als so genannter ›ernster‹ Musik (E-Musik) und populärer Musik als Unterhaltungsmusik (U-Musik). Benjamin wären solche Klassifikationen fragwürdig. Seines Erachtens kann man mit den Kriterien »innerlich« und »äußerlich« keine Unterscheidung von Kunst und Nichtkunst vornehmen. Sein Text lässt sich so verstehen, dass er die Wichtigkeit der Unterscheidung zwischen innerlichen und äußerlichen Künsten für die Künste verständlich machen will. Benjamin zufolge muss die Unterscheidung als eine innerhalb der Künste selbst begriffen werden. Erst auf ihrer Basis lassen sich Reproduktionskünste wie der Film verstehen.

Man kann die Künste im Sinne dieser groben Bestimmungen vielleicht folgendermaßen in auratische und nichtauratische Künste unterteilen (auch wenn eine solche Unterteilung nicht besonders überzeugen kann). Die Literatur ist eine auratische Kunst. Sie verlangt das einsame, versenkende Lesen oder Hören. Auch im Publikum einer öffentlichen Lesung bedarf es der Sammlung des Einzelnen, damit die ästhetische Dimension eines Textes sich entfaltet. Plastik und Malerei müssen – zumindest in der Art und Weise, wie wir heute mit ihnen umgehen – gleichfalls als auratische Künste verstanden werden. Mit Blick auf Musik und Architektur kann man hingegen zu unterschiedlichen Einschätzungen kommen. Beide haben wie der Film die Tendenz, in der Rezeption Distanzlosigkeit hervorzurufen. Auch eine formal gestaltete Musik wie das bereits im ersten Kapitel erwähnte *Klavierquintett* von Schumann kann seine Hörer schlicht mitreißen. Es ist nicht erforderlich, der Struktur der Musik zu folgen, um ihr überhaupt folgen zu können. In diesem Sinn erweist sich auch die Musik als eine zumindest in gewisser Hinsicht äußerliche Kunst. Analoges gilt für die Architektur. Ein Bauwerk kann denjenigen, der sich innerhalb seiner bewegt, ganz in sich aufnehmen.

Zweifelsohne lassen Architektur und Musik sich aber auch als auratische Künste begreifen. Wenn man sie in dieser Weise klassifiziert, wird man vielleicht geneigt sein, besondere Werke innerhalb ihrer als nichtauratisch zu verstehen. So kann man einen Unterschied machen zwischen einem Kammermusikabend und dem Woodstock-Festival. Dennoch zeigen die Möglichkeiten unterschiedlicher Klassifikation bereits an, dass auch die an Benjamins Text gewonnene Grenzziehung nicht stabilisiert werden kann. Auch zerstreuende Künste wie der Film lassen den Aufbau ästhetischer Distanz zu. Gleichermaßen sind aber viele Werke der innerlichen Künste wie Literatur und Malerei in der Lage, Zerstreuung und Distanzlosigkeit herbeizuführen. So kann zum Beispiel die Lektüre so artifizieller Texte wie der Gedichte von Rilke durchaus unterhaltsam sein. Und selbst wenn die Lektüre dieser Gedichte sich doch oftmals in auratischer Distanzierung vollzieht, so wird man doch wenige Leser finden, die sich nicht von Laurence Sternes *Tristram Shandy* zerstreuen lassen. Auch die Unterscheidung von innerlichen (distanziert rezipierten) und äußerlichen (zerstreuenden) Künsten erweist sich als eine Grundunterscheidung, die letztlich keine schematische Einteilung der Künste erlaubt.

Eine Einheit der Künste

Die Differenzen der Künste sind für das Nachdenken über Kunst ein gewisses Problem. Im ersten Moment scheinen die Unterscheidungen unüberwindliche Widerstände für eine Vereinigung der Künste im Begriff *der* Kunst darzustellen.[19] Wie kann man Raumkünste (materielle Werke) und Zeitkünste (immaterielle Werke) als Kunst überhaupt zusammenfassen? Wie soll man die Differenz zwischen apollinischen (wirklichkeitsorientierten) und dionysischen (wirklichkeitsüberschreitenden) Künsten aufheben? Was lässt zu guter Letzt darauf hoffen, dass auratische (innerliche) und nichtauratische (äußerliche) Künste sich unter einen Gemeinbegriff fügen? Man muss zwar nicht unbedingt davon ausgehen, dass die Differenzen, die mit diesen Begriffen markiert sind, jede Einheit der Kunst sprengen. Dennoch ist auf jeden Fall fraglich, ob es überhaupt sinn-

19 Entsprechend ist in der Kunstphilosophie auch die – unhaltbare – These vertreten worden, man könne auf den Begriff der Kunst ganz verzichten. Vgl. dazu Dominic McIver Lopes, *Beyond Art*, Oxford 2014.

voll ist, Kunst einheitlich zu thematisieren, oder ob es nicht den Künsten eher gerecht wird, über ihre je spezifischen ästhetischen Prinzipien nachzudenken. Wenn man von diesem Stand der Überlegungen ausgeht, nimmt es auf jeden Fall nicht wunder, dass es Versuche gegeben hat, die Differenzen der Künste explizit zu überwinden.

Zwei dieser Versuche sollen hier zur Sprache kommen. Es handelt sich erstens um Hegels Versuch, ein *System der Künste* zu rekonstruieren. Die Künste sollen in ihrer Unterschiedlichkeit so verstanden werden, dass sie einen umfassenden Zusammenhang ergeben. Auch wenn die einzelnen Künste unterschiedlichen Prinzipien folgen, hängen sie Hegel zufolge doch systematisch zusammen. Aufgrund des systematischen Zusammenhangs stellt die Unterschiedlichkeit der Künste keinen Widerstand gegen einen einheitlichen Begriff der Kunst dar. Man kann hier von einem *theoretischen* Zusammenspiel der Künste sprechen. Eine solche Redeweise leitet über zu dem anderen Versuch, die Unterschiedlichkeit der Künste mit Blick auf die Kunst zu überwinden. Hier kommt es zu einem *praktischen* Zusammenspiel der Künste.

Das praktische Zusammenspiel aller Künste ist unter dem Begriff des *Gesamtkunstwerks* entworfen worden. Dieser Begriff hat seine Wurzeln vor allem im Schaffen von Richard Wagner. Er entstammt, so gesehen, keinem dezidiert kunstphilosophischen Kontext. Dennoch lässt er sich als ein Begriff verstehen, der starke kunstphilosophische Implikationen hat. Diese Implikationen zeigen sich vor allem im Kontext der Frage, wie ein Begriff der Kunst trotz der Heterogenität der Künste etabliert werden kann. Der Begriff des Gesamtkunstwerks hat – unter anderem aufgrund seiner Übertragbarkeit auf politische Herrschaftsdemonstrationen – in der zweiten Hälfte des 20. Jahrhunderts an Konjunktur verloren. Seine grundsätzlichen Ambitionen in Richtung einer einheitlichen Praxis der Künste sind aber durchaus aktuell und werden heute, wie ich knapp beleuchten will, unter anderem mit dem Begriff der Intermedialität thematisiert. Sowohl das theoretische als auch das praktische Konzept einer Überwindung der Differenz der Künste sollen hier vorgestellt werden, wobei ich ein größeres Augenmerk auf Hegels System der Künste legen werde.

Hegels Konzept eines Systems der Künste

Um den Grundgedanken von Hegels Konzept eines Systems der Künste zu verstehen, ist es erforderlich, knapp seinen Begriff der Kunst vorzustellen. Dieser Begriff fungiert aber hier nicht nur als Krücke, die die Entfaltung seines Systems der Künste erlaubt. Es handelt sich zugleich um einen wichtigen Einstieg in die Beantwortung der Frage, welchen Wert die Kunst für uns hat. Aus diesem Grund weisen die Darlegungen zu Hegels Begriff der Kunst auf die Überlegungen der folgenden Kapitel voraus.

Hegels Begriff der Kunst – Ein Gemeinplatz des kunstphilosophischen Nachdenkens ist, dass Kunstwerke sich durch einen unlösbaren Zusammenhang von Inhalt und Form auszeichnen. Die Unlösbarkeit des Zusammenhangs hat wichtige praktische Konsequenzen. Während man zum Beispiel in einer Zeitungsmitteilung problemlos ein Wort austauschen kann, ohne den Inhalt zu verändern, ist dies in einem literarischen Text normalerweise nicht möglich. Manch ein literarischer Text verändert sich, wenn man auch nur einen Buchstaben ändert. In analoger Weise kann man zwischen einem Phantombild und einem Kunstbild unterscheiden. Für das Phantombild ist es unerheblich, ob es mit Öl- oder Aquarellfarben gemalt ist. Auch wenn das Bild in Öl gemalt wurde, kann man eine Kontur noch einmal mit Aquarellfarben nachziehen, gesetzt dass dies die Qualität der Darstellung nicht verändert. Wenn es hingegen um ein Kunstbild geht, ist das verwendete Material erheblich. Es verändert das Werk in signifikanter Weise, wenn man in ein Ölbild mit Aquarellfarben, mit Kreiden oder mit Kohle eingreift.

Diese Beispiele illustrieren, was das Ineinander von Form und Inhalt in Kunstwerken praktisch bedeutet. Im Kunstwerk gibt es den spezifischen Inhalt – das, was dargestellt ist, was wir verstehen oder sehen usw. – nur durch die je spezifische Form. Die konkrete Konstellation von Farben im Bild ist genauso wie die konkreten Wörter im sprachlichen Text relevant für das, was im Bild gezeigt und im Text gesagt wird. Bei einem Kunstwerk zählt jedes noch so kleine Detail seiner konkreten Gestalt. Umgekehrt kann die Form auch nicht ohne Rekurs auf den Inhalt als Form betrachtet werden. Was auch immer im Material eines Kunstwerks Struktur gewinnt, richtet sich an unser Verstehen. Wenn das Material nichts sagt oder nichts zeigt, spielt es für das Werk keine Rolle. Es wird dann zu einem Moment, das für die ästhetische Erfahrung belanglos ist (dass das Material in der Kunst letztlich komplexer verstanden werden muss, kommt in den Kapiteln 5 und 6 zur Sprache).

Hegels Begriff der Kunst buchstabiert das Ineinander von Form und Inhalt in letzter Konsequenz aus. Dabei akzentuiert er zwei Momente. Einerseits ist in der Kunst die sinnlich-materiale Seite von einer besonderen Wichtigkeit. Wenn von der Form eines Kunstwerks die Rede ist, müssen wir mit Hegel genauer sagen: die konkrete sinnlich-materiale Gestalt. Die Glätte des Steins einer Plastik zählt im Kunstwerk genauso wie der Farbauftrag auf einem Ölgemälde. Andererseits wiederum hat alle sinnlich-materiale Gestalt im Kunstwerk nur dann Berechtigung, wenn sie mit einem Inhalt verbunden ist. Wenn tatsächlich ein unlösbarer Zusammenhang von Form und Inhalt gegeben ist, muss jedes Detail der sinnlich-materialen Gestalt zugleich eine inhaltliche Seite haben. In dem sinnlichen Äußeren eines Kunstwerks – dem Stein der Plastik, der Farbe des Bildes, dem Klang der Musik – muss sich zugleich ein Inhalt zeigen. Um zu markieren, dass der Inhalt über das Sinnlich-Materiale hinausgeht, spricht Hegel von einem geistigen Inhalt oder kürzer auch bloß vom Geistigen in der Kunst. Bei diesem Geistigen wiederum handelt es sich nicht um irgendwelche Hirngespinste des Künstlers, sondern um einen Inhalt, der in konkreter sinnlicher Form – eben in dem Kunstwerk – realisiert ist. Hegel spricht davon, dass hier ein Geistiges wirklich wird. Ein solches wirkliches Geistiges bezeichnet Hegel als eine Idee.

Auf der Basis dieser Charakterisierungen lässt sich die Definition verstehen, die Hegel von der Kunst gibt. »Kunst«, so schreibt er in der Einleitung zu seinen Ästhetik-Vorlesungen, »ist das sinnliche Scheinen der Idee«.[20] Kunst ist, so können wir übersetzen, das sinnliche Scheinen eines geistigen Inhalts, der eben in der sinnlich-mate-

20 Georg Wilhelm Friedrich Hegel, *Vorlesungen über die Ästhetik I* (s. Anm. 2), S. 151.

rialen Gestalt des Kunstwerks realisiert ist. Das sinnliche Scheinen, von dem die Rede ist, bedeutet, dass ein geistiger Inhalt in einer konkreten sinnlich-materialen Gestalt anschaulich wird. Die Farben auf dem Bild sind so komponiert, dass sie die entsprechende »Idee« hervorrufen. In diesem Sinn liegt in einem Kunstwerk ein »sinnliches Scheinen der Idee« vor. In der Kunst hängen die sinnliche Gestalt und der geistige Inhalt untrennbar zusammen. Was auch immer ein Kunstwerk darstellt, zeigt, in Erinnerung bringt, besagt (oder wie auch immer man den geistigen Inhalt eines Werks beschreibt): es muss dazu eine besondere sinnliche Realisierung finden.

Das System der Künste — Hegel sieht durchaus, dass diese Bestimmung der Kunst nicht in allen Künsten gleichermaßen zum Tragen kommt. Die Künste, die Hegel kennt beziehungsweise anerkennt (Architektur, Literatur, Malerei, Musik und Plastik), verwenden äußerst unterschiedliche sinnliche Materialien. Die Architektur arbeitet mit Holz und Stein, mit Stahl und Glas und anderen massiven Materialien. Dieses Medium unterscheidet sich deutlich von demjenigen, in dem beispielsweise die Literatur arbeitet. Wörter als Farbaufträge auf Papier oder Schwingungen in der Luft sind ein äußerst flüchtiges Material. Sie lassen sich zum Beispiel nicht wie Stein betasten. Andererseits eignen sie sich besonders gut zur Mitteilung geistiger Inhalte. Sie sind von Grund auf geistig geformt. Die Materialien, die die Architektur verwendet, sind in dieser Hinsicht schlechter geeignet. Ein bloßer Stein sagt erst einmal sehr wenig. Ob seine Oberfläche rau oder glatt ist, mag ihn zwar für ein Tasterlebnis interessant erscheinen lassen, hat aber im ersten Moment wenig Bedeutung.

Nicht nur das sinnliche Material der Künste lässt sich schwerlich über einen Kamm scheren – auch die inhaltlichen beziehungsweise geistigen Aspekte haben in den unterschiedlichen Künsten oft wenig miteinander gemein. Betrachten wir zum Beispiel Malerei im Vergleich zur Musik. Auf einem Gemälde Paul Cézannes von der *Montagne Ste. Victoire* erkennen wir den Bergrücken, wir erkennen Felsen und Bäume, Gebäude und Felder und das faszinierende Farbenspiel der provenzalischen Landschaft. Wir sehen zum Beispiel den Himmel in seiner farblichen Dichte. Je nachdem, wie wir das Bild erfahren, begreifen wir es vielleicht als Ausdruck einer speziellen Sichtweise, die der Maler uns zeigt. Wir erfahren das Bild so möglicherweise als Ausdruck der Tatsache, dass die farbliche Welt, die uns umgibt, von einer unerschöpflichen Reichhaltigkeit ist. Hören wir hingegen eine Musik derselben Zeit, zum Beispiel die *1. Symphonie* Gustav Mahlers (*Der Titan*), kommt es zu keinen vergleichbaren Verständniserfahrungen. Möglicherweise begreifen wir auch diese Musik zum Teil als Darstellung einer Landschaft. Vor allem das einleitende Flirren der Geigen mag uns an die Ruhe eines heißen Sommermittags erinnern, die dann immer wieder von Rufen durchschnitten wird. Der zweite Satz präsentiert uns hingegen den ausgelassenen abendlichen Tanz auf dem Lande. Aber auch wenn wir Mahlers Musik in dieser Weise verstehen, stellt sie doch nicht in gleicher Weise einen Ausschnitt der uns bekannten Welt dar wie das Bild Cézannes. Das Bild gibt uns direkt eine Ansicht; die Musik gibt uns allenfalls Andeutungen. Das Bild konfrontiert mit einer Sichtweise, die Musik versetzt uns in eine Klangwelt. Die inhaltliche oder geistige Dimension des Bildes ist, so kann man vielleicht sagen, direkter als die der Musik. Beide lassen sich nicht nach einem gemeinsamen Schema erschließen.

Auch wenn man mit Hegel Kunst als ein Ineinander von sinnlichem Material und geistigem Inhalt begreift, stößt man so zunächst wieder auf dieselben Schwierigkeiten, die am Anfang dieses Kapitels Versuche motiviert haben, nach Grundunterscheidungen der Künste zu fragen. Hegel allerdings lässt sich von diesen Schwierigkeiten nicht schrecken. Er ersinnt einen besonderen Kniff, die Unterschiedlichkeit der Künste mit einem einheitlichen Begriff der Kunst zusammenzubringen. Dieser Kniff besteht darin, die Künste auf einen Weg einzuzeichnen, der zur Kunst führt und der, nachdem sie erreicht ist, über sie hinausgeht. Die Kunst muss nach Hegel als ein *Ideal* verstanden werden, das nicht in allen Künsten gleichermaßen realisiert ist. Vielmehr sind einige Künste unterwegs zu diesem Ideal; andere Künste wiederum gehen über es hinaus. Die Künste werden so auf einen Faden aufgereiht, in dessen Mitte das Ideal der Kunst liegt. Künste, die nicht in der Mitte liegen, weichen von dem Ideal in charakteristischer und systematischer Weise ab.

Bei seiner Ordnung der Künste mit Blick auf das Ideal der Kunst verfährt Hegel nun nach der Devise, zwei extreme Störungen des idealen Verhältnisses von sinnlichem Material und geistigem Inhalt als Pole zu setzen. Von dem Ideal der Kunst sind gleichermaßen die Künste, in denen das sinnliche Material überwiegt, und die Künste, in denen der geistige Inhalt überwiegt, entfernt. Hat man einmal dieses Prinzip etabliert, ist nicht schwer zu sehen, wie die Künste sich ihm fügen könnten. Die extremen Pole der fünf Künste (Architektur, Literatur, Malerei, Musik und Plastik), die Hegel berücksichtigt, bilden Architektur und Literatur. In der Architektur überwiegt sinnliches Material über geistigen Inhalt. In der Literatur hingegen fehlt es an sinnlich-anschaulicher Realisierung von Inhalt. Die Literatur ist schon in ihrem Material geistig und bricht so mit dem Ideal der Kunst. Ein ähnliches Urteil wie die Literatur trifft die Musik. Auch in ihrem Fall ist das sinnliche Material geistig geformt. Wer Musik hört, hört nicht einfach den Schall, sondern hört Töne, hört Tonbewegungen nach oben und unten, die sich zu Melodien formen, hört Intervalle und Harmonien. Aus diesem Material, das als solches bereits geformt ist, formt sich die Musik. Als formloses Material betrachtet (als Luftschwingung einer bestimmten Frequenz) hat es mit Musik nichts zu tun.

In Literatur und Musik überwiegt also für Hegel die geistige Formung über die sinnliche Darbietung. Etwas näher kommt da dem Ideal der Kunst schon die Malerei, da es in ihr etwas sinnlicher zugeht als in Literatur und Musik. Die Malerei gewinnt ihre Inhalte, indem sie Farben zu Flächen und Linien fügt. Aber auch dieses Material ist nicht in einem vollen Sinne sinnlich. Auch Farben gibt es nur als solche, die in bestimmten Beziehungen zueinander stehen. Eine Farbfläche als blau zu erkennen setzt voraus, dass ich sie implizit von einer Fläche unterscheide, die rot oder gelb oder noch andersfarbig ist. Das sinnliche Material der Farbe gibt es nur, wenn solche Unterschiede bereits ausgeformt sind. Aus diesem Grund begreift Hegel die Farbe auch als ein Material, das von sich aus schon eine geistige Seite hat. Wenn dann mit diesem Material geistige Inhalte geformt werden, überwiegt das Geistige.

So bleibt als diejenige der Künste, die dem Ideal der

Kunst in Hegels Augen in besonderer Weise gerecht wird, die Plastik. In der Plastik ist das sinnliche Material – der Marmor, die Bronze, usw. – ein von sich aus nicht geistiges Material. Es bringt als solches keine Formen mit. Wird es hingegen vom Bildhauer geformt, dann entsteht in diesem Material Inhalt – es zeigen sich Gesichtszüge, Gliedmaßen, aber auch Tierkörper oder andere Gegenstände oder (Bestandteile von) Lebewesen. In der Plastik vereinigen sich so sinnliches Material und geistiger Inhalt in idealer Weise. In besonderer Weise geschieht dies für Hegel – der in diesem Punkt dem Klassizismus eines Johann Joachim Winckelmann oder Lessing folgt – in der Darstellung des menschlichen Körpers. In klassischen Plastiken wie zum Beispiel dem berühmten *Diskuswerfer des Myron* (ca. 450 v. Chr.; Marmorkopie: Thermenmuseum, Rom) ist jede noch so kleine Faser des Körpers angespannt und zeigt die geistige Dynamik des Werfers in der Ausholbewegung vor dem Abwurf der Wurfscheibe. Der Geist des Werfers wird regelrecht sichtbar in all den Details der körperlichen Haltung. Hier sieht Hegel das Ineinander von sinnlichem Material und geistiger Formung, das das Ziel der Kunst ist, in idealtypischer Weise verwirklicht.

Folgt man diesen Darlegungen Hegels, ist es nur allzu leicht verständlich, dass die Architektur hinter diesem Ideal zurückbleibt. Auch sie verwendet, wie bereits dargelegt, Materialien, die als sinnliche Materialien funktionieren. Stein, Holz, Glas und andere Materialien werden in ihrer sinnlichen Fülle verbaut und sind normalerweise nicht schon als Material bedeutsam. Das Ganze eines Gebäudes schafft es aber nicht, jedem einzelnen Bestandteil, aus dem es besteht, einen besonderen Sinn zu geben. Stellen wir uns zum Beispiel den *Kölner Dom* vor. Das Gebäude ist als solches Darstellung einer religiösen Grundhaltung. Es weist die Gläubigen himmelwärts, legt ihnen nahe, alles Erdenschwere hinter sich zu lassen. Aus diesem Grund sind – wie überall in der Gotik – alle Streben hoch aufsteigend und relativ zu ihrer Höhe vergleichsweise schlank gehalten. Man muss jedoch nicht lange um den Dom herumgehen, bis sich Steine in der Mauer finden, die nichts von der Grazilität vieler anderer Elemente des Außen- und Innenraums haben. Es handelt sich um schlichte, massige Steine der Außenmauer. Diese Steine fallen, so kann man Hegel verstehen, gewissermaßen aus der Darstellung heraus. Sie bleiben ein sinnliches Material, das von der Darstellung irgendwie nicht erfasst ist.

Wir haben nun in groben Konturen alle Elemente der Argumentation Hegels gestreift, die erforderlich sind, um sein System der Künste zusammenzusetzen. Hegel erzählt es von der sinnlich-materialen hin zur geistig-inhaltlichen Seite. Aus diesem Grund ist die erste unter den Künsten die Architektur. Ihr folgt die Realisierung des Ideals aller Kunst, die Plastik. Auf die Plastik wiederum folgt die Malerei, in der das verwendete sinnliche Material bereits erste geistige Züge annimmt. Solche Züge verstärken sich bei der Musik, um endgültig bei der Literatur ganz überhand zu gewinnen. Architektur, Plastik, Malerei, Musik und Literatur: in diesem System von Künsten ist für Hegel die Einheit der Kunst realisiert. Die Künste hängen trotz ihrer Unterschiedlichkeit dadurch zusammen, dass sie unterschiedliche Verhältnisse der Verbindung von Sinnlichem und Geistigem darstellen, die die Kunst ausmacht. Die Kunst verwirklicht sich so nach Hegels Verständnis in einem System der Künste. Die Unterschiedlichkeit der Künste ist damit systematisch fruchtbar gemacht.

Zur Kritik Hegels – Man mag geneigt sein, Hegels gedankliche Artistik für das typische Symptom einer Systemphilosophie zu halten. Man spricht von einer Systemphilosophie, wenn eine Philosophie ganz unterschiedliche Phänomene in ein System zusammenpresst. Die gedankliche Aufreihung der Künste, die Hegel entwickelt, scheint den Vorwurf zu verdienen, dass hier eine systemphilosophische Übertreibung vorherrsche.

Ich denke aber, dass es wichtig ist, Hegels gedankliche Artistik nicht vorschnell zu verurteilen. Man muss zwei mögliche Vorwürfe auseinander halten, die man Hegel machen könnte: Der eine besagt, dass Hegel den einzelnen Künsten nicht gerecht wird, dass er die einzelnen Künste drastisch verkürzt. Der andere besagt, dass er die Künste zu Unrecht – als unterschiedliche Realisierungen eines Zusammenspiels von Sinnlichkeit und Geistigkeit – in einen strukturellen Zusammenhang bringt. Ich meine, dass nur der erste der beiden Vorwürfe berechtigt ist. Der strukturelle Zusammenhang der Künste hingegen ist ein wesentliches Moment des Begriffs der Kunst. Ich werde am Ende dieses Kapitels ausführen, dass Hegel hier ein wichtiges Moment des Begriffs der Kunst erfasst.

Hegel ist allerdings vorzuwerfen, dass er die einzelnen Künste verkürzt. Eine Kritik an seinem System der Künste muss bemüht sein, die Reichweite und Reichhaltigkeit der einzelnen Künste zur Geltung zu bringen. So ist es zum Beispiel absurd, nicht die massive Sinnlichkeit im Material von Malerei, Musik und Literatur genauso zu berücksichtigen wie ihre Geistigkeit. Auch vor der Kunst des 20. Jahrhunderts finden sich Beispiele von Gemälden, bei denen die sinnliche Präsenz des Pinselstrichs und die Schwere von Farbe ins Gewicht fallen – zum Beispiel bei Jean-Honoré Fragonard oder Francisco Goya. Und es ist die Frage, ob die Sinnlichkeit des künstlerischen Materials nicht grundsätzlich einen wichtigen Aspekt darstellt – auch dort, wo sie nicht wie bei den genannten Beispielen ins Auge fällt. Des Weiteren muss man sich nicht erst von modernen Konzertveranstaltungen in der Popmusik über die Wirkung von Musik auf die Bauchdecke belehren lassen. Auch die Blechbläser, die Anton Bruckner in seinen Symphonien versammelt, vermögen eine ähnliche Belehrung zu geben. Die Liste von Einwänden dieses Typs ließe sich beliebig verlängern.

Das Zusammenspiel von sinnlichem Material und geistigem Inhalt ist in allen Künsten viel zu reichhaltig ausgeprägt, als dass die Künste sich einfach auf die Linie bringen ließen, auf die Hegel sie eingrenzt. Dies nimmt seinem System der Künste die Plausibilität. Dennoch kann man Hegels System auch genau so verstehen, dass es zum Ausdruck bringt, was man kritisch gegen dieses System einwendet: Hegel macht geltend, dass die Künste sich nicht vereinheitlichen lassen. Nach Hegels Verständnis muss man die Unterschiede im Zusammenspiel von sinnlichem Material und geistigem Inhalt in den einzelnen Künsten zur Geltung bringen, um einen angemessenen Begriff von Kunst zu bekommen. Liest man Hegel mit dieser veränderten Akzentsetzung, dann nimmt es auch nicht wunder, dass seine Überlegungen zu den einzelnen Künsten oft mehr leisten, als man es mit Blick auf das Korsett einer Systematik der Künste vermuten würde.

Das Gesamtkunstwerk

Hegels Rekonstruktion eines Systems der Künste ist der wichtigste philosophische Versuch geblieben, die Unterschiedlichkeit der Künste in einem allgemeinen Begriff der Kunst zu überwinden. Ein anderer wichtiger Versuch hat zwar nur eine indirekte philosophische Herkunft, hat aber auch in der Philosophie der Kunst vielfältige Spuren hinterlassen. Es handelt sich um das von Richard Wagner entwickelte Konzept des Gesamtkunstwerks. Unter dem Eindruck der Kunstphilosophie der Romantiker (Novalis und Friedrich Schlegel), von Friedrich Hölderlin und Friedrich Wilhelm Joseph Schelling hat sich in der romantischen Kunst (ein wichtiges Beispiel ist das Werk Philipp Otto Runges) bereits eine Tendenz entwickelt, die Unterschiedlichkeit der Künste in der Kunstpraxis überwinden zu wollen.

An die Bewegung, die sich damit ergibt, knüpft Wagner an. Vor allem in seinen theoretischen Texten, die in den Jahren von 1849 bis 1852 im Züricher Exil entstanden sind, hat Wagner den Begriff entwickelt, der eine Überwindung der Unterschiede der Künste in der künstlerischen Praxis umreißt. Von besonderer Bedeutung sind diesbezüglich die programmatischen Traktate *Das Kunstwerk der Zukunft* und *Oper und Drama*. Wagner begreift in diesen Texten die Unterschiedlichkeit der Künste als eine jeweilige Beschränkung. Diese Beschränkung könne nur dadurch aufgehoben werden, dass die Künste in ein Zusammenspiel treten. »Tanzkunst, Tonkunst und Dichtkunst sind vereinzelt jede beschränkt; in der Berührung ihrer Schranken fühlt sich jede unfrei, sobald sie an ihrem Grenzpunkt nicht der anderen entsprechenden Kunstart in unbedingt anerkennender Liebe die Hand reicht.«[21] Die Handreichung der Künste soll aus diesem Grund im Gesamtkunstwerk geschehen. Dessen Programmatik ist für Wagner in gleicher Weise von theoretischer wie von praktischer Relevanz. Er konzipiert ein neues Musiktheater als Gesamtkunstwerk. In diesem Theater sind, angefangen vom Gebäude, alle ästhetischen Ausdrucksformen aufeinander abgestimmt.

Das Konzept des Gesamtkunstwerks lässt sich über das Musiktheater Wagners hinaus als generelles Konzept einer vereinheitlichenden ästhetischen Praxis verstehen. Drei Aspekte dieser Praxis lassen sich hervorheben: Erstens überwindet das Gesamtkunstwerk die Differenz der Sinne. Zweitens entwickelt es einen Begriff der Kunst (beziehungsweise des Kunstwerks), der über den unterschiedlichen Künsten steht. Drittens sichert das Gesamtkunstwerk das Gelingen der ästhetischen Kommunikation. Ich will andeuten, wie diese drei Aspekte zu verstehen sind.

Synästhesie – Die Unterschiedlichkeit der Künste geht unter anderem auf ihre Verknüpfung mit unterschiedlichen Sinnen zurück. Besonders der Unterschied der Künste, die einerseits materielle und andererseits immaterielle Werke hervorbringen, kann als ein Unterschied zwischen Augen-, Ohren- und Tast-Künsten reformuliert werden. Malerei ist in erster Linie optisch, Plastik und Architektur sind sowohl optisch als auch haptisch zugänglich. Musik und Literatur hingegen müssen (äußerlich oder innerlich) gehört wer-

21 Richard Wagner, *Das Kunstwerk der Zukunft*, in: R. W., *Gesammelte Schriften und Dichtungen*, Bd. 3, Leipzig 1887, S. 42–177, hier S. 69.

den. Das Gesamtkunstwerk soll solcherlei Unterschiede überwinden. In ihm kommen alle Sinne ins Spiel. Diesen programmatischen Aspekt kann man mit dem Begriff der *Synästhesie* umreißen. Entsprechend geht es im Gesamtkunstwerk um ein Zusammenspiel unterschiedlicher Sinne. Das heißt, dass alle Momente der unterschiedlichen Künste, von der materialen Wucht der Architektur bis zum luftigen Verständnis lyrischer Textwelten, im Gesamtkunstwerk zusammenspielen. Dadurch wird Kunst zu einem ganzheitlichen Geschehen, das Menschen in ihrer Sinnlichkeit umfassend anspricht.

Die durch die Kunst angesprochene Sinnlichkeit erweist sich so als die Sinnlichkeit der alltäglichen Welt, in der wir leben. Auch in dieser Welt spielen alle Sinne zusammen. Wir sehen, was wir zugleich hören und ertasten können. In der Welt, in der wir leben, spielen Sehen, Hören, Fühlen, Riechen und Schmecken zusammen. Die synästhetische Anlage des Gesamtkunstwerks ist an diesem Zusammenspiel orientiert. Es bildet eine ästhetische Ausdrucksform aus, in der das Dargebotene mit allen Sinnen erfahren wird. Man kann sagen, dass im Gesamtkunstwerk dadurch vor allem die Grenze zwischen Wirklichkeitsorientierung und Wirklichkeitsüberschreitung überspielt wird. Das Gesamtkunstwerk entwirft eine eigene sinnliche Welt, einen gesamten Kosmos. Genau in diesem Entwurf verfährt es aber nach den Regeln der Welt, in der wir leben. Es bietet eine Welt dar, in der mit allen Sinnen erfahren werden kann – eine Welt, in der Klänge, optische Reize, Tasteindrücke und anderes zusammenspielen. Das Gesamtkunstwerk ist wirklichkeitsorientiert und wirklichkeitsüberschreitend zugleich.

Eine höhere Kunst – Das Gesamtkunstwerk soll in seiner Anlage nicht als eine Addition der Künste begriffen werden. Sein Ziel besteht vielmehr darin, die Prinzipien der unterschiedlichen Künste in ein organisches Zusammenspiel zu überführen. Es realisiert eine höhere Ordnung. Die einzelnen Künste sollen im Gesamtkunstwerk die Gestalt verändern, die sie als einzelne Künste haben. Aus dem Zusammenspiel mit den Prinzipien anderer Künste geht demnach eine Erweiterung jeder einzelnen Kunst hervor. Diese Erweiterung lässt sich als Verzahnung verstehen. Eine einzelne Kunst wie zum Beispiel die Literatur verbleibt nicht in ihrer ›Immaterialität‹, sondern gewinnt die Materialität von Theater, Tanz und Architektur hinzu. Man kann das mehr als additive Zusammenspiel der Künste im Gesamtkunstwerk folgendermaßen zusammenfassen: In der ästhetischen Weite des Gesamtkunstwerks sind die materiellen und immateriellen Werkaspekte, die wirklichkeitsorientierten und wirklichkeitsüberschreitenden Tendenzen und die innerlichen und äußerlichen Verfahrensweisen ineinander verzahnt.

Somit liefert das Gesamtkunstwerk eine künstlerische Praxis, die als Ideal der Künste verstanden werden kann. Es handelt sich nicht – wie im theoretischen System der Künste – um ein Ideal, auf das die unterschiedlichen Künste hin geordnet sind. Das Ideal ist vielmehr als Kunst realisiert. Die Unterschiedlichkeit der Künste wird im Gesamtkunstwerk durch eine höhere Kunst überwunden. Im Rahmen dieser höheren Kunst sind die Grundunterscheidungen der Künste aufgehoben.

Die Einheit der ästhetischen Verständigung – Das Gesamtkunstwerk bringt zudem eine ideale Form ästhetischen Verstehens zustande. Die bereits erklärte Tendenz des Gesamtkunstwerks, eine eigene Welt aufzubauen und dabei Kontakt zur wirklichen Welt zu halten, lässt sich als Grund für diese These anführen. Im Gesamtkunstwerk findet eine Weltverständigung statt. Der Entwurf eines gesamten Kosmos, den es mit sich bringt, fordert die wirkliche Welt heraus. Er schwingt sich zu einem Maßstab auf, an dem sich die wirkliche Welt zu bewähren hat. Wenn ein Kunstwerk als ein solcher Maßstab fungiert, dann wird damit ästhetisches Verstehen, so kann man denken, in idealer Weise realisiert. Das Kunstwerk gibt in diesem Fall die ganze Welt zu verstehen.

Wagner hat die Realisierung idealen Verstehens im Gesamtkunstwerk als die umfassende Verständigung einer gemeinsamen Öffentlichkeit erläutert. »Das wahre Drama ist nur denkbar als aus dem *gemeinsamen Drange aller Künste* zur unmittelbarsten Mitteilung an eine *gemeinsame Öffentlichkeit* hervorgehend: jede einzelne Kunstart vermag der gemeinsamen Öffentlichkeit zum *vollen Verständnisse* nur durch gemeinsame Mitteilung mit den übrigen Kunstarten im Drama sich zu erschließen, denn die Absicht jeder einzelnen Kunstart wird nur im gegenseitig sich verständigenden und verständnisgebenden Zusammenwirken aller Kunstarten vollständig erreicht.«[22] Im Sinne Wagners gibt es zuletzt nur *eine* Form ästhetischen Verstehens. Dieses findet dort statt, wo die Beschränkungen der einzelnen Künste aufgehoben sind. Das Gesamtkunstwerk leistet sowohl eine gesellschaftliche Verständigung als auch eine gesellschaftliche Vereinigung. Es erfüllt ganz die An-

22 Ebd., S. 150.

sprüche, die Friedrich Schiller mit der ästhetischen Kommunikation verbindet: »[...] nur die schöne Mitteilung vereinigt die Gesellschaft, weil sie sich auf das Gemeinsame aller bezieht«.[23] Das Konzept des Gesamtkunstwerks interpretiert das »Gemeinsame aller« als das Leben in einem Raum aller Sinne in der Welt. Das Gesamtkunstwerk ist entsprechend die eigentliche Kunst.

Intermedialität der Künste

Das Konzept des Gesamtkunstwerks ist immer wieder wegen seiner übersteigerten Ansprüche und wegen des von ihm verfolgten Vereinigungswahns kritisiert worden. Verdächtig ist den Kritikern besonders der totalitäre Aspekt einer idealen Kunst und eines Ideals der Mitteilung.[24] Dennoch haben viele Künstler und Kunsttheoretiker zugleich den Reiz dieses Konzepts verteidigt und an ihm festzuhalten versucht. Aus diesem Grund hat im Laufe des 20. Jahrhunderts gewissermaßen eine Säkularisierung der Idee vom Gesamtkunstwerk stattgefunden. Diese Säkularisierung kann man mit dem Begriff der Intermedialität zusammenfassen, der in der heutigen Kunsttheorie eine gewisse Konjunktur hat. Intermedialität bezeichnet in erster Linie ein Zusammenspiel ästhetischer Medien.

Unterschiedliche künstlerische Richtungen haben das Programm einer Intermedialität der Künste verfolgt. Signifikant für ein solches Programm ist zum Beispiel der Be-

23 Friedrich Schiller, *Über die ästhetische Erziehung des Menschen in einer Reihe von Briefen*, Stuttgart 1986, 27. Brief.

24 Vgl. etwa Theodor W. Adorno und Max Horkheimer, *Dialektik der Aufklärung*, Frankfurt a. M. 1988, S. 132.

griff der Farbenmusik (beziehungsweise Farblichtmusik), der unter anderem mit der Arbeit von Wassily Kandinsky verbunden ist. Dessen Bühnenkomposition *Der gelbe Klang* (1912) zielt programmatisch auf eine Vereinigung der Künste, die über die gewohnten Bühnenkünste (Theater, Oper, Tanz) hinausgeht. Die unterschiedlichen ästhetischen Medien (Musik, Farbe, Tanz) sollen nicht einfach addiert, sondern in eine praktische Synthese gebracht werden.[25] In unterschiedlicher Weise kehren Programme einer nichtadditiven Verschmelzung künstlerischer Medien im Surrealismus und in den künstlerischen Bewegungen der Happening-Kunst und des Fluxus wieder. Die Happening-Kunst von John Cage, Merce Cunningham und Robert Rauschenberg will eine Fusion künstlerischer Medien bewirken, ohne dass dabei die Idee einer umfassenden Gesamtheit dieser Medien leitend ist: In den Darbietungen soll vielmehr eine offene Interaktion künstlerischer Medien stattfinden.

Wie diese kursorischen Beispiele deutlich machen, greift der Begriff der Intermedialität das synästhetische Moment des Gesamtkunstwerk-Programms auf. Wenn ein ästhetisches Geschehen als ein intermediales Geschehen verstanden wird, dann heißt dies, dass unterschiedliche Sinne zusammenspielen. Intermedialität wahrt in diesem Sinn den Anspruch des Gesamtkunstwerks, eine ästhetische Kommunikation nach Maßen des Menschen zu gewährleisten. Die Prinzipien einzelner Sinne werden nicht voneinander isoliert, sondern in ihren Verbindungen ent-

25 Vgl. hierzu bes. Wassily Kandinsky, *Über das Geistige in der Kunst*, Bern 2004, S. 55 f.

faltet. Eine solche Verbindung der Sinne ist, wie dargestellt, charakteristisch für unseren Stand in der Welt. Sie darf allerdings nicht additiv erfolgen, sondern muss ein echtes Zusammenspiel der Sinne hervorbringen. Man kann diese Einschränkung zur Geltung bringen, indem man den Begriff der Intermedialität von dem der Multimedialität abgrenzt. In intermedialen Kunstgeschehnissen kommen nicht allein viele Medien zusammen, sondern diese Medien werden in eine Interaktion gebracht. Eine intermediale Kunst verfolgt damit das Programm, der Verfasstheit der menschlichen Sinne gerecht zu werden.

Intermediale Kunst teilt mit dem Konzept des Gesamtkunstwerks das Ziel, ein synästhetisches Zusammenspiel unterschiedlicher Künste zustande zu bringen. Die anderen beiden Ziele des Gesamtkunstwerks werden hingegen in intermedialer Kunst aufgegeben (beziehungsweise kritisiert). Der Begriff der Intermedialität ist nicht mit der Idee einer idealen, einer ideal versöhnenden Kunst verbunden. Intermedialität kommt vielmehr in unterschiedlichen Formen zustande. Diese Formen stehen gleichberechtigt nebeneinander. Ein intermediales Kunstwerk kann zum Beispiel sprachliche und bildliche Darbietungen verbinden, ohne dass Musik dezidiert beteiligt wird. Es kann auch in einer körperlichen Aufführung bestehen, die von unterschiedlichen Klangmomenten begleitet wird. Intermedialität gipfelt, so verstanden, nicht in einer höchsten Form von Kunst. Intermedialität heißt nicht Panmedialität. Es gibt vielmehr viele unterschiedliche Formen des intermedialen Zusammenspiels von Künsten beziehungsweise ästhetischen Medien, die sich nicht einander über- und unterordnen lassen. Dort, wo man die Unterschiede der Künste intermedial aufhebt, entstehen disparate künstlerische Formen, die irreduzibel nebeneinander Bestand haben.

Die Pluralität intermedialer Kunst hat zur Folge, dass auch die Idee eines idealen Gelingens ästhetischer Kommunikation nicht zum Tragen kommt. Für die Rezipierenden intermedialer Kunst spielen unterschiedliche Sinne in unterschiedlicher Weise zusammen. Das mit solcher Kunst verbundene Verstehen ist niemals allumfassend. Weder umfasst es alle ästhetischen Ausdrucksformen noch umfasst es die Welt als Gegenstand ästhetischer Mitteilung. Vielfach sind intermediale ästhetische Ausdrucksformen eher an einem entgegengesetzten Ziel orientiert. Sie inszenieren dann das Zusammenspiel von Künsten, um die Brüchigkeit des Verstehens zu zeigen.

Der Begriff der Kunst im Spannungsfeld der Künste

Weder der Versuch, stabile Unterscheidungslinien innerhalb der Künste zu zeichnen, noch der Versuch, ihre Einheit aufzuzeigen, scheinen mir Erfolg zu haben. In der Auseinandersetzung mit ihnen zeigt sich vielmehr, dass beide als Extreme zu begreifen sind, die fälschlicherweise absolut gesetzt werden. Im einen Fall wird den Künsten über Gebühr eine Trennung, im anderen Fall hingegen eine Vereinigung aufgenötigt. Sowohl bei der Trennung als auch bei der Vereinigung der Künste setzt sich, so betrachtet, unter der Hand die Erkenntnis durch, dass die Künste in einem Spannungsfeld zusammenspielen.

Von einem Spannungsfeld der Künste spreche ich im folgenden Sinne: Unterschiedliche Medien und Verfahrensweisen der Künste stehen in einer Interaktion miteinander.

Sinnlich-äußerliche Medien und Verfahrensweisen hängen zum Beispiel untrennbar mit geistig-innerlichen Medien und Verfahrensweisen zusammen. Die Grundunterscheidungen, die ich zu Anfang dieses Kapitels dargestellt habe, müssen entsprechend als Extrempunkte des Spannungsfelds der Künste verstanden werden. Versteht man sie in dieser Weise, ergibt es auch Sinn, dass sie sich nicht stabilisieren lassen, dass vielmehr alle künstlerischen Medien und Verfahrensweisen an den unterschiedlichen Extrempunkten partizipieren können. So hat zum Beispiel eine materiale Plastik in der ästhetischen Erfahrung ihre spezifische Zeitlichkeit und damit ein Maß an Immaterialität. Wenn es zutrifft, dass Künste sich im Rahmen eines Spannungsfelds künstlerischer Medien und Verfahrensweisen entwickeln, dann kommt jede Vereinigung der Künste zu spät. Im Rahmen des besagten Spannungsfelds hängen die Künste zusammen, ohne dass sie an einem Ideal orientiert wären und ohne dass es zu einer substantiellen Vereinigung käme. Diese Überlegung führt zu der folgenden Konsequenz: Der Begriff der Kunst gibt nicht eine Gemeinsamkeit oder Einheit aller Künste an. Er bezeichnet vielmehr das Spannungsfeld, innerhalb dessen sie ihre Unterschiede austragen und innerhalb dessen sie zusammenspielen.

Klangkörper und Farbenmusik

Im Zuge der Kritik der oben referierten Grundunterscheidungen der Künste habe ich bereits einige Anhaltspunkte dafür gegeben, inwiefern die Künste in Beziehungen zueinander stehen. So habe ich bemerkt, dass Bilder ›gelesen‹ werden müssen. Die Literatur hingegen hat einen Klang, der gehört werden will, sie hat ihren Rhythmus und ihre Melodie. Zerstreuende Ausdrucksformen wie die des Films zeigen Aspekte malerischer Distanz und Innerlichkeit. Die Interaktionen zwischen den Künsten lassen sich vorläufig besonders gut daran festmachen, dass ein Vokabular einer Kunst sich zur Beschreibung einer anderen Kunst als geeignet erweist.

Das kann man beispielhaft an Orchestermusik verdeutlichen. Die Rede von Klangfarben hält fest, dass in ihr bildanaloge Prozesse ablaufen. Noch sprechender aber ist die Rede von einem Klangkörper. Immer wieder sind Klänge des Orchesters zu verstehen wie Raumskulpturen, also Klanggebilde im Raum. Die Erfahrung des körperlichen Zurückweichens vor Klängen ist eine Reaktion auf solche Klanggebilde. Im Adagio von Gustav Mahlers *10. Symphonie* gibt es einen Moment, in dem nach einem langen Verlöschen von Streicherklängen mit einem Mal ein wuchtiges Fortissimo losbricht. Mahlers Musik ist – besonders in diesem Moment – geschult an Prinzipien der Skulptur.

Ein anderes Beispiel ist die Musikalität und Rhythmik von Malerei. Diese werden unter anderem greifbar, wenn Prozesse der Bildentstehung in musikalischer und tanzartiger Weise strukturiert sind. Maurice Merleau-Ponty (1908–1961) berichtet von einem Film, der Henri Matisse in dieser Weise bei der Arbeit zeigt: »Eine Kamera hat die Arbeitsweise von Matisse im Zeitlupentempo aufgezeichnet. Der Eindruck war so ungeheuerlich, daß – wie erzählt wird – sogar Matisse selbst bewegt war. Denselben Pinsel, der – mit dem bloßen Auge betrachtet – von einem Strich zum anderen sprang, ihn sah man nun, wie er sich einen gedehnten und feierlichen Augenblick entsann, lang besann angesichts eines kurz bevorstehenden Weltanfangs, wie er zu zehn möglichen Handlungen ansetzte, vor der Leinwand einen Versöhnungstanz tanzte, sie mehrmals fast streifte, bis er sie berührte, um schließlich wie ein Blitz den einzig treffenden Strich zu ziehen.«[26] Der Pinsel von Matisse springt und tanzt und gewinnt dabei Rhythmus, Tempo, Klanglichkeit, usw.

Der Hinweis auf den Malprozess reicht allerdings nicht aus; er ist zu ergänzen durch die Überlegung, inwiefern die Malerei selbst Musikalität aufweisen kann. Man mag hier in erster Linie auf die Töne von Farben verweisen. Musikalische Prinzipien sind in einer abstrakten Malerei wie derjenigen von Piet Mondrian besonders augenfällig. Die Farben formen Klänge, Harmonien oder Dissonanzen. Farben treten in ein stimmiges oder unstimmiges Nebeneinander oder sind in einer Abfolge unterschiedlicher Tonwerte konfiguriert. Malerei ist hier so zu verstehen, dass sie entlang eines tonalen Systems verfährt. Die Klanglichkeit von Farben ist auch in der Malerei von zum Beispiel Paul Cézanne, Claude Monet, Vincent van Gogh und Paul Gauguin ein Aspekt der malerischen Kompositionen. Auf ihren Bildern werden aus Farben Klänge geformt und Farben in einen bestimmten Rhythmus gebracht. Die Farben werden komponiert wie Töne eines tonalen Systems. Diese Verfahrensweise kann auch als Basis der Emanzipation der Farbe von der Darstellung begriffen werden. Die Malerei macht sich den nichtdarstellenden Aspekt der Töne in der Musik zu eigen.

26 Maurice Merleau-Ponty, *Die Prosa der Welt*, übers. von Regula Giuliani, München 1993, S. 65 f.

Die wenigen Beispiele reichen, so hoffe ich, um das Phänomen deutlich zu machen: Immer wieder ist es aufschlussreich, ein Vokabular, das einer Kunst zugeordnet ist, zur Beschreibung einer anderen Kunst zu verwenden. Dies scheint mir ein Symptom des Spannungsfelds der Künste zu sein. Wenn wir von Klangkörpern reden und von Farbenmusik, dann bringen wir damit zum Ausdruck, dass die Künste interagieren. Die Interaktion können wir unter anderem so verstehen, dass sich im Rahmen der Künste Verfahrensweisen ausbilden, die von unterschiedlichen Künsten geteilt werden. Am augenfälligsten ist diesbezüglich vielleicht der Rhythmus. Rhythmus spielt eine zentrale Rolle in der Musik, aber auch in der Lyrik, im Tanz, in der Malerei oder in der Architektur. Es ist also möglich, die Künste so zu verstehen, dass sie sich in ihren Verfahrensweisen überschneiden, dass sie nicht grundsätzlich voneinander getrennt sind. Um dieses Verständnis zu präzisieren, spreche ich von einem Spannungsfeld der Künste.

Das Spannungsfeld der Künste

Ästhetische Medien und ästhetische Verfahrensweisen interagieren in einem Spannungsfeld. Die besagte Interaktion hat zwei Dimensionen. Erstens haben sich ästhetische Verfahrensweisen so entwickelt, dass sie in unterschiedlichen Künsten eine Rolle spielen. Zweitens stehen die unterschiedlichen ästhetischen Medien in einem Zusammenhang.[27] Die These von der Interaktion der Künste besagt al-

27 Vgl. zu einer Weiterentwicklung dieser Thesen: Georg W. Bertram, *Kunst als menschliche Praxis* (s. Anm. 3), S. 157ff.

so nicht, dass Musik sich in ihrer Entwicklung als Musik an Literatur orientiert hat, Literatur an Malerei usw. Die These ist vielmehr, dass Literatur, Musik und andere Künste nur dadurch Künste sind, dass sie Verfahrensweisen miteinander teilen und dass ihre Medien zusammenhängen.

Ich habe bereits am Beispiel des Rhythmus angesprochen, in welchem Sinn Künste Verfahrensweisen miteinander teilen. Andere Verfahrensweisen, die in dieser Weise in mehreren Künsten zum Tragen kommen, sind das Platzieren von Elementen auf einer Farbskala, die Teilung von Räumen, das Herstellen von Konstellationen in einem tonalen System, das Hervorholen und Abtragen von Material, usw. Es ist für ein Verständnis der Künste erforderlich, diese Verfahrensweisen als solche zu begreifen, die in unterschiedlichen ästhetischen Medien zum Einsatz kommen können. Die Unterschiedlichkeit von Farben spielt bei Bildern genauso eine Rolle wie in der Musik oder in der Lyrik. Eine Verfahrensweise wie das Platzieren von Elementen auf einer Farbskala kommt in Malereien, in Musikstücken, in Gedichten und anderen Kunstwerken zum Einsatz. In dem Spannungsfeld der Künste werden Verfahrensweisen in diesem Sinn geteilt.

Was aber heißt es, dass ein Zusammenhang zwischen ästhetischen Medien besteht? In dieser Frage muss man meines Erachtens Hegel folgen. Nach Hegels Auffassung ist es charakteristisch für die Künste, dass jeweils ein bestimmtes Verhältnis von der Sinnlichkeit des Materials und dem geistigen Verstehen vorherrscht. Das Material wird in den Künsten auf spezifische Weise verständlich. Es ist aber nicht einfach, diese Verständlichkeit zu begreifen. Wenn wir von Verständlichkeit sprechen, gehen wir normalerweise davon aus, dass wir von dem konkreten Material abstrahieren können. Dafür dass ein Bild ein bestimmtes Haus zeigt, ist es irrelevant, ob dieses Bild ein Zeitungsfoto ist, ein Gemälde oder eine Radierung. Die jeweilige Materialität *als solche* ist mit der Verständlichkeit nicht verbunden. Nach Hegels Einsicht ist dies bei Kunstwerken anders. Bei Kunstwerken können wir nur dadurch verstehen, dass wir vom Material gerade nicht abstrahieren. Das aber setzt – mehr noch als Hegel zugesteht – voraus, dass ein Material als solches verständlich wird (vgl. dazu auch S. 224 ff.). Die sinnliche Dimension eines Materials muss in die Reichweite von Verständnissen rücken.

Dass die sinnliche Dimension eine spezifische Verständlichkeit zeigt, kann aber nicht von einem Material allein ausgehen. Es muss vielmehr eine Materialverwendung etabliert werden, in deren Rahmen Materialien eine spezifische Verständlichkeit gewinnen. Eine solche verständniseröffnende Materialverwendung kommt dadurch zustande, dass Materialien in Kontrast zu anderen Materialien gebracht werden. Die Materialien gehören zu unterschiedlichen ästhetischen Medien. Wenn unterschiedliche solche Medien entwickelt sind, dann treten die Materialien in ihrer Verwendung in einen Kontrast zueinander. Was genau unter einer entsprechenden Materialverwendung zu verstehen ist, haben wir an diesem Punkt der Überlegungen noch nicht begriffen (vgl. Kapitel 3 und besonders S. 163 ff.). Wir erkennen aber bereits, dass die Materialien unterschiedlicher ästhetischer Medien in ihrer Verwendung in einem Zusammenhang stehen. Farben oder Instrumentalklänge zeigen im Rahmen dieses Zusammenhangs spezifische Verständnisdimensionen. In den Künsten wird so eine Skala spezifischer Verständlichkeit von Materialien konstituiert. Hegel begreift diese Skala als eine Skala unterschiedlicher Verhältnisse von materialer Sinnlichkeit und geistiger Verständlichkeit. Richtiger ist es aber wohl zu sagen, dass Materialien in unterschiedlicher Weise Verständlichkeit gewinnen. Der Unterschied zwischen ästhetischen Materialien liegt nicht darin, dass sie mit einem Mehr oder Weniger an Verständlichkeit verbunden sind, sondern dass sie in je unterschiedlicher Weise verständlich werden.

Daraus, dass Künste Verfahrensweisen teilen und dass ästhetische Medien in einem Zusammenhang stehen, folgt, dass die Vorstellung von Künsten, die grundsätzlich unabhängig voneinander bestehen, aufgegeben werden muss. Literatur und Malerei sind nicht Künste, die in einen Zusammenhang gebracht werden. Es handelt sich vielmehr um einzelne Klassifizierungen im Rahmen des Spannungsfelds der Künste. Dieses Spannungsfeld ist in erster Linie von dem Zusammenhang künstlerischer Medien und Verfahrensweisen her zu begreifen. Aus diesem Zusammenhang gehen einzelne Künste hervor. Die Künste können aber nicht substantiell gegeneinander abgegrenzt werden.

Diese negative Charakterisierung trifft auch noch auf einen anderen Aspekt zu: Man könnte davon ausgehen, dass Kunst auf ein bestimmtes künstlerisches Prinzip zurückgeführt werden kann. Wenn eine Ausdrucksform wie die Sprache zu einer Kunst wird, also zu Literatur, dann wäre entsprechend in dieser Ausdrucksform das besagte künstlerische Prinzip realisiert. Beliebige Ausdrucksformen könnten dadurch zu Künsten werden, dass auf sie das Prinzip der Kunst ›angewendet‹ würde. Genau so aber kann man Kunst nicht verstehen. Kunst lässt sich nicht auf ein bestimmtes Prinzip zurückführen. Vielmehr besteht sie in dem Zusammenhang unterschiedlicher Medien und Verfahrensweisen, den ich als Spannungsfeld der Künste bezeichne.

Trotz aller Unterschiedlichkeit haben die Medien und Verfahrensweisen der Künste eine gemeinsame Ausrichtung: Sie entwickeln eine besondere Form des Verstehens, die wir als Kunst begreifen. Künstlerische Medien und Verfahrensweisen spannen zusammen den Bereich dieses Verstehens auf. Das heißt nicht, dass sie – wie Hegel denkt – auf ein Ideal hin orientiert sind. Die Künste haben eine große Reichhaltigkeit – und damit ein großes Interaktionspotential – entfaltet. Hegels System der Künste hat genau darin seinen Fehler, dass es die Künste um ihr Interaktionspotential beschneidet. Es legt einen zu geringen Akzent auf die Unterschiedlichkeit künstlerischer Medien und Verfahrensweisen. Die Unterschiedlichkeit gilt ihm nur als unterschiedliche Entfernung zu einem einheitlichen Ideal. Die Unterschiedlichkeit der Künste muss aber als Bedingung der Möglichkeit ästhetischen Verstehens überhaupt verstanden werden. Dieses Verstehen bedarf der Unterschiedlichkeit. Erst durch sie entsteht eine Spannung unterschiedlicher Medien, durch die unterschiedliche Formen des Verhältnisses von Material und Verständlichkeit konstituiert sind. Das Spannungsfeld der Künste ist nicht fixiert. Mit jeder Erweiterung des Spektrums künstlerischer Medien und Verfahrensweisen verändert es sich. In gleicher Weise können auch Medien und Verfahrensweisen aus dem Spannungsfeld ausscheiden. Was wir als Kunst verstehen, müssen wir auf den Stand zurückführen, den das Spannungsfeld der Künste für uns erreicht hat.

Intermedialität der Künste, unprogrammatisch

Von dem Begriff des Spannungsfelds der Künste her lässt sich der Begriff der Intermedialität der Künste in anderer Weise verstehen. Der Begriff steht dann nicht für ein bestimmtes ästhetisches Programm, sondern für die Verfasstheit der Künste insgesamt. Die Künste sind in dem Sinne intermedial, dass sie in einem Spannungsfeld von Künsten zustande kommen, dass sie sich in ihren Verfahrensweisen überschneiden und dass ihre Medien in einem Zusammenhang stehen. Die Intermedialität der Künste muss also als Grundbestimmung der Kunst erläutert werden. Was Kunst leistet, leistet sie nur dadurch, dass unterschiedliche ästhetische Medien im Zusammenhang miteinander stehen. In den Verfahrensweisen, die als ästhetische entwickelt sind, überlappen die Künste. Materiale Sinnlichkeit und immaterielle Prozessualität zum Beispiel werden in unterschiedlichen künstlerischen Verfahrensweisen wie der Rhythmik oder der Arbeit mit einer Skala von Farben in unterschiedlichen Medien ausgebildet.

So verstanden hindert die Unterschiedlichkeit der Künste nicht daran, von Kunst insgesamt zu sprechen. Die Künste haben nur in dem Spannungsfeld der Künste Bestand und sind insofern im Rahmen von Kunst insgesamt realisiert. Man kann diese Einsicht in der folgenden These zum Ausdruck bringen: Künste gibt es nur, sofern sie in dem Spannungsfeld künstlerischer Medien und Verfahrensweisen zustande kommen. Anders gewendet: Kunst gibt es nur in den unterschiedlichen Optionen der Künste. Diese Optionen bestehen nicht unabhängig voneinander. Sie sind vielmehr Aspekte eines komplexen Feldes, innerhalb dessen sie zusammenspielen. Die Künste sind intermedial auch dort, wo sie einzeln auftreten. Intermedialität muss ihnen nicht programmatisch hinzugefügt werden. Sie ist ein irreduzibler Aspekt ihrer Verfasstheit.

Von diesem Punkt aus lässt sich der Sinn der zu Anfang dieses Kapitels diskutierten Grundunterscheidungen noch einmal anders angeben. Die Künste beziehungsweise künstlerischen Medien und Verfahrensweisen bewegen sich zwischen den Polen dieser Grundunterscheidungen. Für das spezifische Verstehen in der Kunst spielt also räumliche Materialität und zeitliche Immaterialität, spielen Wirklichkeitsorientierung und Wirklichkeitsüberschreitung und spielt der Widerstreit zwischen innerlich-reflektiertem Verstehen und bloßer äußerlicher Versenkung eine wichtige Rolle. Künste bewegen sich immer zwischen äußerlicher Materialisierung und prozessualer Immaterialität. Sie entwickeln die Spannung von distanziertem und undistanziertem Verstehen, von Bindung an das ästhetische Material und von der Eigendynamik interpretativer Prozesse diesem Material gegenüber.

Die dargestellten Polaritäten charakterisieren unterschiedliche Extreme ästhetischen Verstehens. Die Medien und Verfahrensweisen realisieren dabei die Spannungen nicht alle in gleicher Weise. Das Medium von Plastiken hat einen stärkeren Akzent auf äußerer Materialisierung als das Medium von Literatur. Ein bestimmtes künstlerisches Medium kann in sich eine Tendenz zu einem oder mehreren Extremen im Spannungsfeld der Künste haben. Es handelt sich aber niemals um mehr als um eine Tendenz. Auch ein noch so materiales Medium wie das der Plastik erlaubt – wofür unter anderem manche Arbeiten von Alberto Giacometti stehen mögen – Kunstwerke, die in mehr oder weniger immaterieller und innerlicher Weise Verständnisse wecken. Die Position von künstlerischen Medien und Verfahrensweisen im Spannungsfeld ästhetischen Verstehens ist relativ und graduell. Letztlich bewegen sich alle künstlerischen Medien und Verfahrensweisen in dem gesamten Spannungsfeld der Künste. Die Relevanz der Pole dieses Spannungsfelds für ein Verständnis der Kunst wird sich im Zuge der folgenden Kapitel weiter verdeutlichen. Hier war es wichtig festzustellen, dass die Künste in diesem Spannungsfeld zusammenhängen und gerade nicht grundsätzlich voneinander geschieden sind.

Wie nach der Kunst fragen, noch einmal

Die Unterschiedlichkeit der Künste steht nicht im Widerspruch zu dem einheitlichen Begriff der Kunst, sondern ist seine Voraussetzung. Die Kunst muss aus dem Spannungsfeld der Künste heraus gedacht werden. Die Alternative, die ich in diesem Kapitel verfolgt habe, ist also falsch. Es ist nicht erforderlich, zwischen der irreduziblen Pluralität der Künste und einem System, das sie zusammenfasst, zu wählen. Die Einsicht, dass diese Alternative nicht greift, weist den Weg in die richtige Richtung. Scheinbar unüberwindliche Grundunterscheidungen der Künste müssen als Extreme eines Spannungsfelds begriffen werden, das durch unterschiedliche Prinzipien geprägt ist. Die Künste lassen sich ohne ihr Zusammenspiel in dem besagten Spannungsfeld nicht begreifen. Kunst ist kein abstraktes Prinzip, das von einer Ausdrucksform realisiert werden muss, damit diese Ausdrucksform als künstlerische Ausdrucksform gilt.

Kunst ist vielmehr das Beziehungsgefüge der Künste. Für die im vorliegenden Text verfolgte Fragestellung ist dieses Resultat mit Blick auf den Begriff der Kunst von großer Bedeutung: Die Kunst kann nur gedacht werden, wenn zugleich das Spannungsfeld zwischen den Künsten gedacht wird.

Die Frage, welchen Wert Kunst für uns hat, ist dadurch weiter aufgeklärt worden. In dieser Frage geht es um Spannungen zwischen unterschiedlichen Prinzipien und um die Interaktion zwischen diesen Prinzipien. Man hat Kunst immer wieder dadurch begreifen wollen, dass man eine Grundorientierung der Kunst benannt hat. Demnach wäre Kunst zum Beispiel Darstellung; oder sie wäre Ausdruck oder Form. Nach den Diskussionen in diesem Kapitel deutet sich bereits an, dass solche Antworten an der Kunst vorbeigehen. Nicht nur übersehen sie, dass Kunst kein Gegenstand ist, sondern dass sie von Praktiken der Selbstverständigung her zu denken ist. Sie gehen an der Kunst vor allem deshalb vorbei, weil sie das spannungsreiche Geschehen, das alle Kunst in ihrer Realisierung in den Künsten darstellt, verfehlen. Die Explikation von Kunst muss Spannungen berücksichtigen, wie sie sich in der Unterschiedlichkeit der Künste zeigen. Diese Spannungen kehren in jeder einzelnen Kunst und zuletzt in jedem einzelnen Kunstwerk wieder.

3 Kunst als Selbstverständigung

Welchen Wert hat Kunst für uns? Warum setzen wir uns für einige Stunden in enge Reihen, um der Aufführung eines Theaterstücks oder musikalischen Darbietungen beizuwohnen? Warum gehen wir durch abgedunkelte Räume, um farbige Aufträge auf Leinwand zu betrachten? Warum stellen wir uns zu Zigtausenden eng gedrängt in Stadien, um Gruppen wie den Rolling Stones oder Stars wie Sting zu lauschen? Die Kunst ist mit eigenartigen Praktiken verbunden, die bei einer distanzierten Betrachtung alles andere als selbstverständlich sind.

Zu der Eigenart der Praxis, die die Kunst darstellt, gehört auch, dass Kunst gemacht werden kann, die für das große Publikum nicht mehr als Kunst in Betracht kommt. Seit dem Beginn des 20. Jahrhunderts sind viele Kunstwerke eine Sache von Spezialisten geworden. Unter anderem in der Musik hat sich die Avantgarde in einer Weise entwickelt, dass das große Publikum über »Katzenmusik« schimpft. In Aufführungen der allermodernsten Musik sitzen oftmals handverlesene Zuhörerinnen und Zuhörer. Vormals war der Künstler der, den das große Publikum für seine Kunstfertigkeit bewunderte. Johann Wolfgang Goethe und Ludwig van Beethoven wurden bereits von vielen Zeitgenossen als Heroen verehrt. Wie kann es dazu kommen, dass das künstlerische Schaffen sich von solcherlei breiter gesellschaftlicher Bestätigung löst?

Seltsam mit Blick auf die Kunst ist auch, dass sie irgendwann begonnen hat, sich verstärkt mit sich selbst zu beschäftigen. Die Kunst der Moderne zeichnet sich dadurch aus, dass sie von sich aus die Frage aufwirft, was sie ist.

Marcel Duchamps Ready-mades haben das Kunstverständnis lange Zeit provoziert. Ähnlich provokant wirkten die seriellen Arbeiten von Andy Warhol mit ihren Nachbildungen von Konsumgüterverpackungen wie der Campbell-Tomatensuppendose oder von Film-Ikonen wie Marilyn Monroe. Die Provokation liegt bei solchen Arbeiten auch darin, dass es der Kunst nur noch um sich selbst zu gehen scheint. Duchamps und Warhols Kunstwerke stellen den Rezipierenden die Frage, inwiefern sie als Kunst zu verstehen sind. Die Kunst ist nicht mehr nur implizit mit dieser Frage verbunden. Sie stellt diese Frage explizit. Augenfällig wird die explizite Selbstreflexivität auch bei dem Stück 4'33" (1952) von John Cage, bei dem ein Pianist sich für die angegebene Zeit ans Klavier setzt und nichts weiter macht, als den Deckel der Klaviatur zu heben und zu senken, also nicht spielt. Danach steht er wieder auf, das Kunstwerk ist vorbei, und die Zuhörer stehen vor der Frage, was an dem durch das Stück vorgeschriebenen Nichtspiel Kunst ist. Warum, so kann man sich fragen, endet die Kunst nicht in dem Moment, wo sie nichts anderes tut, als Nabelschau zu betreiben? Warum tut solche Nabelschau der Kunst – grundsätzlich – keinen Abbruch?

All diese Fragen müssen, so wurde bereits im ersten Kapitel angedeutet, gewissermaßen als Antworten verstanden werden. Was die Kunst auszeichnet, ist ihre fehlende Selbstverständlichkeit. Auch wenn sie sich nicht in ihrer Fragwürdigkeit inszeniert, ist die Kunst mit der Frage verbunden, inwiefern sie als Kunst gilt. Es ist dies nicht erst die Frage eines ratlosen Publikums, sondern eine Frage, die dem Wert Ausdruck verleiht, den die Kunst für uns hat. Die Kunst ist eine Praxis, die ständig von der Frage begleitet ist, was sie soll. Als solche Praxis kann die Kunst uns vor uns selbst stellen. Kunst muss, wie im ersten Kapitel dargelegt, als eine Form menschlicher Selbstverständigung verstanden werden. Als solche Form der Selbstverständigung kann Kunst nicht selbstverständlich sein.

Mit der Feststellung, die Kunst sei eine besondere Form der Selbstverständigung, ist aber für ein Verständnis der Kunst nur die grundsätzliche Richtung gewiesen. In welchem Sinn die Kunst als eine solche Form fungiert, ist mit der Angabe dieser Richtung noch nicht gesagt. Was heißt Selbstverständigung in der Kunst? Was zeichnet die Kunst als ein Selbstverständigungsgeschehen aus? Wie unterscheidet Kunst sich von anderen Formen der Selbstverständigung? Menschen schreiben Tagebuch oder gehen in Supervisionen. Sie führen Gespräche mit Seelsorgern oder treiben Philosophie. All solche Praktiken können als Selbstverständigungspraktiken begriffen werden. Wodurch unterscheidet sich Kunst ihnen gegenüber? Warum sind Kunstwerke nicht als Tagebucheinträge zu verstehen?

In diesem Kapitel soll es darum gehen, den Selbstverständigungscharakter der Kunst näher zu bestimmen. Es ist mein Ziel auszuloten, worum es in der ästhetischen Selbstverständigung geht und worin die ästhetische Selbstverständigung ihre Besonderheiten hat. Auf die eine oder andere Weise haben viele bedeutsame Beiträge zur Philosophie der Kunst versucht, Kunst als eine Form menschlicher Selbstverständigung zu begreifen. Vier Positionen, die dabei bezogen worden sind, halte ich für paradigmatisch. Es handelt sich um die Kunstphilosophien von Kant, Hegel, Heidegger und Adorno. Ich will im Folgenden versuchen, die Antworten dieser vier Philosophen auf die Frage nach dem Wert der Kunst in Grundzügen darzustellen. Auf der Basis dieser Antworten kann meines Erachtens der Selbstverständigungscharakter von Kunst begriffen werden.

Wenn ich auf Kant, Hegel, Heidegger und Adorno zurückgreife, dann bringe ich vier Philosophen zusammen, die in sehr unterschiedlichen Kontexten und mit sehr unterschiedlichen Zielen über Kunst nachgedacht haben. Mehr als 150 Jahre liegen zwischen ihren kunstphilosophischen Texten: Kants Philosophie der Kunst, die *Kritik der Urteilskraft* (die mehr ist als nur eine Philosophie der Kunst), erschien 1792. Hegel hielt seine Vorlesungen über die Ästhetik erstmals 1817 in Heidelberg und seit dem Wintersemester 1820/21 mehrfach in Berlin. Er stellte allerdings selbst keinen größeren Text zur Philosophie der Kunst fertig. Seine Vorlesungen wurden nach Hegels Tod auf der Basis von Mitschriften seiner Schüler rekonstruiert und 1835 publiziert. 100 Jahre später, im Jahr 1935, verfasste Heidegger im Zuge der Neuorientierung seiner eigenen Philosophie den Text *Der Ursprung des Kunstwerkes*, den er 1950 zusammen mit anderen Texten veröffentlichte. Adorno hat zeitlebens praktisch und theoretisch an und über Kunst gearbeitet. Aus dieser Arbeit ging das Werk *Ästhetische Theorie* hervor, dessen Fertigstellung Adorno nicht mehr gelang und das 1970 nach seinem Tod aus dem Nachlass herausgegeben wurde.

Auch in diesem Kapitel geht es nicht um die Geschichte der Philosophie, sondern um die Sache der Kunst. Um diese Sache zu verfolgen, bringe ich die unterschiedlichen Positionen zu einem Gespräch zusammen. Es geht mir darum zu zeigen, dass die vier Philosophien abweichende Antworten zu denselben Fragen geben und dass diese Antworten für ein Verständnis von Kunst aufschlussreich sind. Aus diesem Grund werde ich jeden Gesprächsbeitrag durch ein Beispiel aus der Kunst einleiten. Es ist aber wichtig zu betonen, dass das Gespräch meine Inszenierung darstellt. Da die im Folgenden zusammengetragenen Positionen über einen großen Zeitraum hinweg entstanden sind, hatten insbesondere die ersten Gesprächsteilnehmer wie Kant und Hegel nicht mehr die Gelegenheit, auf Einwände zu antworten. Wenn ich ihnen dennoch teilweise Antworten in den Mund lege, versuche ich mir vorzustellen, wie sie im Sinne ihrer Position hätten antworten können oder müssen.

Kant: Kunst als Erkenntnis überhaupt

Johann Sebastian Bachs *Goldberg-Variationen* sind ein Stück, das die Frage, was an ihm Kunst ist, in seltener Klarheit stellt. Das Stück präsentiert ein formales Spiel, ein Spiel der Form. Ein einfaches Thema in zwei bis drei Stimmen macht den Anfang, eine schlichte Melodie, die eingängig, aber nicht von besonderer Einprägsamkeit ist. Dem Thema folgen 32 Variationen. Immer aufs Neue wird die musikalische Grundsubstanz des Themas anders beleuchtet und dabei reproduziert. Die Entwicklung, die das Werk enthält, geht durchweg mit Wiederholung einher. In gewisser Weise kommt in den gut 50 Minuten, die das Stück beispielsweise in der berühmten Interpretation von Glenn Gould dauert, nichts Neues hinzu. Warum ist eine solche Musik von Interesse? Welches Verständnis stellt sich ein, wenn man dieser Musik folgt? Wie lässt sich bei einer solchen Musik davon sprechen, dass sie uns etwas über uns sagt?

Kant hat auf diese Frage geantwortet, indem er die Position vertrat, in Kunst gehe es um »Erkenntnis überhaupt«.[28] Für Kunst ist es demnach charakteristisch, dass sie Formen präsentiert, entlang deren wir unsere Erkenntnisfähigkeit erfahren können. In der Auseinandersetzung mit Kunst lernen wir also nichts Konkretes über die Welt, in der wir leben und die wir uns einrichten. Wir lernen nichts darüber, was wir von der Welt verstehen und wie wir uns in ihr verstehen. Vielmehr vermittelt uns die Kunst Erfahrungen darüber, dass es uns überhaupt möglich ist, in der Welt zu erkennen und zu verstehen. Kunstwerke wie die *Goldberg-Variationen* sind entsprechend als formale Gebilde zu verstehen, die uns solche Erfahrungen ermöglichen. Sie vermitteln Erfahrungen über die stimmige Verfasstheit von Erkenntnissen überhaupt. Diese Bestimmung klingt erst einmal sehr abstrakt. Um sie zu konkretisieren, ist es erforderlich zu sagen, was unter der Verfasstheit unserer Erkenntnisse zu verstehen ist. Dann wird sich auch verstehen lassen, wie Kant sich Kunst als Selbstverständigung über diese Verfasstheit denkt.

Das Zusammenspiel unserer Erkenntniskräfte

Kant hält es für ein wichtiges Merkmal der Verfasstheit unserer Erkenntnisse, dass es überall dort, wo wir etwas erkennen, zu einem Zusammenspiel von Erkenntniskräften

28 Immanuel Kant, *Kritik der Urteilskraft*, Frankfurt a. M. 1977, B 28. Meine Darstellung von Kants Ästhetik bezieht sich nur auf die »Analytik des Schönen«; weitere Überlegungen zur Kunst, die Kant im Fortgang der *Kritik der Urteilskraft* präsentiert, lasse ich der Stringenz der Darstellung wegen außen vor.

kommt. Dieses Zusammenspiel findet immer dann statt, wenn wir etwas verstehen, wenn uns die Welt optisch, haptisch, in Worten oder anderswie ein bestimmtes Gesicht zeigt. Das Zusammenspiel ereignet sich, wie Kant sagt, zwischen unserer sinnlichen Empfänglichkeit und unserem geistigen Bestimmungsvermögen. Als Wesen, die Sinneseindrücke haben, sind wir mit einer unbegrenzten Vielfalt sinnlicher Eindrücke konfrontiert. Kein Blatt einer Pflanze gleicht in unseren Sinnen dem anderen. Immer sind wir mit anderen Formen und Ansichten konfrontiert. Kant spricht in diesem Sinn auch von einer unbegrenzten sinnlichen Mannigfaltigkeit, die uns umgibt. Dennoch gelingt es uns als verständigen Wesen, die Welt so zu ordnen, dass sie für uns nicht nur aus Sinneseindrücken besteht, die sich unentwegt verändern. Wir erkennen in der Welt vielfältige Dinge. Blätter ähneln sich, Tische ähneln sich und das eine Rot erinnert uns an ein anderes Rot. Dies leistet unser geistiges Bestimmungsvermögen. Es zeichnet nach Kant dafür verantwortlich, dass in eine Welt ständiger Veränderungen etwas Kontinuität kommt. Die Kontinuität besteht in der Einrichtung von Allgemeinheiten (den Blättern, dem Rot usw.).

Mit Kant muss man sagen, dass alle menschlichen Erkenntnisse von dem Zusammenspiel zwischen Besonderheit (der Mannigfaltigkeit des Sinnlichen) und Allgemeinheit (der Ordnung des Geistigen) geprägt sind. Dieses Zusammenspiel von Besonderem und Allgemeinem hat eine grundsätzliche Bedeutung für alle Erkenntnis. Es stellt aus diesem Grund nicht nur für Kants Rekonstruktion des Wertes der Kunst eine wichtige Basis dar. Auch andere Teilnehmer des Gesprächs über den Wert der Kunst werden darauf zurückkommen. Aus diesem Grund ist es erforderlich, im Auge zu behalten, dass unsere Erkenntnisse immer die Differenzen zwischen sinnlichen Besonderheiten und geistigen Allgemeinheiten überbrücken müssen.

Freies Spiel der Erkenntniskräfte

Kant geht davon aus, dass ästhetische Erfahrungen uns das Funktionieren unserer Erkenntnis in einem Zusammenspiel von Erkenntniskräften vermitteln. Diese Vermittlung geschieht als eine Erfahrung. Wir machen in der Auseinandersetzung mit ästhetischen Formen die Erfahrung, dass das Zusammenspiel letztlich unproblematisch ist. Nach Kant verhandelt man diese Bestimmung der ästhetischen Erfahrung unter dem Titel »Zweckmäßigkeit [...] ohne Zweck«.[29] Dass Kunst keinen bestimmten Zweck erfüllt, hatten wir als ein Charakteristikum bereits betont. Kunst dient nicht zum Häuserbau und – letztlich – auch nicht zur Unterhaltung. Trotz dieser Zwecklosigkeit ist sie aber nicht ohne alle Zweckmäßigkeit. Zweckmäßigkeit besagt hier, dass die Dinge in einer sinnvollen Weise eingerichtet sind. Auch wenn man mit der Kunst nichts Bestimmtes erreichen kann, sind die Momente, die sie ausmachen, doch in einer sinnvollen Weise eingerichtet. Das Sinnvolle der Kunst bringt uns nun zu dem Zusammenspiel der Erkenntniskräfte zurück. Kunst ist nach Kant so verfasst, dass wir bloß das Zusammenspiel zwischen dem Besonderen und dem Allgemeinen erfahren. Spielerisch kommt es dabei zu einem Übergang von einer Seite zur anderen und wieder

29 Ebd., B 61.

zurück. Kant spricht aus diesem Grund davon, es komme angesichts der Kunst zu einem »freien Spiel« der Erkenntniskräfte.[30] Dieses freie Spiel erfüllt den Zweck, die Einrichtung unserer Erkenntniskräfte zu bestätigen: Es lässt uns erfahren, dass in unserer Erkenntnis trotz der Differenz zwischen sinnlicher Mannigfaltigkeit und geistiger Allgemeinheit eins zum anderen passt. Die ästhetische Erfahrung zeigt uns, dass wir in der Lage sind, die Differenz zwischen beiden Seiten zu überbrücken.

Diese Bestimmungen muss man etwas konkreter betrachten. Gehen wir noch einmal von den *Goldberg-Variationen* aus. Bachs Musik gibt uns eine thematische Struktur mit vielen Variationen. Nach Kant müssen wir diesen Zusammenhang von Thema und Variationen als eine Form begreifen. Es kommt demnach nicht darauf an, wie das Thema genau beschaffen ist. Entscheidend ist vielmehr die Form, die sich durch seine Entwicklung in all den Variationen ergibt. An der Form der Musik können unsere Erkenntniskräfte sich spielerisch entfalten. Kant hat nicht genauer gesagt, wie er sich ein solches Spiel vorstellt. Man kann es wohl folgendermaßen verstehen: Die Form bietet uns Anhaltspunkte für Übergänge vom Besonderen zum Allgemeinen und umgekehrt. Das Thema zeigt sich in immer neuer Gestalt und kehrt doch in dieser Gestalt als dasselbe wieder. So bietet schon die Musik ein Wechselspiel von Allgemeinem und Besonderem. Die besondere Ausprägung der jeweiligen Variation und die Allgemeinheit des Themas sind ineinander verklammert. Zudem bietet die Bach'sche Musik in ihrer Strenge eine Klarheit der Form.

30 Ebd., B 28.

Sie will nicht in ihrer jeweiligen Harmonik und Kontrapunktik (dem Wechselspiel der Stimmen) gehört werden, sondern als wohlgestaltete Form. Das ›nichtinhaltliche‹ Hören, das sie dadurch provoziert, ist die Voraussetzung für das freie Spiel der Erkenntniskräfte. An der Form können die Erkenntniskräfte ihr Zusammenspiel erfahren.

Nach Kant müssen wir uns die ästhetische Erfahrung grundsätzlich als ein solches Spiel vorstellen. Im Rahmen des Spiels erfahren wir das Zusammenspiel der Erkenntniskräfte – aller Differenz zum Trotz. In diesem Sinn versichert uns die ästhetische Erfahrung der Möglichkeit der Erkenntnis. Wir können jetzt verstehen, warum Kant von einer »Erkenntnis überhaupt« spricht. In der Erfahrung von Kunst handelt es sich nicht um eine bestimmte Erkenntnis. Wir wissen nichts Neues über die Welt, wenn wir ästhetisch erfahren haben – nichts, was uns zum Beispiel Bachs Musik gesagt haben könnte. Alles, was wir wissen, ist, dass wir von sinnlich Mannigfaltigem zu geistig Bestimmtem übergehen können und umgekehrt. Da wiederum dieser Übergang die grundsätzliche Bedingung all unseres Erkennens darstellt, wissen wir als ästhetisch Erfahrene, dass Erkenntnis überhaupt möglich ist. So erlangen wir in der Erfahrung der Kunst »Erkenntnis überhaupt«.

Selbstverständigung über die Möglichkeiten allen Erkennens

Kants Explikation in Sachen Kunst lässt sich folgendermaßen zusammenfassen. Der Wert der Kunst besteht für uns darin, dass sie uns Formen bereitstellt, an denen wir uns spielerisch unserer Erkenntnisfähigkeit versichern können.

In unterschiedlicher Weise geben uns Kunstwerke Formen für ein solches Spiel. Die Kunst hat demnach den Wert einer grundsätzlichen Selbstverständigung für uns. Ästhetische Erfahrungen geben uns ein Verständnis für das Funktionieren unseres Erkennens. Sie zeigen uns unsere Erkenntniskräfte in ihrem Zusammenwirken. Aufgrund dieser Selbstverständigung kommt es in der ästhetischen Erfahrung auch zu einer »sehr merklichen Lust«.[31] Es ist offenkundig erfreulich zu erfahren, dass die Fähigkeiten des Erkennens funktionieren – aber nicht nur erfreulich. Die Selbstverständigung, die die Kunst leistet, hat einen ganz und gar praktischen Sinn: Wir fassen Vertrauen in das Funktionieren unserer Erkenntniskräfte. Für uns, die wir ästhetisch erfahren sind, besteht kein Grund daran zu zweifeln, dass die beiden Seiten des Zusammenspiels unserer Erkenntniskräfte auseinander fallen könnten. Die ästhetische Erfahrung hat in diesem Sinn eine durchaus praktische Bedeutung. Sie stiftet Vertrauen oder drängt – negativ gesagt – die Skepsis zurück.

Kant hält allerdings auch eine Überraschung für diejenigen bereit, die nach dem Wert der Kunst fragen. Der Wert, den er als Wert ästhetischer Selbstverständigung konstatiert, ist nicht auf die Kunst eingeschränkt. Auch andere wohlgestaltete Formen können dasselbe freie Spiel der Erkenntniskräfte bewirken, das die Kunst zustande bringt. Kant spricht folgerichtig wenig von Kunst. Seine Analysen gelten zumeist dem Schönen insgesamt. Die Kunst gehört dazu genauso wie das so genannte Naturschöne. Die schönen Formen der Natur – zum Beispiel die Blüte einer Ro-

31 Ebd., B XL.

se – führen Kant zufolge Selbstverständigung in genau derselben Dimension herbei wie die Kunst. Auch sie lassen uns erfahren, dass unsere Erkenntniskräfte zusammenzuspielen vermögen. Die Kunst leistet in dieser Hinsicht nicht mehr und nicht weniger als Schönheiten der Natur.

Es hat der kantischen Position mit Blick auf die Kunst immer wieder viel Kritik eingetragen, dass sie den Wert der Kunst nicht als einen besonderen Wert versteht. Diese Kritik ist aber erst einmal unberechtigt. Bevor das Eigentümliche der ästhetischen Selbstverständigung nicht ausreichend begriffen ist, kann man nicht wissen, ob die Antwort der Kunst einen exklusiven Platz anweist oder ob sie ihr einen solchen Platz streitig macht. Sowohl in der Philosophie als auch jenseits ihrer geht man immer wieder mit dem Vorurteil an die Kunst heran, es müsse eine wirkliche Besonderheit der Kunst geben. Die Philosophie der Kunst wird so gesehen von Kant ermahnt, auch die Möglichkeit einzukalkulieren, dass eine Besonderheit der Kunst nicht einsichtig gemacht werden kann.

Hegel: Kunst als Geistiges in der Form der Anschauung

Hegels Position zum Begriff der Kunst lässt sich gut als eine Antwort auf Kant darstellen. Hegel ist mit der Erklärung Kants nicht zufrieden. Seine Unzufriedenheit kann man durch eine schlichte Frage zum Ausdruck bringen: Ist nicht alles Erkennen oder Verstehen, das es für uns gibt, ein Erkennen oder Verstehen *von etwas*? Was soll ein Erkennen sein, das bloß die Möglichkeit des Erkennens, seine bloße Form, betrifft? Schließt Kant nicht davon, dass man sich in einem fertigen Haus bewegen kann, darauf, dass es auch möglich ist, sich in einem Bauplan zu bewegen – da ja der Bauplan all das vorgibt, was das Haus realisiert? Es hat für Hegel keinen Sinn, von den Formen des Erkennens (von seinen Bauplänen) auszugehen. Erst ein wirklich reales Erkennen mit bestimmten Inhalten kann als ein Erkennen bezeichnet werden. Hegel schließt aus Überlegungen dieser Art, dass Kant in der Bestimmung der Kunst als Selbstverständigung hätte anders vorgehen müssen. Er hätte zeigen müssen, dass sich Erfahrungen mit bestimmten Inhalten denken lassen, die uns dennoch die Formen des Erfahrens überhaupt erfahren lassen. Er hätte zeigen müssen, dass Kunst genau dies vermag.

Man kann Hegels Einwand auch an der Kunst selbst verdeutlichen. Dazu lässt sich zum Beispiel als paradigmatisches Kunstwerk Pablo Picassos Gemälde *Guernica* (1937, Prado, Madrid) anführen. Adorno berichtet davon, dass Picasso von deutschen Offizieren gefragt wurde, ob er dieses Bild gemacht habe. Picasso soll geantwortet haben: »Nein, Sie.«[32] Das Bild trägt als Titel den Namen eines Ortes, der im spanischen Bürgerkrieg durch deutsche Fliegerverbände, die zur Unterstützung der spanischen Faschisten eingesetzt waren, zerstört wurde. Auf dem Bild ist eine Konstellation von Menschen, Tieren und Gegenständen hergestellt. Man hat als Betrachter Schwierigkeiten, die recht abstrakte Anordnung irgendwie mit dem Kriegsgeschehen zusammenzubringen. Was Picassos Bild zeigt, ist nur sehr indirekt mit diesem Geschehen verbunden. Man muss die Konstellation der dargestellten Menschen, Tiere und Ge-

32 Theodor W. Adorno: »Engagement«, in: Th. W. A., *Noten zur Literatur*, Frankfurt a. M. 1974, S. 409–430, hier S. 424.

genstände verstehen, um den Zusammenhang des Bildes insgesamt zu begreifen. Das Bild handelt, so kann man vielleicht sagen, davon, dass die menschliche Zivilisation sich gegen sich selbst wenden kann. Auch wenn das Bild aussieht wie eine abstrakte Anordnung von Figuren, hängt es durchaus mit dem zusammen, was 1937 in dem spanischen Ort Guernica geschehen ist. Es muss dafür aber als Aspekt eines komplexen historischen Geschehens verstanden werden. Genau dies hält die Antwort Picassos an die Offiziere fest: Das Bild ist kein Künstlerwerk im engeren Sinn – es ist ein Werk einer bestimmten historisch-kulturellen Situation.

Hegel unternimmt einen Versuch, Kunst als ein solchermaßen historisch-kulturell konkretes Geschehen verständlich zu machen. Er bestimmt die Kunst nicht nur mit dem bereits explizierten Begriff, Kunst sei ein »sinnliches Scheinen der Idee« (vgl. S. 79 ff.). Er stellt sich auch die Frage, inwiefern eine Idee zur sinnlichen Erscheinung kommen kann. Seine Antwort auf diese Frage ist schlicht: Es muss sich um eine konkrete Idee, um ein konkretes Geistiges handeln – um etwas, das in einem konkreten historisch-kulturellen Kontext steht. Hegel expliziert auf Basis dieser Antwort den Wert der Kunst. Kunst hat für ihn den Wert, dass sie uns bestimmte Verständnisse in Form der sinnlichen Anschauung vermittelt. In Kunst geht es für Hegel genauso um ein Verstehen wie zum Beispiel in der Religion und der Wissenschaft (also auch der Philosophie). Die Kunst unterscheidet sich aber von diesen anderen Formen des Verstehens dadurch, dass sie Verständnisse in sinnlicher Anschauung darbietet. Die Kunst ist nach Hegels Auffassung genau in diesem Sinn von dem Zusammenspiel unserer Erkenntniskräfte her zu begreifen. Sie führt nicht zu einem freien Spiel der Erkenntniskräfte und damit zu Erkenntnis überhaupt. Sie zeigt vielmehr Verständnisse beziehungsweise Erkenntnisse in ihrem Entstehen in einer sinnlichen Gestalt. Alles Verstehen kommt von einer solchen Gestalt her. Die Kunst zeigt diese Herkunft. Das ist aber nach Hegel nicht ihre wahre Meisterschaft. Diese liegt vielmehr darin, Verständnisse zu präsentieren, die sich nicht anders als in sinnlicher Anschauung gewinnen lassen. Auch in diesem Fall sind einige weitere Ausführungen erforderlich, um verständlich zu machen, wie Hegel argumentiert und was seine Argumentationen mit Blick auf die Kunst besagen. Ich setze diesbezüglich noch einmal bei dem Gedankengang Kants an.

Das Zusammenspiel in unserem Verstehen

Die Kunst hat es Kant zufolge mit spielerischen Übergängen vom sinnlichen Mannigfaltigen zum geistigen Bestimmten und umgekehrt zu tun. Hegel teilt die grundsätzlichen Einschätzungen, dass für unsere Erkenntnis solche Übergänge relevant sind und dass die Kunst von ihnen her verstanden werden muss. Dennoch sind die beiden Pole des Zusammenspiels für Hegel anders gelagert. Sie liegen beide im Geistigen selbst. Geistige Bestimmtheit kann sich nur über sinnliche Einzelheit formen. Diese Einsicht drücken wir heute dadurch aus, dass wir von Zeichen sprechen. Zeichen brauchen immer eine sinnlich-materiale Realisierung. Die Wörter dieses Texts sind nur als ein schwarzer Auftrag auf Papier gegeben. Sie zu lesen bedeutet, von diesem schwarzen Auftrag dazu überzugehen, etwas zu verstehen. In diesem Sinn sind alle Zeichen mit einem Zusammenspiel von einem sinnlich zugänglichen Material und einer geistigen-ideellen Seite verbunden.

Das Zusammenspiel unserer Erkenntniskräfte stellt sich für Hegel also anders dar als für Kant. Es handelt sich für ihn, so kann man in moderneres Vokabular übersetzen, um ein Zusammenspiel in allem Zeichenverstehen. Den Zugang zu Zeichen nennen wir gewöhnlich nicht Erkennen, sondern Verstehen. Aus diesem Grund spreche ich mit Blick auf Hegels Position von einem Zusammenspiel in unserem Verstehen. Alles Verstehen von Zeichen bedarf sinnlicher Realisierung und kann sich als Verstehen doch nur ausbilden, wenn es über die sinnlichen Realisierungen hinausgeht. Es ist erforderlich, dass das sinnlich einzelne Material als solches sowohl Gewicht hat als auch übergangen wird. Man kann die Differenz, von der alles Verstehen geprägt ist, auch dadurch ausbuchstabieren, dass man von einer materialen Besonderheit spricht. Ein Zeichen wie zum Beispiel das Zeichen »Kunst« hat immer eine materiale Besonderheit. Wenn es verstanden wird, wird diese Besonderheit allerdings übersehen. Seine sinnliche Zugänglichkeit hängt aber mit dieser Besonderheit zusammen. Es muss also im Verstehen eines Zeichens seine Besonderheit zugleich zugelassen und überwunden werden. Es ist erforderlich, zum allgemeinen Inhalt eines Zeichens überzugehen, um zu verstehen. Hierin liegt die Differenz, die Hegel zufolge in allem Verstehen überbrückt werden muss. Das Zusammenspiel bildet sich nicht dadurch aus, dass unterschiedliche Erkenntniskräfte in eine Interaktion treten. Es ist ein Zusammenspiel innerhalb der einen geistigen ›Erkenntniskraft‹, die in allem Verstehen am Werk ist.

Verstehen innerhalb und außerhalb der Kunst

Überall, wo wir verstehen, gebrauchen wir direkt oder indirekt Zeichen. Wenn wir zum Beispiel die Frage, welchen Wert die Kunst für uns hat, verstehen, dann sind wir mit Zeichen einer natürlichen Sprache befasst. Ohne diese Zeichen wüssten wir nicht einmal, dass es eine Frage gibt, hätten keine Idee von einer Frage, mit der die Kunst grundsätzlich verbunden ist, geschweige denn, was es heißen könnte, sie zu beantworten. Charakteristisch für solche Zeichen, wie wir sie in der Wissenschaft oder auch im Alltag verwenden, ist, dass wir uns mit dem gerade beschriebenen Zusammenspiel nicht weiter auseinandersetzen. Die sinnliche Seite der Zeichen einer natürlichen Sprache bleibt gewöhnlich ohne jede Rücksicht. Genau von dieser Beobachtung aus erklärt Hegel die Kunst. Auch Kunstwerke müssen demnach als Zeichen begriffen werden. Auch Kunstwerke stellen, wie andere Zeichen, eine Verbindung von einer sinnlichen und einer geistigen Seite dar. Anders als bei anderen Zeichen fällt allerdings bei Kunstwerken das Zusammenspiel zwischen ihrer sinnlich-besonderen Seite und ihrer geistigen Seite ins Gewicht. Kunstwerke sind Zeichen, deren Verständnis damit verbunden ist, dass die besondere Gestalt ihrer Zeichenmaterialität Berücksichtigung findet.

Diese Bestimmung reicht weit über Hegel hinaus.[33] Sie ist von solcher Wichtigkeit, dass es mir sinnvoll scheint,

33 Die wichtigsten Reformulierungen dieser Bestimmung stammen von Ernst Cassirer und Nelson Goodman; vgl. Ernst Cassirer, *Philosophie der symbolischen Formen*, 5. Aufl. Darmstadt 1964; Nelson Goodman, *Sprachen der Kunst* (s. Anm. 14).

kurz innezuhalten. Denken wir noch einmal an Picassos *Guernica*. Da das Bild einen bestimmten Inhalt hat, ist es als ein Zeichen zu verstehen. Wenn das Bild ästhetisch erfahren wird, kommt es, so betrachtet, zu seiner Wahrnehmung als der Wahrnehmung eines Zeichens. Den Inhalt dieses Zeichens kann man aber gerade nicht (wie zum Beispiel bei dem Zeichen »Kunst«) dadurch gewinnen, dass man von dem konkreten Zeichenmaterial absieht und zum Inhalt übergeht. Der Inhalt von *Guernica* lässt sich nur erfassen, wenn man ganz präzise hinsieht. Dafür, wie das Zeichen verstanden wird, ist es relevant, wie genau die Farben beschaffen sind, aus denen das Bild komponiert ist, wie die Farben wechselseitig korrespondieren, ob sie dick aufgetragen sind oder dünn, usw. Das Kunstwerk funktioniert als ein Zeichen, das für seine Zeichenfunktion eine Vielzahl von Details seiner sinnlichen Beschaffenheit ›verwendet‹.

Das Verstehen in der Kunst ist nach Hegels Auffassung mit der materialen Besonderheit der Zeichen verbunden, die Kunstwerke darstellen. Kunstwerke tragen das Zusammenspiel zwischen der sinnlichen Besonderheit eines Zeichenmaterials und seiner geistigen Seite – dem Verständnis, das es vermittelt – aus. Allerdings geht es in der Kunst nicht um das Zusammenspiel als solches. Hegel denkt die Leistung der Kunst nicht als eine Reflexion zum Beispiel auf das Zeichenverstehen überhaupt (so wie Kant sie als eine Erkenntnis überhaupt denkt). Vielmehr sind Kunstwerke für Hegel mit besonderen Verständnissen verbunden. *Guernica* handelt von der Zerstörungsmacht der abendländischen Zivilisation – davon, dass diese Zivilisation sich in ihrem eigenen Namen gegen sich selbst zu wenden versteht. Es handelt von der historischen Situation, in der genau das für den abendländischen Menschen erfahrbar wird. Das Bild Picassos thematisiert nicht irgendwelche zeitlosen Wahrheiten, sondern eine bestimmte Erfahrung, die mit einer komplexen historischen Situation des Menschen in einer bestimmten kulturellen Situation – im Abendland – zusammenhängt.

Die Darstellung geschieht mittels der konkreten materialen Verfasstheit des Bildzeichens. Wenn man Kunstwerke, wie Hegel, als Darbietungen des Zusammenspiels mit Blick auf konkrete Inhalte versteht, wird allerdings eine Frage dringend: Wie unterscheidet sich das mit dem Bild Picassos verbundene Verstehen von anderem Verstehen? Hätte Picasso das, was das Bild besagt, nicht auch in einem Traktat niederschreiben können? Auf diese Frage kann man mit Hegel zwei unterschiedliche Antworten geben.

(1) Ästhetische Zeichen (Kunstwerke) lassen sich einerseits als ein notwendiges Durchgangsstadium alles geistigen Verstehens durch Zeichen begreifen. Dann argumentiert man folgendermaßen: Ästhetische Zeichen sind Zeichen, deren geistige Seite in besonderer Weise mit ihrer sinnlich-materialen Beschaffenheit verbunden ist. Man kann auch einfach von *konkreten Zeichen* sprechen. Ästhetische Zeichen sind konkrete Zeichen. Bevor Zeichenverwender zu abstrakteren Zeichen (bei denen, wie zum Beispiel bei Zeichen natürlicher Sprachen, die geistige Seite nur lose mit ihrer sinnlich-materialen Seite verbunden ist) vordringen, entwickeln sie erst einmal konkrete Zeichen. Bevor sie das, was sie sagen, in abstrakten Zeichen sagen, müssen sie erst konkrete Zeichen finden. Mit Blick auf *Guernica* kann man so sagen: Möglicherweise ist es Picasso

unmöglich, das, was das Bild zu verstehen gibt, mittels abstrakterer Zeichen zu sagen. Denkbar bleibt, dass Menschen irgendwann nicht mehr auf eine konkrete sinnlich-materiale Realisierung angewiesen sind, um das zu sagen, was Picasso sagt. Solche Menschen bräuchten dann Picassos Kunstwerk nicht mehr. Kunstwerke sind, so gesehen, ›erste‹ Zeichen. Was Zeichenverwender in Zeichen zu sagen lernen, sagen sie zuerst in den konkreten Zeichen, die Kunstwerke darstellen.

(2) Man kann auf der Basis von Hegels Überlegungen der Kunst andererseits auch eine wesentlichere Rolle zuschreiben. Dann geht man davon aus, dass die Besonderheit ästhetischer Zeichen niemals von anderen Zeichen eingeholt werden kann. Man sagt dann, dass konkrete Zeichen niemals von abstrakten Zeichen abgelöst werden können. Konkrete Zeichen geben, so interpretiert, in anderer Weise zu verstehen als abstrakte Zeichen. Die sinnliche Intensität, die sie mit sich bringen, macht die Verständnisse, die sie beinhalten, einzigartig. Mit Blick auf *Guernica* kann man dann folgendermaßen schließen: Picasso hätte, was er gemalt hat, niemals in einem theoretischen Text sagen können, da ein theoretischer Text grundsätzlich nicht zu sagen vermag, was ein Kunstwerk sagt. Ein Kunstwerk wie dasjenige Picassos lässt sich also grundsätzlich nicht durch andere Zeichen ablösen.

Es ist an dieser Stelle noch zu früh, um eine Entscheidung mit Blick auf die gerade skizzierte Alternative zu treffen. Es gilt erst einmal, dass Hegels Bestimmung ästhetischer Zeichen zwei Interpretationen ihres Wertes zulässt. Entweder sind es ›erste‹ Zeichen, mittels deren Dinge zu verstehen sind, die sich in einem gegebenen historischen

Moment nicht auf abstraktere Weise sagen lassen. Oder Kunstwerke geben als konkrete Zeichen Dinge zu verstehen, die andere Zeichen nicht zu sagen vermögen. Unabhängig von dieser Frage gilt aber in jedem Fall für Hegel, dass Kunstwerke als besondere sinnliche Realisierungen von Verständnissen zu begreifen sind. Es sind konkrete Zeichen, deren besondere sinnlich-materiale Beschaffenheit für ihren geistigen Inhalt relevant ist.

Selbstverständigung in der Form sinnlicher Anschauung

Hegels Darlegungen kann man als eine Umformulierung der kantischen Bestimmungen begreifen. Der Wert der Kunst besteht – in diesem Punkt stimmt Hegel Kant durchaus zu – darin, dass wir in der Kunst Vertrauen in unsere Erkenntniskräfte beziehungsweise in unser Verstehen fassen. Das Vertrauen konstituiert sich allerdings nicht dadurch, dass die Kunst unserem Verstehen Formen darbietet, an denen dieses sich zu bestätigen vermag. Wie bereits eingangs dargelegt, hält Hegel die Idee einer bloß formalen Bestätigung für unverständlich. Das Vertrauen in unser Verstehen kommt seines Erachtens in der Kunst vielmehr dadurch zustande, dass sich in ihr konkrete Verständnisse sinnlich formen. Die Kunst bietet Verständnisse in sinnlicher Anschauung.

Hegel kann man die Auffassung zuschreiben, dass sich die Bestimmungen Kants nur dann halten lassen, wenn sie in anderer Weise artikuliert werden. Die Selbstverständigung, die Kunst leistet, hat auch aus seiner Perspektive das Ergebnis, das Kant geltend macht. Dieses Ergebnis wird allerdings nicht durch ästhetische Formen erreicht. Es wird vielmehr erreicht durch die spezifische Verbindung von Form und Inhalt in Kunstwerken. Diese spezifische Verbindung muss nach Hegel als ein besonderes Zeichengeschehen begriffen werden. Kunstwerke sind konkrete Zeichen – Zeichen, deren jeweilige sinnliche Details für ihren geistigen Inhalt relevant sind. Anhand solcher konkreten Zeichen verstehen wir in besonderer Weise. Die Verständnisse, zu denen wir ästhetisch gelangen, sind – wie die Zeichen – konkret. Die Griechen zum Beispiel gestalten sich in den Götterstatuen der klassischen Zeit ihre Verständnisse der Welt. Die Vorstellungen von Ordnung, Würde, Gleichmut und andere Selbstverständnisse der damaligen Welt werden in den Skulpturen manifest. In analoger Weise manifestiert Picassos Bild Selbstverständnisse einer modernen Welt, die die Erfahrungen der Selbstzerstörung des aufgeklärten Menschen mit sich bringen.

Die Selbstverständigung der Kunst über das Verstehen ist also für Hegel von Grund auf verbunden mit einer Selbstverständigung über konkrete, historisch und kulturell gebundene Weltsichten. Die Erfahrung eines funktionierenden Zeichengeschehens, die die Kunst bedeutet, ist verbunden mit dem Zustandekommen von zeitgebundenen Verständnissen in Kunstwerken. In diesem Punkt unterscheidet sich Hegels Begriff der Kunst grundlegend von demjenigen Kants. Für Kant ist die Selbstverständigung der Kunst eine bloß formale Angelegenheit. Wenn in der Antike Formen zustande kommen, die eine solche Selbstverständigung leisten, lassen diese sich auch 2500 Jahre später noch gebrauchen. Für Hegel ist dies nicht zwingend. Für ihn kann die ästhetische Selbstverständigung der Kunst nur in einer Verschränkung von Inhalt und Form gelingen. Durch diese Verschränkung ist sie aber an konkrete Verständnisinhalte gebunden. Wenn in der Antike Werke zustande kommen, die qua Angemessenheit von Verständnissen und sinnlicher Gestaltung dieser Verständnisse eine Erfahrung des Vertrauens in alles Erkenntnisgeschehen bedeuten, ist nicht gesagt, dass sie diese Erfahrung auch noch im Mittelalter oder in der Moderne vermitteln können. Für Hegel hat die Selbstverständigung, die die Kunst leistet, also einen grundsätzlich historischen Index. Die Selbstverständigung hängt daran, dass Kunstwerke konkrete Selbstverständnisse formen. Ein Werk, das in einem historischen Moment Verständnisse anspricht und so Selbstverständigung leistet, kann in einem anderen Moment stumm bleiben.

Die Positionen Kants und Hegels kann man entlang der Begriffe von Form und Inhalt unterscheiden und so im Falle Kants von einer »Form(al)ästhetik« und im Falle Hegels von einer »Inhaltsästhetik« sprechen.[34] Diese Begrifflichkeit suggeriert aber fälschlicherweise, es handele sich um grundverschiedene Ansätze. Ich hoffe dargelegt zu haben, dass tiefgreifende Gemeinsamkeiten zwischen beiden Ansätzen bestehen. Ich halte es aus diesem Grund für besser, den Unterschied zwischen Kants und Hegels Positionen anders zu bestimmen. Der Leitfaden ist dabei die Differenz zwischen abstrakter Form und konkreten Verständnissen. In diesem Sinn begreift Kant die ästhetische Selbstverständigung als eine *Selbstverständigung über Verständnisformen.* Hegel hingegen interpretiert die ästhetische Selbstverständigung als eine *Selbstverständigung über Verständnisse.*

34 Theodor W. Adorno, *Ästhetische Theorie* (s. Anm. 4), S. 18.

Hegels Überlegungen führen noch in einem anderen Punkt zu einem grundsätzlichen Widerspruch zu Kant: Seines Erachtens können Formen der Natur grundsätzlich nicht leisten, was die Kunst leistet. Wenn die ästhetische Selbstverständigung an konkrete Verständnisse von der Welt gebunden ist, bedarf es vom Menschen gemachter Werke, um zu einer solchen Selbstverständigung zu kommen. Schöne Formen der Natur können dann eine solche Selbstverständigung nicht hervorbringen, da sie nicht mit konkreten Verständnissen von der Welt verbunden sind. Hegel vertritt die Auffassung, dass der Wert der Kunst ästhetische Formen der Natur primär nicht einschließt. Die Kunst bekommt so einen ausgezeichneten Wert zugesprochen. Für Hegel ist dieser Punkt ganz und gar selbstverständlich. Er könnte folgendermaßen fragen: Was können uns Formen der Natur schon über das Funktionieren unseres Verstehens sagen? Eine Erfahrung dieses Funktionierens können uns nur Formen vermitteln, die auch selbst mit einem solchen Funktionieren verbunden sind. Nur Zeichen können ästhetische Erfahrungen (des Funktionierens unseres Verstehens) auslösen, da Verständnisse nur anlässlich von Zeichen zustande kommen. Kunstwerke sind für Hegel Zeichen, deren Inhalte mit ihrer konkreten sinnlich-materialen Realisierung zusammenhängen.

Adorno: Kunst als Brechung der Identität im Verstehen

Theodor W. Adornos Beitrag zu dem Gespräch über die Kunst besteht darin, dass er den bestätigenden Aspekt von ästhetischen Selbstverständigungen in Frage stellt. Kunst entfaltet für ihn irritierende Wirkungen. Adorno bezieht also im Vergleich zu Kant und Hegel eine grundlegend andere Position. Sowohl bei Kant als auch bei Hegel werden ästhetische Erfahrungen in erster Linie als bestätigende Erfahrungen verstanden. Adorno kündigt diesen Konsens auf. Dies ist mit Blick auf die Erfahrung der Kunst nur allzu verständlich. Nicht nur aus der Moderne, sondern auch aus früheren Epochen sind Erfahrungen der Irritation als Moment des Kunstgeschehens bekannt. Man kann sich zum Beispiel vorstellen, dass die Zeitgenossen, die Giottos Fresken in Padua sahen, davon verstört waren. Viele Jahrhunderte des Mittelalters hatte die Kunst nicht eine solche Plastizität der Figuren, einen solchen Ausdrucksreichtum gekannt. In der Musik ist in ähnlicher Weise die Entwicklung einer Musik, in der sich viele Stimmen unabhängig voneinander in formaler Weise geregelt bewegen, eine Revolution gewesen. Bei dieser Revolution zeigt sich, dass eine Revolution immer viele Wurzeln hat. Dennoch ist sie in besonderer Weise mit dem Namen Giovanni Pierluigi da Palestrina verbunden, der sie in großer Perfektion entwickelt hat und dem zudem die Verteidigung der vielstimmigen Musik im Rahmen der Gegenreformation zugeschrieben wird. Giotto und Palestrina sind aber nur herausragende Beispiele für unzählige andere bildende Künstler, Literaten und Komponisten vor und nach ihnen.

Den Aspekt ästhetischer Erfahrung, von dem Adorno ausgeht, will ich an einem in dieser Hinsicht etwas exzentrischen Werk belegen. Von James Turrell stammt eine Installation, die eine Farbfläche in einem dunklen Raum zeigt (*Slow dissolve,* 1989, Sprengel Museum Hannover). Der Raum ist so dunkel, dass eine Betrachterin im ersten Moment nichts Klares sieht, wenn sie den Raum betritt. Haben ihre Augen sich an die Dunkelheit gewöhnt, sieht sie eine rosa Farbfläche, die sich einige Meter vor ihr befindet. Charakteristisch für diese rosa Farbfläche ist, dass die Farbe auf ihr absolut gleichmäßig verteilt ist. Die Betrachterin muss zu der Auffassung kommen, dass sie sich vor einem perfekt gearbeiteten monochromen Gemälde befindet. Jede Stelle der Farbfläche, die sie sieht, schimmert in genau demselben Ton und auf dieselbe Art und Weise wie alle anderen Stellen, die sie betrachtet. Wenn die Betrachterin diese Erfahrung unvorstellbar gleichmäßiger Farbverteilung für aufregend hält (und diese Erfahrung ist aufregend), wird sie sich irgendwann die Frage stellen, wie diese Gleichmäßigkeit eigentlich realisiert ist. Sie wird auf die Farbfläche zugehen, um den Gegenstand ihrer Neugier etwas genauer in den Blick zu bekommen. Der Raum ist aber in solcher Weise abgedunkelt, dass es ihr einfach nicht gelingt, die Realisierung zu erkennen. So sehr sie sich auch müht: Sie sieht zwar das gleichmäßige Rosa, kann aber von einem Bildträger und damit von der Realisierung nichts sehen. Die Betrachterin wird ihr Scheitern in der Bestimmung des Bildes ihrem Gesichtssinn zuschreiben. Ist sie neugierig genug, wird sie kühn dem Tastsinn mehr zutrauen als seinem optischen Partner. Sie wird sich kurz vergewissern, ob auch niemand ihrem Tun beiwohnt. Dann wird sie vorsichtig einen Finger ausstrecken, um die Fläche zu ertasten. Sie streckt ihn vor und ist rasch verwundert, dass der Widerstand nicht dort beginnt, wo sie ihn erwartet. Diese Verwunderung hält so lange an, bis sie realisiert hat, dass sie jede mögliche Leinwand mit dem Finger längst durchstochen hätte. Sie erkennt, dass die Farbfläche nicht auf einen Bildträger zurückgeht, sondern auf eine Öffnung in der Wand. Hinter dieser Öffnung befindet sich ein weiterer Raum. Dieser Raum ist durch geschickt angebrachte Lichtquellen auf absolut gleichmäßige Art und Weise in Rosa getaucht. Dies erzeugt in dem Raum vor der Öffnung die Illusion einer gleichmäßigen Farbfläche. Die Betrachterin hat also kein monochromes Bild betrachtet. Turrells Werk lässt Zweifel aufkommen, was und wie gesehen wird und ob wir uns eigentlich sicher sein können, das zu sehen, was wir zu sehen glauben.

Adorno hätte dieses Beispiel vermutlich nicht gemocht. Eine solchermaßen konzeptuelle und technische Kunst war ihm suspekt. Dennoch zeigt dieses Beispiel gut, warum Adorno eine von Kants und Hegels Ansätzen radikal abweichende Antwort auf die Frage nach der Bedeutung der Kunst zu geben versucht. Adornos Antwort geht von der Irritation beziehungsweise Infragestellung aus, die mit der Erfahrung von Kunst verbunden ist. Kunst führt uns – wie die Installation von Turrell – vor, dass unsere Wahrnehmungen und unser Verstehen nicht so funktionieren, wie wir uns das einreden. Dafür, dass unseren Wahrnehmungen eine solche Infragestellung widerfahren kann, macht Adorno die Identitätsfixiertheit unserer Wahrnehmungen und unseres Verstehens verantwortlich. Seines Erachtens liegt die grundsätzliche Begrenztheit unserer Wahrnehmungen und unseres Verstehens darin, dass sie nach dem Prinzip der Identität – also nach dem Prinzip, Dinge stets als gleiche Dinge behandeln zu wollen – verfasst sind. Diese Verfasstheit führt dazu, dass wir die Nichtidentität der Dinge aus dem Blick verlieren. Unsere alltäglichen Wahrnehmungen und Verständnisse sind in diesem Punkt beschränkt. Sie übersehen, dass alle Identität nur in

Spannung zu Nichtidentität zustande kommt. Genau an dieser Stelle hat die ästhetische Erfahrung für Adorno ihre Bedeutung. Sie ist eine Erfahrung davon, dass die Dinge sich anders verhalten, dass sie sich den Kategorien unserer Wahrnehmung und unseres Verstehens nicht fügen. Damit ist Kunst aber erst einmal nur negativ bestimmt. Adorno gibt ihr eine positive Bestimmung, indem er sie als ein utopisches Geschehen begreift. In diesem Geschehen erstatten wir der Nichtidentität den Stellenwert zurück, den sie in unserer alltäglichen Wirklichkeit verloren hat. In ästhetischen Erfahrungen blicken wir, so verstanden, in eine bessere, eine anders verfasste Welt. Die Selbstverständigung der Kunst besteht entsprechend nicht in einer Bestätigung, sondern in einer Irritation und Infragestellung unserer Wahrnehmungs- und Verständnisweisen. Kunst zeigt uns unsere Wahrnehmungs- und Verstehenshorizonte dadurch in ihrer Beschränkung, dass sie uns Ausblicke in Gebiete jenseits dieser Beschränkung ermöglicht. Auch diese Bestimmung der Kunst bedarf einer weiteren Explikation.

Das Zusammenspiel in unserem Verstehen, noch einmal

Die Rede von einem Zusammenspiel impliziert normalerweise, dass zwei Dinge oder Aspekte in ihrer Unterschiedlichkeit zusammenkommen. Die beiden Dinge oder Aspekte haben in dem Zusammenspiel die gleiche Stellung – keine Seite ist in einer hervorgehobenen Position. Adorno begreift hingegen das Zusammenspiel, das unser Verstehen bestimmt, als ein Geschehen, das nicht in dieser Weise neutral ist. Anders als Kant und Hegel geht er davon aus, dass zwischen den beiden zusammenspielenden Momenten ein Ungleichgewicht besteht. Entsprechend bestimmt Adorno das Zusammenspiel nicht als ein bloßes Struktur-, sondern als ein Machtgefüge. Das Zusammenspiel zwischen dem sinnlich Mannigfaltigen und dem geistig Allgemeinen gilt ihm als ein Geschehen, in dem das Geistige die Oberhand behält.

Wenn Verstehen zustande kommt, spielen nicht allein das mannigfaltig Besondere und das geistig Allgemeine zusammen. Die geistige Seite der Allgemeinheit setzt sich in der Entwicklung des Verstehens immer weiter durch. Adorno folgt somit einem Wort Friedrich Nietzsches, nach dem menschliches Verstehen als ein »Gleichsetzen des Nicht-Gleichen«[35] zu begreifen ist. Das mannigfaltige Sinnliche wird, je weiter sich Verstehen entwickelt, immer mehr in eine defensive Position gebracht. Es wird im Rahmen unseres Verstehens von den Formen der geistigen Allgemeinheit überwältigt. Adorno verwendet die Begriffe Identität und Nichtidentität, um diese Überwältigung zu charakterisieren. Geistige Allgemeinheit ist für ihn nach dem Prinzip der Identität verfasst. Geistige Allgemeinheit identifiziert Dinge. Dieses Prinzip der Identität birgt in sich die Tendenz, Nichtidentisches zu unterdrücken. Sinnliche Mannigfaltigkeit kommt so im Rahmen unseres Verstehens unter die Räder. Verstehen bedeutet, dass die nichtidentischen Momente an den Dingen zunehmend in den Hintergrund gedrängt werden. Diese Tendenz wird aber der Verfasstheit des Verstehens nicht gerecht. Ohne die nichtidentischen

35 Friedrich Nietzsche: »Ueber Wahrheit und Lüge im aussermoralischen Sinne«, in: F. N., *Kritische Studienausgabe*, Bd. 1, München [u. a.] 1988, S. 873–890, hier S. 880.

Momente weltlicher Sinnlichkeit verliert das Verstehen allen Halt an der Welt und läuft leer. Die Unterdrückung des Nichtidentischen gefährdet also die Konstitution des Verstehens.

Das Zusammenspiel des Verstehens erweist sich für Adorno als ein dynamisches Geschehen, das die Tendenz hat, ein stets wachsendes Ungleichgewicht hervorzubringen. Die Eigenlogik der geistigen Allgemeinheit, das Prinzip der Identität, setzt sich immer weiter durch. Diese Entwicklung ist problematisch, weil das Verstehen dadurch den Kontakt zum Sinnlich-Mannigfaltigen zu verlieren droht. Sie benötigt diesen Kontakt allerdings, weil er für das Verstehen den Kontakt zur Welt bedeutet.

Negativität der Kunst

All unsere Verständnisse sind nach Adorno von der Tendenz zur Identität geprägt. Wo auch immer wir verstehen, kommt die Nichtidentität der Dinge ins Hintertreffen. Wir schalten sie unwillkürlich aus. Innerhalb der sprachlichen und nichtsprachlichen Verstehensformen unserer alltäglichen Praktiken haben wir keine Möglichkeit, dieses Ausschalten zu verhindern. Jenseits dieser alltäglichen Praktiken haben wir allerdings eine Form entwickelt, die es uns erlaubt, dem Zusammenspiel von Identität und Nichtidentität eine andere Ausgestaltung zu geben. Dies ist die Kunst. Die Kunst ist eine Form des Verstehens, die einer Logik der Nichtidentität folgt. Eine solche Verstehensform kann allerdings nur zustande kommen, wenn sie eine Bedingung erfüllt. Sie muss, wie Adorno sagt, negativ sein. Sie muss sich den anderen Formen des Verstehens entziehen, sie muss diese Formen aufbrechen und in Frage stellen. Unter der Herrschaft einer Logik geistiger Allgemeinheit kann eine nichtidentische Form des Verstehens nur gewonnen werden, wenn sie dezidiert mit dieser Logik bricht. Die Kunst muss aus diesem Grund nach Adorno so verstanden werden, dass sie sich negativ von den Verstehensformen geistiger Allgemeinheit absetzt.

Da Adorno die Kunst in erster Linie als ein negatives Geschehen bestimmt, bezeichnet man die von ihm begründete Position auch als eine »Negativitätsästhetik«. In all seinen Schriften zur Kunst – in seinen vielen Essays, seinen Monografien zur Musik von Richard Wagner, Gustav Mahler und Alban Berg und auch seiner *Ästhetischen Theorie* – arbeitet er daran, den grundsätzlich negativen Gestus der Kunst zu charakterisieren. Man kann seine Charakterisierungen als Kritik an einer bestimmten These Hegels verstehen. Die These, Kunst sei eine Form des Verstehens unter anderen Formen, weist Adorno zurück. Kunst gilt ihm als eine Gegenform, als eine Form des Verstehens, die anders funktioniert als die alltäglichen Formen des Verstehens.

Die Andersheit der Kunst expliziert Adorno vor allem als einen Bruch mit gewohnten Formen des Verstehens. Wenn wir Zeichen verstehen, ist normalerweise klar, was Gegenstand des Verstehens ist und was es heißen kann, ein Verständnis von diesem Gegenstand – einem sprachlichen Ausdruck zum Beispiel – zu gewinnen. Normalerweise findet Verstehen in einem Kontext vieler Selbstverständlichkeiten statt. Kunstwerke kündigen genau diese Selbstverständlichkeiten auf. Sie werfen bereits die Frage auf, was innerhalb ihrer überhaupt als Gegenstand des Verstehens gilt und was nicht. In ihnen ist aber auch fraglich, was es heißt, etwas zu verstehen. Ist Gegenstand des Verstehens zum Beispiel in einem Theaterstück die Bewegung einer Figur oder ihre Platzierung auf der Bühne? Geht es darum, Worte zu verstehen oder eine Konstellation von Figuren? Die sinnlich-materiale Gestalt von Kunstwerken ist für einen Rezipienten in erster Linie rätselhaft. Charakteristisch für die Auseinandersetzung mit Kunstwerken ist, dass man nicht weiß, wie ein Weg des Verstehens in Auseinandersetzung mit dieser Gestalt gefunden werden kann. Adorno spricht aus diesem Grund von einem »Rätselcharakter« der Kunst.[36] Kunstwerke sind für ihn als Rätsel des Verstehens zu begreifen. Auch wenn er Hegels Idee teilt, dass die sinnlich-materiale Gestalt eines Kunstwerks auf Verstehen hin orientiert ist, hält er die Verbindung beider für krisenhaft. Von der sinnlich-materialen Gestalt eines Kunstwerks stellt sich die Frage des Verstehens immer aufs Neue.

In der Auseinandersetzung mit Kunst erleidet unser Verstehen somit eine grundlegende Verunsicherung. Man kann das Zustandekommen der Verunsicherung mit Adorno unter anderem durch die Spannung zwischen Material und Konstruktion im Kunstwerk erläutern.[37] Der Begriff des Materials fasst, wie in den zurückliegenden Erläuterungen, das sinnlich zugängliche Material des Kunstwerks (also Farben, Wörter, Klänge usw.). Die Konstruktion bedeutet Anlage, Organisation, Verteilung usw. des Materials.

36 Adorno, *Ästhetische Theorie* (s. Anm. 4), S. 188 ff.

37 Vgl. bes. Theodor W. Adorno, *Philosophie der neuen Musik*, Frankfurt a. M. 1976.

Bei einem Bild kann sie die grafische Ordnung darstellen, die unter anderem durch die Anordnung von Figuren, Gegenständen und Horizonten hergestellt ist. Bei einem Musikstück besteht die Konstruktion beispielsweise in der Behandlung des Themas, in der Herstellung harmonischer Zusammenhänge, usw. Material und Konstruktion stehen im Kunstwerk nach Adornos Auffassung in Konflikt miteinander. Folgt ein Rezipient dem Material, das heißt unterschiedlichen sinnlichen Einzelheiten, droht er die Konstruktion aus dem Blick zu verlieren und umgekehrt. Die mit der Kunst verbundene Unsicherheit des Verstehens ist unter anderem in diesem Widerstreit von Material und Konstruktion begründet. Immer steht in der ästhetischen Erfahrung in Frage, bei welchem dieser beiden Momente anzusetzen ist.

Kunstwerke müssen nach Adorno in erster Linie als Infragestellung von Formen des Verstehens begriffen werden. Die mit ihnen verbundene Irritation besteht darin, dass das Verstehen, das zustande kommt, entweder ganz anders funktioniert als sonst oder dass das Verstehen überhaupt nicht umstandslos zustande kommt. In der Auseinandersetzung mit Kunstwerken erfahren wir demnach immer neue und andere Formen des Verstehens. Das Verstehen verliert sein selbstverständliches Gesicht. Negativ ist die Kunst also gegenüber unseren Gewohnheiten des Verstehens. Noch einmal anders gewendet: In der Kunst ist es nicht primär relevant, dass irgendetwas verstanden wird. Es stellt sich in der Auseinandersetzung mit ihr nicht die Frage, ob Verständnisse menschheitlich-universell oder historisch-kulturell sind. Das besondere Moment ästhetischer Erfahrung ist vielmehr, dass sie sich stets an dem Wie des Verstehens orientiert.

Die Negativität der Kunst hat für Adorno zugleich eine gesellschaftliche Dimension. Die Logik des Nichtidentischen, der sie folgt, ist – wie betrachtet – eine Logik, die den sonstigen Formen des Verstehens zuwiderläuft. Es läuft aber damit nicht nur diesen Formen zuwider, sondern auch denjenigen, die tagtäglich mit ihnen umgehen. Kunst isoliert sich im Rahmen der Gesellschaft. Adorno spricht davon, Kunst sei »die gesellschaftliche Antithesis zur Gesellschaft«.[38] Der Isolationsprozess der Kunst hat in der Moderne zur Folge gehabt, dass die Kunst sich immer mehr aus der gesellschaftlichen Einbindung gelöst hat. Das Unverständnis für moderne Ausdrucksformen in der Kunst muss so als Kehrseite ihrer spezifischen Negativität begriffen werden. Die Kunst hat, so verstanden, auch institutionell mehr und mehr zur Geltung gebracht, dass sie die Logik der alltäglichen Formen des Verstehens verletzt. Ihr utopisches Potential beschneidet sie zugleich in ihrer Einflussmöglichkeit. Paradoxerweise hat die utopische Erweiterung, die unser Verstehen mit der Kunst gewinnt, zur Folge, dass die utopische Erweiterung als solche ins gesellschaftliche Geschehen stets weniger eingreift.

Selbstverständigung als Infragestellung

Adorno gibt somit eine Antwort auf die Frage nach der Bedeutung der Kunst, die deutlich von den Antworten Kants und Hegels abweicht. Kant und Hegel bestimmen den

38 Adorno, *Ästhetische Theorie* (s. Anm. 4), S. 19.

Wert der Kunst beide mit Blick auf das Verstehen, das unseren sonstigen Stand in der Welt kennzeichnet. Kunst wird sowohl von Kant als auch von Hegel als eine bestimmte Bestätigung dieses Verstehens verstanden. Adorno hingegen hält die Kunst für ein Geschehen, das keine Bestätigung leistet. Kunst bedeutet für ihn Irritation und Schock, Andersheit und Aufbruch von Gewohnheiten. Der Wert der Kunst liegt darin, dass sie die Logik unserer normalen Verständnisweisen durchbricht. Wir erfahren in ihr ein Verstehen, das vom Nichtidentischen (und nicht von Identitäten) ausgeht. Auch wenn diese Erfahrung unsere sonstigen Verstehensweisen nicht unbedingt verändert, zeigt sie doch ihre Begrenztheit. Die Erfahrungen der Kunst legen dar, dass Verstehen auch anders zu funktionieren vermag, dass die Logik der Identität nicht das letzte Wort in Sachen Verstehen haben muss. So durchbricht die ästhetische Erfahrung den Horizont, vor dem sich unsere Verständnisse abspielen.

Auch Adornos Bestimmung der Kunst begreift Kunst als eine Form der Selbstverständigung. Die ästhetische Selbstverständigung spiegelt dabei nach dieser Rekonstruktion nicht die bestehenden Formen des Verstehens – sie spiegeln vielmehr mögliche, ›bessere‹ Formen des Verstehens. Wir erfahren in der Kunst nicht die Verfasstheit dessen, was wir tun, sondern die Verfasstheit dessen, was wir tun könnten. Kunst vermittelt uns eine Perspektive auf Verständniswelten, in denen wir alternativ leben könnten. Genau diese Erfahrung verändert unsere Selbstverständnisse. Sie führt, so kann man mit Adorno sagen, in diese Selbstverständnisse ein utopisches Moment ein. In diesem Sinn geschieht auch in einem negativ verstandenen ästhetischen Geschehen Selbstverständigung. Durch ästhetische Erfahrungen eröffnen sich uns Perspektiven, wie wir anders verstehen und wie wir als andere sein könnten.

Für Adorno kann die utopische Erweiterung, die in Auseinandersetzung mit der Kunst erfahren wird, auch in der Natur erfahren werden. Dennoch teilt Adorno nicht einfach Kants Auffassung, dass das Schöne in Kunst und Natur auf einer gemeinsamen Grundlage begriffen werden kann. Kunst ist für Adorno der ausgezeichnete Ort der Entwicklung der negativen Verstehenserfahrung. Diese Erfahrung kann aber auch in besonderen Momenten gegenüber der Natur gemacht werden. Die Natur bringt zwar nicht den Antagonismus von Material und Konstruktion mit, der für Kunstwerke charakteristisch ist. Dennoch kann sie sich als das präsentieren, was seine eigenen Gesetze hat. Diese Gesetze – Gesetze des Werdens und Vergehens, Gesetze einer eigenen Rhythmik usw. – werden als solche erfahren, die sich unserer Verständnislogik nicht beugen. In Verbindung mit diesen Gesetzen zeigt sich das Material der Natur als eines, das sich unseren Zugriffen nicht fügt. So kann nach Adorno auch die Natur ihre Nichtidentität zu erfahren geben. Dies ist aber nur dort möglich, wo in der Kunst bereits ästhetische Formen der Irritation des Verstehens gewonnen sind.

Heidegger: Kunst als Erweiterung von Verständnissen

Mit Kants, Hegels und Adornos Positionen deuten sich zwei grundsätzliche Alternativen in der Bestimmung der Kunst an. Die erste Alternative hat sich in der Debatte zwischen Kant und Hegel gezeigt. Es handelt sich um die Alternative, die Formen von Kunstwerken als universale Formen zu begreifen oder diese Formen als kulturell und historisch gebunden zu erklären. Man kann, wie gezeigt, diese Alternative unter anderem mit den Begriffen *Selbstverständigung über Verständnisformen* und *Selbstverständigung über Verständnisse* umreißen. Die zweite Alternative habe ich bei meiner Darstellung von Adornos Begriff der Kunst bereits anklingen lassen. Die Alternative besteht zwischen Positionen, die die Selbstverständigung in der Kunst als *Bestätigung* unserer alltäglichen Verständnisgeschehnisse begreifen, und solchen, die in der Kunst eher eine *Infragestellung* erkennen.

Bevor man sich fragt, wie man zwischen diesen Alternativen entscheiden sollte, muss man sich erst einmal fragen, warum Kunst es überhaupt zulässt, in diesen Alternativen begriffen zu werden. Aus welchem Grund tendieren Versuche, die Kunst zu begreifen, zu solch unterschiedlichen Optionen? Eine Vermutung könnte lauten, dass es einen Punkt gibt, in dem die beiden Alternativen zusammenhängen. Ein solcher Punkt würde verständlich machen, warum sich Kunst in den dargestellten Alternativen begreifen lässt. Hier kann man nun Martin Heideggers Begriff der Kunst ins Spiel bringen. Dieser Begriff bietet einige Anhaltspunkte dafür, dass die unterschiedlichen Seiten der beiden Alternativen zusammengehören. Wenn man zwischen Kant, Hegel und Adorno ein Gespräch über den Begriff der Kunst initiiert, dann lässt sich Heidegger als Vermittler einschalten. Deswegen verletze ich an diesem Punkt meiner Inszenierung die Chronologie. Heidegger hat seine Überlegungen zur Kunst zwar zeitlich betrachtet vor den meisten Texten Adornos geschrieben (und auch publiziert), sein Text *Der Ursprung des Kunstwerkes* entwickelt aber eine interessante Zwischenposition, die sich in unserem Gespräch an der jetzt erreichten Stelle fruchtbar machen lässt.

Wiederum soll auch an diesem Punkt ein paradigmatisches Werk die Notwendigkeit weiterer Präzisierungen im Begriff der Kunst deutlich machen. Heidegger selbst hat, wie bereits erwähnt, seine Überlegungen an einem Bild Vincent van Goghs entwickelt (vgl. S. 41 f.). Ich will aber ein anderes Beispiel nehmen: Georg Büchners Erzählung *Lenz*. Dieser kurze Text berichtet von einem außergewöhnlichen Schicksal: von dem Dichter Jakob Michael Reinhold Lenz und von seinem kurzen Aufenthalt im Pfarrhaus von Friedrich Oberlin im Steintal (Elsass) im Jahr 1778. Büchner gibt einen nüchternen Report der Geschehnisse, in denen sich zunehmend die psychotische Situation des Dichters zeigt. Die Nüchternheit ist auch nicht weiter verwunderlich, da Büchner sich über weite Strecken an Berichte Oberlins anlehnt. Büchners Erzählung handelt von einer Wirklichkeit, die von der Alltagssituation der meisten ihrer Leser denkbar weit entfernt sein dürfte. Der Text bietet keine Verständnisse über die alltägliche Welt. Eher lässt er sich im Sinn Adornos als eine Irritation von Weltsichten begreifen. Die Welt des Protagonisten ist eine Welt, durch die – mit Büchners Text gesprochen – ein »Riss« geht. Die Wahrnehmungen, von der diese Welt geprägt ist, brechen mit den Wahrnehmungen der normalen Alltäglichkeit. So verbleiben die Orientierungen, die Büchners Text an seinem Protagonisten entwickelt, ganz und gar ohne Anschluss. Und dennoch strahlt die zerrissene Welt des Protagonisten auf die alltägliche Welt zurück. Büchners Text beleuchtet zwischenmenschliche Verhältnisse, Kommunikationen, das Leben in der Natur, die Mühen, das Leben zu fristen, und vieles mehr. Die zerrissene Welt stellt das normale Leben in Frage und zeigt zugleich, wie zerbrechlich es ist. Die Irritation, die die außergewöhnliche Existenz für die gewöhnlichen Verständnisse darstellt, erweist sich dabei als produktiv. Eine Lektüre von Büchners Text kann die eigene Welt verändern.

Man kann die Notwendigkeit, den Begriff der Kunst noch weiter zu schärfen, auch an Beispielen verdeutlichen, die Heidegger selbst herangezogen hat. Heidegger war der Auffassung, dass das philosophische Denken dem sprachlichen Dichten sehr verwandt ist. Aus diesem Grund hat er sich vor allem in seinen späteren Texten immer wieder auf Dichter berufen. Friedrich Hölderlin, Stefan George und Georg Trakl sind dabei wichtige Orientierungspunkte für ihn. Das dichterische Werk der genannten drei zeichnet sich unter anderem dadurch aus, dass es die sprachlichen Möglichkeiten erweitert hat. Die deutsche Sprache, auf der aufbauend die Dichter ihre lyrischen Texte formen, verändert sich unter ihrem Zugriff. Diese Veränderung wiederum wirkt auf diejenigen zurück, die die Gedichte lesen. Jeder von uns wird eine Zeile kennen, in deren Licht er begonnen hat, die Welt anders zu sehen. Immer wieder fallen einem die entsprechenden Zeilen ein als Worte, die wie keine anderen Worte auszudrücken vermögen, was wir erfahren. Die Erweiterung, die damit erfahren wird, ist keine negative. Sie zeigt unseren Formen des Verstehens nicht ihre Grenzen auf, sondern fügt ihnen neue Möglichkeiten hinzu.

Heidegger begreift die Infragestellung des Normalen und Alltäglichen, die mit Kunst verbunden ist, als positive

Infragestellung. Der Wert der Kunst liegt für ihn darin, dass sie uns die Welt in einer erweiterten Weise zu sehen lehrt. Ästhetische Erfahrungen werden so als Erfahrungen gedeutet, die uns etwas über die Verständnisse sagen, die wir von der Welt besitzen und die diese Verständnisse zugleich in Frage stellen. Kunst bietet für Heidegger ein grundsätzlich erweiterndes Verständnisgeschehen. Diese These kann in dem bisherigen Gespräch eine Vermittlung herbeiführen.

Kunst als Wahrheitsgeschehen

Heidegger hat einen sehr eindrücklichen Ausdruck für den Wert der Kunst gefunden: Kunst sei »das Sich-ins-Werk-Setzen der Wahrheit«, heißt es.[39] Diese These verbindet zwei Gedanken – der eine ist uns bereits von Hegel vertraut. Er besagt, dass Kunst nur eine Form des Verstehens unter anderen Formen des Verstehens darstellt. Heidegger würde es vielleicht so ausdrücken: Kunst ist ein Wahrheitsgeschehen unter anderen Wahrheitsgeschehen. Für ihn gibt es mehrere Arten und Weisen, wie die Wahrheit geschieht. Kunst ist eine von ihnen. So weit der vertraute Gedanke.

Dieser Gedanke wird allerdings bei Heidegger mit einem bemerkenswerten Begriff formuliert – und damit kommen wir zum Unvertrauten. Heidegger spricht mit Blick auf Kunst von der Wahrheit. Das ist eine für Philosophen äußerst gewöhnungsbedürftige Rede, was nicht dar-

39 Martin Heidegger: »Der Ursprung des Kunstwerkes« (s. Anm. 8), S. 21.

an liegt, dass Philosophen nicht von der Wahrheit reden, sondern dass sie es nicht mit Blick auf die Kunst tun. Kunstwerke sind nach traditioneller Betrachtungsweise keine wahrheitsfähigen Gegenstände. Sie lassen sich nicht auf Aussagen bringen, die entweder wahr oder falsch sind. Der überraschende Sprachgebrauch Heideggers beruht nicht darauf, dass er Kunstwerke auf Aussagen verpflichten will. Sein Sprachgebrauch lässt sich vielmehr in die These übersetzen, dass Kunst uns Dinge zu verstehen gibt, die wir nicht schon auf andere Weise wissen oder wissen können. Sie zeigt uns zum Beispiel Aspekte unseres Standes in der Welt, die wir normalerweise nicht wahrnehmen können. Die Kunst belehrt uns somit über uns und die Welt. In diesem Sinn muss sie nach Heidegger als ein Wahrheitsgeschehen verstanden werden.

Heidegger erklärt das Wahrheitsgeschehen der Kunst unter Rekurs auf die alltägliche Vertrautheit der Welt. Die Welt begegnet uns in einer Vielzahl von Dingen, die für uns ganz selbstverständliche Funktionen haben. Ein Stuhl zum Beispiel gilt uns als Sitzgelegenheit – ein Kühlschrank als Speiseaufbewahrungsmöbel, usw. Solche selbstverständliche Vertrautheit wird, so Heidegger, tagtäglich erfahren. Was wir in dieser Erfahrung allerdings nicht erfahren, ist die Tatsache, dass uns die Welt überhaupt als eine entgegentritt, in der wir selbstverständliche Vertrautheiten gewinnen können. Für diese Tatsache gebraucht Heidegger den Begriff der »Verlässlichkeit«.[40] Kunst macht nach Heideggers Verständnis genau diese Tatsache verständlich. Sie zeigt uns die Welt als eine, in der uns nicht nur eine Viel-

40 Ebd., S. 19.

zahl von Dingen und Umständen vertraut sind, sondern die in ganz grundsätzlicher Weise verlässlich ist. In der Auseinandersetzung mit Kunst gewinnen wir ein Verständnis dafür, dass wir uns überhaupt in der Welt auskennen können. Anhand ihrer verstehen wir, dass die Welt uns dadurch verlässlich ist, dass sie für uns Gestalt und Struktur gewinnt. Die Kunst gibt uns so gesehen das Verständnisfundament der Welt zu verstehen – ein Fundament, das für uns ansonsten unverständlich beziehungsweise unerfahrbar bleibt. Heidegger begreift das spezifische Verstehen in der Kunst als eine Erweiterung unserer Verständnisse – als eine Erweiterung, die unseren Verständnissen eine Grundlegung gibt. Die Kunst weist unser Verstehen in der Welt auf Punkte, an denen dieses Verstehen seinen Ausgang nimmt und die doch gewöhnlich in unserem Verstehen keine Rolle spielen.

Die Ausführungen Heideggers lassen sich so weit als eine Erwiderung auf die Position Adornos lesen. Heidegger opponiert gegen den negativen Akzent, den Adorno der ästhetischen Erfahrung gibt. Dabei erkennt Heidegger durchaus das Problem an, das Adorno in den Vordergrund stellt: die Frage der Identität. Auch für Heidegger sind unsere alltäglichen Verstehenspraktiken von einer übermäßigen Logik der Identität geprägt. Auch für Heidegger gilt, dass ästhetische Erfahrungen das Übermaß dieser Logik brechen können. Dieser Bruch muss aber mit den Verständnissen, die er bricht, in Zusammenhang gebracht werden. Die Dichterworte, die uns ästhetisch ansprechen, lassen uns demnach tatsächlich die Welt auf eine neue Weise sehen. Das heißt, dass sie unsere bestehenden Verständnisse möglicherweise ändern beziehungsweise dass sie sich unter andere bestehende Verständnisse einfügen. Die Erweiterung unserer Verständnisse durch die Kunst ist nach Heidegger als eine positive Erweiterung zu verstehen.

Eine Vermittlungsposition

Mit der Darstellung von Heideggers Bestimmung des Wertes der Kunst tritt die Inszenierung eines Gesprächs über die Kunst in seine entscheidende Phase. Es ist die Phase, in der es darum geht, den Zusammenhang der unterschiedlichen Antworten auszuloten. Worin besteht genau die Vermittlung, die Heidegger mit Blick auf die Differenzen zwischen Kant, Hegel und Adorno anbietet?

Heidegger macht deutlich, dass zwischen Bestätigung und Infragestellung hergebrachter und alltäglicher Verständnisse in der Kunst keine echte Alternative besteht. Das Verstehen in der Kunst muss als eine Auseinandersetzung mit sonstigem Verstehen in der Welt begriffen werden. Diese Auseinandersetzung kann aber, so Heidegger, nur dadurch zustande kommen, dass es in der Kunst um tatsächliche Verständnisse in der Welt geht. Kunstwerke handeln von etwas, das uns angeht. Kunstwerke stellen aber nicht einfach Verständnisse her. Sie führen dadurch zu Verständnissen, dass sie sich mit sonstigem Verstehen auseinandersetzen. Das genau kann nur dadurch gelingen, dass das Verstehen der Kunst immer ein Moment von Infragestellung enthält. Das ästhetische Verstehen erweitert die Optionen sonstigen Verstehens, indem es zugleich eine Krise dieses Verstehens darstellt.

Man kann die Vermittlungsposition, die Heidegger entwickelt, mit einem Begriff zusammenfassen, den er selbst geprägt hat: mit dem Begriff der Welterschließung. Kunst zeigt uns andere Ansichten der Welt. Sie lehrt uns, unseren Stand in der Welt und die Welt, in der wir kraft dieses Standes stehen, auf andere und neue Weise zu sehen. Der Wert der Kunst besteht demnach darin, dass sie die Welt in einer erweiterten Weise erschließt. Wer ästhetische Erfahrungen macht, erfährt in Auseinandersetzung mit Kunstwerken oder ästhetischen Geschehnissen eine Erweiterung des Blicks auf die Welt. Kunst eröffnet andere Perspektiven auf uns und die Welt. Solche Perspektiven strahlen zurück auf unsere hergebrachten und alltäglichen Verständnisse unserer selbst und der Welt. Auf der Basis ästhetischer Erfahrungen verstehen wir uns und die Welt, in der wir leben, auf neue Weise.

Die Aspekte, die in Kants, Hegels und Adornos Philosophien auseinander gehalten sind, gehören aus der Perspektive von Heideggers Begriff der Kunst systematisch zusammen. Das negative Moment der ästhetischen Erfahrung, das Adorno betont, ist für Heidegger nur dadurch verständlich, dass es in eine Erweiterung des Verstehens der Welt eingeht. Die Brüchigkeit ästhetischen Verstehens hat darin ihren Sinn, dass sie die Erweiterung des Verstehens in der Kunst stützt. Wiederum ist diese Erweiterung nicht möglich ohne die Infragestellung des Verstehens. Heidegger zeichnet also tatsächlich eine Vermittlungsposition mit Blick auf den Begriff der Kunst. Kunst wird weder als bloße Bestätigung noch als bloße Infragestellung sonstigen Verstehens begriffen. Sie ist eine Erweiterung des Verstehens aber auch nicht bloß in dem Sinn, dass sie den bestehenden Verständnissen irgendwelche Verständnisse hinzufügt. Vielmehr werden mit den Formen des Verstehens auch die Perspektiven des Verstehens erweitert.[41] Die Erweiterung des Verstehens in der Kunst muss mit Heidegger als eine grundlegende Veränderung unserer Verständnisse begriffen werden.

Heideggers Begriff der Kunst macht zugleich deutlich, dass die Auseinandersetzung ästhetischen Verstehens mit dem hergebrachten und alltäglichen Verstehen immer die Inhalte der Welt und die Formen des Verstehens betrifft. Kunst leistet Selbstverständigung dadurch, dass sie Formen und Inhalte des Verstehens in Frage stellt. Die Infragestellung wiederum führt dazu, dass Kunstwerke eine andere Verständnisdimension gewinnen. Sie eröffnen Verständnisse, die andere Perspektiven auf uns und unseren Stand in der Welt mit sich bringen. Nach Heideggers Begriff hat somit alle Kunst den Aspekt, Formen des Verstehens zu problematisieren. Alle Kunst hat – im Sinne Adornos – ein Moment von Verständigungsutopie. Ohne dieses Moment kommt die Welterschließung in der Kunst nicht zustande.

Auch Heidegger kann man noch einmal die Frage nach der Besonderheit der Kunst stellen. Zwar nimmt er zu dieser Frage in *Der Ursprung des Kunstwerkes* keine Stellung. Seine Antwort ist aber dennoch eindeutig. Ästhetische Erfahrungen, die ihren Namen verdienen, machen wir nur in der Auseinandersetzung mit Kunstwerken. Kunst ist ein besonderer Ort der Welterschließung. Keine Erfahrung der Natur kann in der Weise eine Erweiterung unserer Ver-

41 Die Idee einer solchen Erweiterung findet sich bereits bei Friedrich Schiller; vgl. etwa F. Sch., Über die ästhetische Erziehung des Menschen (s. Anm. 23), 15.–17. Brief.

ständnisse bedeuten, wie sie die Kunst bedeutet. Ansonsten kann man Heidegger so lesen, dass er die Position Hegels unterstützt: Kunst ist für ihn als ein Verständnisgeschehen unter anderen Verständnisgeschehen zu verstehen. Aus diesem Grund sieht auch Heidegger die Alternative, die wir an Hegels Position herausgearbeitet haben. Entweder geschieht Wahrheit, so wie sie in Kunstwerken geschieht, nur dort und ist also restlos besonders. Oder die Leistungen des Wahrheitsgeschehens der Kunst können von anderen Wahrheitsgeschehen – zum Beispiel der sprachlichen Artikulation – übernommen werden. Im zweiten Fall wäre die Kunst möglicherweise nur in den historischen Zeiten ausgezeichnet, in denen andere Formen von Wahrheitsgeschehen nicht ausreichend entwickelt sind. Wir müssen diese Alternative im Blick behalten.

Die Bestimmung der Kunst: Eine Zuspitzung

Die Vermittlung Heideggers ist aber nicht das letzte Wort in dem Gespräch über die Kunst. Zwar leistet Heidegger, wie dargestellt, tatsächlich eine Vermittlung. Dennoch gelingt es ihm nicht, alle denkbaren Einwände aus der Perspektive von Kant, Hegel und Adorno auszuräumen. Vor allem zwei solcher Einwände muss man berücksichtigen. Den ersten kann man Adorno zuschreiben. Er wirft mit seinem Kunstbegriff die Frage auf, ob Kunstwerke letztlich nicht alle unsere Verständnisbemühungen unterlaufen. Sie stellen Irritationen dar, die sich nicht in Verständnissen abarbeiten lassen. Der zweite Einwand hängt mit Kants Verständnis von ästhetischen Erfahrungen als »Erkenntnis überhaupt« zusammen. In der Darstellung von Kants

Kunstbegriff habe ich immer wieder hervorgehoben, dass man nach Kant von Erfahrung sprechen muss. Die »Erkenntnis überhaupt«, die Kant betont, ist nicht der Inhalt eines Verständnisses; es handelt sich vielmehr um eine Erfahrung, die wir machen. So kann man im Sinne Kants (und auch teilweise im Sinne Adornos) die Frage aufwerfen, ob nicht der Akzent in der bislang erreichten Vermittlungsposition allzu einseitig auf dem Verstehen liegt, ob es nicht eine Alternative darstellt, Kunst stattdessen als eine Erfahrung zu begreifen.

Dies führt zu einer Zuspitzung der Bestimmung der Kunst als einer besonderen Form der Selbstverständigung. Die Zuspitzung besteht in erster Linie darin, die Vermittlungsposition nicht als Synthese, sondern als spannungsreichen Zusammenhang widerstreitende Momente zu begreifen. Eine gelingende Vermittlungsposition sollte nicht wie diejenige Heideggers eine einheitliche Mitte suchen, sondern unterschiedliche Momente der Bestimmung der Kunst so zusammenbringen, dass ihre wechselseitige Spannung begreiflich bleibt. Ich werde in diesem Sinn eine zugespitzte Vermittlungsposition skizzieren, die die Spannungen unterschiedlicher Bestimmungen aufrechterhält.

Spannungsreiche Bestimmungen der Kunst

Wie kann das Zusammenspiel der Bestimmungen, die ich bislang anhand der Philosophien Kants, Hegels, Adornos und Heideggers gewonnen habe, aussehen? Es scheint mir am besten, ein solches Zusammenspiel erst einmal an den Beispielen zu illustrieren, anhand deren ich oben die unterschiedlichen Ansätze eingeführt habe. Bachs *Goldberg-*

Variationen wurden dort als ein formales Spiel erklärt, an dem sich das Wechselspiel zwischen dem Allgemeinen (des Themas) und dem besonderen Mannigfaltigen (der Variationen) erfahren lässt. Diese Bestimmung allerdings erschöpft die Bach'sche Musik nicht. In dem formalen Spiel kommt es vielmehr immer wieder dazu, dass die formalen Wandlungen, die Bachs Musik kennzeichnen, fremd bleiben. Die Fremdheit kann unterschiedliche Züge annehmen. Sie kann darin bestehen, dass einzelne Töne oder Tonverläufe ganz aus dem Stück herauszufallen scheinen. Töne oder Tonverläufe können aber auch als solche ein Eigenleben entfalten. Schließlich kann es auch sein, dass die Bach'sche Musik in irgendeiner Weise Situationen oder Momente der alltäglichen Welt erfasst und uns Strukturen dieser Welt in anderer Weise erfahren oder sehen lässt. Es kommt dann dazu, dass wir Situationen oder Momente nach dem Hören dieser Musik anders erleben als zuvor. Bei Musik ist es besonders schwer, diesen Aspekt von Kunst zu beschreiben. Die Veränderung von Verständnissen lässt sich nicht in gleichem Maße wie zum Beispiel bei Literatur oder bildender Kunst an dem festmachen, was wir über Menschen oder über die Welt sagen beziehungsweise wie wir Menschen oder die Welt sehen. Am greifbarsten ist der Rhythmus von Musik, der uns Dinge in einem bestimmten Tempo tun lässt oder an dem entlang wir Bewegungen strukturieren.

Auch am Beispiel von Picassos *Guernica* lässt sich das Zusammenspiel unterschiedlicher Bestimmungen im Begriff der Kunst nachvollziehen. Oben habe ich die Verbindung dieses Gemäldes mit konkreten kulturellen und historischen Verständnissen betont. Die ästhetische Erfahrung wird aber zumeist über die Vermittlung eines solchen Verständnisses hinausgehen. Sie beinhaltet dann möglicherweise auch die Erfahrung des Brüchigwerdens von Verständnissen. An Picassos Werk lässt sich eine solche Erfahrung gut nachvollziehen. Das Zusammenspiel der Figuren und der anderen Bildelemente auf *Guernica* bleibt offen. Das Bild lässt sich in unabschließbaren Konstellationen ›lesen‹. All diesen Lektüren wird es nicht gelingen, die Figuren und Gestalten des Bildes insgesamt zu umfassen. Immer fallen Momente heraus, erweisen sich als unbestimmbar oder als in ihrer Bestimmung nicht integrierbar. Gerade an einem Bild wie demjenigen Picassos wird eine ästhetische Erfahrung immer wieder auch eine Erfahrung der Farblichkeit des Bildes sein. Das Material des Bildes tritt dann als etwas hervor, das sich nicht umstandslos ins Bildgeschehen integriert.

Die Beispiele deuten an, wie das Zusammenspiel unterschiedlicher Bestimmungen in der ästhetischen Selbstverständigung zu verstehen ist. In der ästhetischen Erfahrung spielen bestätigende, kritische und erweiternde Momente zusammen. Diese Momente werden in der Erfahrung allerdings nicht einfach addiert. Sie bilden sich im Zusammenspiel aus. Bestätigend sind Selbstverständnisse, die in der Erfahrung mit Kunst gewonnen werden, genau dadurch, dass diesen Selbstverständnissen ein Moment der Infragestellung und der Erweiterung innewohnt. Nehmen wir als Beispiel für eine bestätigende ästhetische Erfahrung ein gewöhnliches, nicht besonders anspruchsvolles Gemälde aus der Mitte des 19. Jahrhunderts. Als unproblematische raumverschönernde Darstellung gibt ein solches Gemälde keine Basis für ästhetische Erfahrungen ab. Wenn aber die unproblematische Darstellung auch die Möglichkeit der Infragestellung und Erweiterung von Verständnissen in sich trägt (wenn zum Beispiel die Farbgestaltung als eine wahrgenommen wird, die auffällig ausdrucksstarke Farben zeigt), dann lässt sich die Erfahrung von Raumverschönerung als eine ästhetische Erfahrung begreifen.

Die Momente der Bestätigung, Infragestellung und Erweiterung stehen in der ästhetischen Erfahrung in einer Spannung zueinander. Die Infragestellung, die unser Verstehen in der Auseinandersetzung mit Kunstwerken erfahren kann, steht im Kontrast zu Bestätigungen des Verstehens – sie fungiert nicht allein als Motor der Bestätigung. Das Verstehen kann in der Auseinandersetzung mit Kunstwerken Unterbrechungen erfahren. Entsprechend entwickeln sich erweiternde Verständnisse, wie sie möglicherweise Büchners *Lenz* eröffnet, gegen die Bestätigung von Verständnissen in der Kunst. Die unterschiedlichen Momente der ästhetischen Selbstverständigung stehen in diesem Sinn in einem spannungsreichen Zusammenspiel. Im Rahmen dieses Zusammenspiels kann man das Moment der Erweiterung von Verständnissen neutraler deuten. Verständnisse werden durch ihre Infragestellung nicht nur erweitert; sie werden verändert. Es ist also richtiger von Momenten der *Infragestellung*, *Bestätigung* und *Veränderung* von Verständnissen als spannungsreichen Momenten der ästhetischen Erfahrung zu sprechen.

Unter diesen Momenten hat allerdings die Infragestellung einen strukturellen Vorrang. Diesen Vorrang habe ich bereits anlässlich der Position Heideggers beleuchtet. Ästhetisches Verstehen bedeutet immer eine Krise des Verstehens. Worte, Farben oder Töne werden in einer ungewohnten oder neuartigen Art und Weise gebraucht. Das Verstehen kann in der Auseinandersetzung mit Kunstwerken nicht auf bestehende Mechanismen zurückgreifen. Sofern es zustande kommt, kommt es von sinnlich zugänglichen Materialien her zustande. Das Verstehen von Kunstwerken bleibt auf dieser Basis brüchig. In der Kunst steht somit das Verstehen stets in Frage. Alle Bestätigung und Veränderung von Verständnissen hängt mit Infragestellungen des Verstehens zusammen, wobei all diese drei Momente der ästhetischen Selbstverständigung eine eigenständige Dimension aufweisen.

Kunstwerke sind Gegenstände von Selbstverständigungen als Gegenstände eines besonderen Verstehens. Als solche leisten sie einerseits Bestätigungen unseres Verstehens, indem sie uns unseren Stand in der Welt als einen Stand erfahrbar werden lassen, der mit vielfältigen Verständnissen von der Welt verbunden ist. In ästhetischen Erfahrungen zeigen sich aber auch vielfältige Widerstände und Störungen des Verstehens. Die in der Auseinandersetzung mit Kunstwerken gemachten Erfahrungen können dabei eine verständnisverändernde Dimension gewinnen. In diesem Sinn lässt Kunst sich als Welterschließung begreifen. Kunst ist eine Selbstverständigung, die uns als verständige Wesen in besonderer Weise herausfordert. Sie bringt unsere Verständnisse in neue Perspektiven. Dabei betrifft sie genauso – wie Kant und Adorno betonen – die Formen unseres Verstehens wie – hierauf insistieren Hegel und Heidegger – konkrete Inhalte unserer Welt-, Fremd- und Selbstverständnisse. Beide Momente können nicht voneinander getrennt werden. Ohne den Bezug zu den eingespielten Formen des Verstehens bliebe die Kunst für uns stumm. Ohne wiederum die Formen unseres Verstehens herauszufordern, fehlte der Kunst die Möglichkeit, Perspektiven und Utopien unseres Verstehens zu entwerfen. In der ästhetischen Selbstverständigung sind diese zwei Seiten verbunden: dass wir in unseren Verständnissen angesprochen sind und herausgefordert werden.

Wenn ich von Kunst als Selbstverständigung spreche, heißt das nicht, dass alle ästhetischen Erfahrungen einen irgendwie gearteten gleichen Kern haben. Die Selbstverständigung in der Kunst muss vielmehr als ein spannungsreiches Verstehen begriffen werden. Verständnisse kommen in der Auseinandersetzung mit Kunstwerken nicht umstandslos zustande. Das ästhetische Verständnisgeschehen ist offen und brüchig. Die Verständnisse, die mit ästhetischen Erfahrungen einhergehen, können einen mehr in Frage stellenden, einen mehr bestätigenden oder einen mehr verändernden Charakter haben. Die ästhetische Selbstverständigung muss in dieser Weise als komplex begriffen werden; sie lässt sich grundsätzlich nicht auf einfache Momente des Verstehens oder einfache Gehalte des Verstehens zurückführen.

Dieses Resümee macht deutlich, wie die Antwort zu der oben aufgeworfenen Frage ausfallen muss: Stellt Kunst ein ›erstes‹ Zeichengeschehen dar, das späterhin abgelöst und entsprechend entwertet wird, oder kann Kunst in der ihr eigenen Form ›konkreter‹ Zeichen nicht durch andere Zeichen ersetzt werden? Im Zuge der Überlegungen zur Eigenart ästhetischer Selbstverständigung hat sich nun herausgestellt, dass ästhetische Selbstverständigung ein ganz und gar spezifisches Verständnisgeschehen darstellt. Nicht nur weisen die ästhetischen Zeichen die Besonderheit auf, ihre sinnlich-materialen Momente zu exponieren. Auch mit Blick auf die ästhetischen Verständnisse zeigt sich die Besonderheit, dass diese Verständnisse eine charakteristische Komplexität aufweisen. Diese Komplexität habe ich mit dem Begriff des Spannungsfelds zu fassen versucht. So scheint mir zu folgen, dass Kunst nicht als ein Zeichengeschehen zu verstehen ist, das durch andere Zeichengeschehen abgelöst werden kann. Ästhetische Zeichen sind als ›konkrete‹ Zeichen Teil eines ganz eigenartigen Zeichengeschehens. Dieses Zeichengeschehen kann zwar zu Ende gehen. Ein solches Ende bedeutet aber nicht, dass andere Zeichen an seine Stelle treten. Es bedeutet vielmehr, dass ästhetische Praktiken nicht mehr als Moment menschlicher Selbstverständigung verfolgt werden.

Spannungsfelder der Kunst und der Künste

Das Spannungsfeld der Künste habe ich im zweiten Kapitel folgendermaßen erläutert: Die Kunst besteht in einem Zusammenhang unterschiedlicher Medien und Verfahrensweisen. Die Künste überschneiden sich und sind erst dadurch, dass sie im Rahmen des Spannungsfelds ästhetischer Medien und Verfahrensweisen stehen, Bestandteil der Kunst. In der Kunst stehen Medien wie Sprache oder Stein, Marmor oder gestische Ausdrucksformen des Körpers in einem Zusammenhang. Dieser Zusammenhang lässt sich aber nicht begreifen, wenn man ihn als einen bloß faktischen Zusammenhang versteht. Der Zusammenhang der Künste hat vielmehr seine systematische Basis in der ästhetischen Selbstverständigung. Unterschiedliche ästhetische Medien und Verfahrensweisen stehen aus dem

Grund in Zusammenhang miteinander, dass Kunst eine besondere Form der Selbstverständigung ist.

Wir haben nun gesehen, dass es für die ästhetische Selbstverständigung charakteristisch ist, dass sie ein spannungsreiches Geschehen von in Frage stellenden, bestätigenden und verändernden Momenten darstellt. Dieses spannungsreiche Geschehen hängt systematisch mit dem Spannungsfeld der Künste zusammen. Erst durch das kontrastive Zusammenspiel unterschiedlicher ästhetischer Medien ist ein Verständnisgeschehen möglich, in dem sinnlich-materiale Momente in einer besonderen Weise in die Verständnisse einbezogen sind. Ich habe schon im vergangenen Kapitel argumentiert, dass die besondere Stellung sinnlich-materialer Momente in ästhetischem Verstehen nur dadurch verständlich ist, dass unterschiedliche Medien in ihrer Unterschiedlichkeit in einem Zusammenhang stehen. Das Material wird durch die Unterschiedlichkeit der künstlerischen Medien wie der Sprache, des tonalen Systems oder der Farbskala als das markiert, was in charakteristischer Weise auffällig wird.

Die sinnlich-materialen Momente ästhetischer Medien müssen auch als Basis des Spannungsreichtums in der ästhetischen Selbstverständigung verstanden werden. Die Widerstände von Materialien wie Farbauftrag, Klängen oder körperlichen Gesten rufen die Spannung unterschiedlicher Aspekte hervor. Die Widerstände von Materialien bringen in erster Linie die Infragestellung hervor, die für die ästhetische Selbstverständigung charakteristisch ist. Auf der Basis der Widerständigkeit des Materials kommt es sowohl zur Bestätigung als auch zur Veränderung des Verstehens in der ästhetischen Selbstverständigung. Die unterschiedlichen künstlerischen Medien sind ein notwendiger Aspekt der Entwicklung von Infragestellung, Bestätigung und Veränderung in der ästhetischen Selbstverständigung.

Der Zusammenhang des Spannungsreichtums der ästhetischen Selbstverständigung und des Spannungsfelds der Künste zeigt sich auch daran, dass unterschiedliche Momente ästhetischer Selbstverständigung in unterschiedlichen Künsten in charakteristischer Weise zum Tragen kommen können. Es gibt Künste beziehungsweise künstlerische Medien und Verfahrensweisen, die besonders den bestätigenden Aspekt ästhetischer Selbstverständigung zeigen. Bestimmte konventionelle Formen darstellender Malerei und erzählender Literatur können in dieser Weise betrachtet werden. Andere Künste wie Musik oder Ballett hingegen mögen eher so eingeordnet werden, dass sie das verändernde Moment akzentuieren. Formen wie Lyrik oder manieristische Malerei werden gerne auf ihr irritierendes Moment reduziert. Die Ungleichheit der Beispiele macht aber bereits deutlich, dass es keine Zuordnung von Künsten zu unterschiedlichen Dimensionen ästhetischer Selbstverständigung geben kann. Die unterschiedlichen Momente ästhetischer Selbstverständigung können in Kunstwerken aller Künste in unterschiedlicher Gewichtung zum Tragen kommen.

Insgesamt gilt es zu erkennen, dass das Spannungsfeld von Medien und Verfahrensweisen, innerhalb dessen die Kunst sich entfaltet, mit den spannungsreichen Dimensionen der ästhetischen Selbstverständigung zusammenhängt. So bestätigt sich in der Explikation der Charakteristika ästhetischer Selbstverständigung die These, dass Kunst nur im Spannungsfeld der Künste verwirklicht ist.

Spannungen im Selbstverständigungsgeschehen der Kunst

Kunst ist als eine komplexe Form sinnlich-konkreter Selbstverständigung des Menschen in seinen historisch-kulturellen Wirklichkeiten zu begreifen. Diese These stellt meines Erachtens einen gemeinsamen Nenner philosophischer Antworten auf die Frage nach dem Wert der Kunst dar. Auf der Basis dieses Nenners lassen sich aus den betrachteten Antworten heraus unterschiedliche Momente der Selbstverständigung zusammensetzen, die in der ästhetischen Selbstverständigung zueinander in Kontrast stehen. Der Wert der Kunst ist entsprechend die spannungsreiche in Frage stellende, bestätigende und verändernde Selbstverständigung, die in ästhetischen Erfahrungen stattfindet.

Kunst setzt bei Verständnissen an, die Menschen von sich und der Welt haben. Sie spricht diese Verständnisse an. Charakteristisch für die Art und Weise, in der sich eine Rezipientin als ästhetisch angesprochen erfährt, ist der Spannungsreichtum ästhetischen Verstehens. Kunstwerke vermitteln nicht umstandslos Verständnisse und sie lassen sich auch nicht als einfache Reflexionen bestehender Verständnisse begreifen. Ein ästhetisches Verständnisgeschehen lenkt den Blick vielmehr stets auf die Form des Verstehens selbst. Die Verständnisse, die jemand in der Auseinandersetzung mit einem Kunstwerk gewinnt, kommen im Rahmen eines brüchigen Verständnisprozesses zustande. Kunstwerke bedeuten in ihrer komplexen sinnlich-materialen Gestalt immer eine Infragestellung des Verstehens. Das ästhetische Verstehen geht allerdings über eine solche Infragestellung hinaus. Es umfasst die Bestätigung und

Veränderung von Verständnissen. Infragestellung, Bestätigung und Veränderung hängen in der ästhetischen Selbstverständigung zusammen. Das Verständnisgeschehen in der Kunst erweist sich in diesem Sinn als ein spannungsreiches Geschehen.

Auch wenn die Frage nach dem Wert der Kunst, wie das erste Kapitel sie exponiert, damit eine erste Antwort gefunden hat, ist die Antwort so weit noch nicht vollständig. Ich habe bislang nur programmatisch nachvollzogen, dass die sinnlich-konkrete Selbstverständigung in Kunstwerken und ästhetischen Geschehnissen sich zwischen unterschiedlichen Momenten aufspannt. Damit ist aber noch nicht gesagt, wie genau diese Momente in ästhetischen Erfahrungen realisiert werden und wie sie zu verstehen sind. Wie müssen Kunstwerke bestimmt werden, wenn sie den Wert der Kunst in dieser Weise verwirklichen? Was zeichnet ästhetische Erfahrungen als solche aus, in denen eine spannungsreiche Selbstverständigung zustande kommt? In diesem dritten Kapitel ist immer wieder davon die Rede gewesen, dass in der ästhetischen Erfahrung in besonderer Art und Weise sinnlich-materiale Momente eine Rolle spielen. Wie aber kommen diese Momente zum Tragen? Und wie hängen sie mit dem Verständnisgeschehen zusammen, das die Kunst bedeutet?

Die folgenden vier Kapitel sollen Antworten auf diese Fragen geben. Es beginnt damit ein zweiter Teil der vorliegenden Einführung, den man unter die Überschrift stellen könnte: Wie realisiert sich der Wert der Kunst in der Auseinandersetzung mit einzelnen Kunstwerken? Die weiteren Kapitel wollen Auskunft darüber geben, wie sich ästhetische Erfahrungen als komplexe Erfahrungen und besondere Auseinandersetzungen mit sinnlich-konkreten Aspekten von Kunstwerken begreifen lassen. Aus diesem Grund müssen die weiteren Ausführungen näher an das Objekt dieser Überlegungen, die Kunstwerke, herangehen. Sie müssen die Vogelperspektive, die alle bisherigen Darlegungen immer wieder eingenommen haben, aufgeben. Der rote Faden, an dem die weiteren gedanklichen Schritte orientiert sind, lässt sich mit der folgenden Frage umreißen: Was ist ästhetische Erfahrung, wenn Kunst als konkrete sinnlich-materiale Selbstverständigung zu begreifen ist? Antworten auf diese Frage aber reichen noch nicht aus, um die Realisierung des Werts der Kunst erschöpfend zu begreifen. Sie müssen ergänzt werden durch eine Betrachtung der Praktiken, in denen Produzierende und Rezipierende darüber streiten, ob konkrete Realisierungen des Werts vorliegen und wie sie zu verstehen sind (vgl. hier Kapitel 7).

4 Zeichen oder Erfahrung

Die Kunst hat für uns den Wert einer spezifischen Form von Selbstverständigung. Diese Selbstverständigung lässt sich, wie gesagt, so charakterisieren, dass wir uns in der Auseinandersetzung mit Kunstwerken über die Welt und uns selbst verständigen. Werden aber damit nicht zwei mögliche Orientierungen der ästhetischen Selbstverständigung unbegründeterweise zusammengebracht? Es macht doch einen Unterschied, ob es in der Kunst um die Welt geht oder ob wir in ihr mit uns selbst befasst sind. Man muss sagen, in welchem Sinn die ästhetische Selbstverständigung zu verstehen ist: ob sie primär mit der Welt oder mit dem Selbst zu tun hat. Antworten Kunstwerke in erster Linie darauf, wie die Welt um uns herum eingerichtet ist? Oder sprechen sie uns in erster Linie in unseren spezifischen Verständnissen von uns selbst an? Eine dritte Möglichkeit könnte natürlich auch noch vorliegen: dass Welt und Selbst in der Kunst zusammenhängen.

Zwei unterschiedliche Richtungen, die Realisierung ästhetischer Selbstverständigung in Kunstwerken zu begreifen, kommen in einer der paradigmatischen Debatten über die Kunst zu Wort. Es handelt sich um die Debatte, ob Kunst Darstellung oder Ausdruck ist. Der Streit um die Explikation der Kunst als Darstellung oder Ausdruck handelt davon, wie Kunst als ein Selbstverständigungsgeschehen funktioniert. Ist die Selbstverständigung in erster Linie an unserer äußeren oder in erster Linie an unserer inneren Wirklichkeit orientiert? Wer Kunst als Darstellung begreift, verbindet die Verständigungsleistungen der Kunst mit der äußeren Welt. Wird Kunst hingegen als Ausdruck begriffen, dann steht die ästhetische Selbstverständigung mit der inneren Verständniswelt derer, die ästhetische Erfahrungen machen, im Zusammenhang.

Anhand der Debatte um Kunst als Darstellung oder Ausdruck will ich die Frage angehen, ob die ästhetische Selbstverständigung in erster Linie an der Welt oder am Selbst orientiert ist. Dabei wird sich zeigen, dass es letztlich günstiger ist, eine andere Unterscheidung heranzuziehen: Die Unterscheidung zwischen Zeichen und Erfahrung macht besser verständlich, inwiefern Kunst auf Welt oder Selbst hin ausgerichtet sein könnte. Entweder sind Kunstwerke demnach als Zeichen zu verstehen – als Zeichen, die bestimmte Inhalte zu verstehen geben – oder sie führen uns in besonderer Weise die Formen unseres Erfahrens vor. Ich werde unten begründen, weshalb mir die begriffliche Alternative von Zeichen oder Erfahrung günstiger zu sein scheint, um den Zusammenhang von Kunstwerken mit der inneren und äußeren Wirklichkeit aufzuklären. Mein Ziel ist es insgesamt zu zeigen, dass die Alternative von Zeichen oder Erfahrung letztlich keine Alternative darstellt, dass also Welt und Selbst in der ästhetischen Selbstverständigung in einem untrennbaren Zusammenhang stehen.

Eine kurze Anmerkung zur Begrifflichkeit: Bislang habe ich von ästhetischer Erfahrung gesprochen, ohne dass ich damit die Alternative von Zeichen und Erfahrung im Blick hatte. Der Begriff der ästhetischen Erfahrung bezeichnet, so wie ich ihn bislang gebraucht habe, alle Erfahrungen, die sich in Auseinandersetzung mit Kunst machen lassen. In diesem Kapitel hingegen verwende ich den Begriff der ästhetischen Erfahrung eingeschränkt als einen Gegenbegriff zu einem Verständnis von Kunstwerken als Zeichen.

Darstellung oder Ausdruck: der alte Streit

Das Verständnis von Kunst als Darstellung lässt sich bis zu den ersten Explikationen der Kunst, die im Rahmen des abendländischen Denkens gegeben wurden, zurückverfolgen. Kunst wurde dort mit einem Begriff in Verbindung gebracht, der sich wie ein roter Faden durch die kunsttheoretischen Diskussionen des Abendlandes zieht. Die Rede ist von dem Begriff der *mimesis*, der im Deutschen – nicht ganz zureichend – mit *Nachahmung* wiedergegeben wird. Die beiden großen griechischen Wegbereiter unseres Denkens, Platon und Aristoteles, waren sich in diesem Punkt einig. Kunst bestimmten sie als Nachahmung – als Nachahmung der Natur. Dass diese Bestimmung auch in der antiken Kunstpraxis verwurzelt war, zeigen Erzählungen wie die vom berühmten Malerstreit. Zeuxis hatte, so die Erzählung, Trauben in einer solchen Perfektion gemalt, dass die Vögel kamen, um sie wegzupicken. Dieser Erfolg stachelte seinen Widersacher Parrhasios an. Er malte einen Vorhang so, als würde dieser ein Bild bedecken. In diesem Fall ließen sich nicht Vögel, sondern sogar der Kollege Zeuxis täuschen. Zeuxis versuchte, den Vorhang wegzuziehen, und so war der Erfolg auf Parrhasios' Seite.[42] Wenn wir solchen Anekdoten glauben dürfen, scheint es fraglos, dass hier Kunst als Nachahmung der Natur praktiziert wurde.

Der Begriff des Ausdrucks hat die theoretische Bildfläche deutlich später betreten als der Begriff der Nachah-

42 Vgl. dazu C. Plinius Secundus d. Ä., *Naturkunde. Buch XXXV: Farben, Malerei, Plastik*, lat./dt., übers. von Roderich König [u. a.], Zürich 1978, S. 55.

mung. Es bedurfte dazu der Entwicklung eines neuzeitlichen Begriffs von Subjektivität. Auf der Basis dieser Entwicklung konnte es dazu kommen, dass man dem Künstler eine ausgezeichnete Rolle mit Blick auf die Kunst zuschreibt. Soweit wir wissen, wurden erstmals in der Renaissance Künstler als Künstler verehrt (zum Beispiel Michelangelo). Zu Zeiten Goethes oder Wagners war der Künstler endgültig ein fester Bestandteil des Kunstgeschehens. Unter dieser Bedingung konnte der Gedanke entstehen, dass das Kunstwerk ein Ausdruck ist. Der Künstler hat eine besondere Erfahrung gemacht, die er im Kunstwerk kommuniziert. Das Kunstwerk vermittelt als Ausdruck diese Erfahrung den Rezipienten. Die beiden Optionen sollen nun in knappen Strichen gezeichnet werden.

Kunst als Darstellung

Als im 15. Jahrhundert in der Malerei die Zentralperspektive erfunden wurde, konnte kein Zweifel daran bestehen, worum es den Malern ging. Sie wollten die Darstellungen verbessern. Sie suchten ein Mittel, das es ihnen erlaubte, räumliche Verhältnisse zwischen Figuren und Gegenständen wiederzugeben. Die Zentralperspektive war dieses Mittel. Sie machte es möglich, die Dinge so darzustellen, wie sie sich vor unseren Augen abspielen: mit räumlicher Tiefe und einer komplexen räumlichen Ordnung, die durch Sichtbarkeiten und Unsichtbarkeiten gekennzeichnet ist.

Das Konzept von Kunst als Nachahmung kann man unter den allgemeinen Titel *Repräsentationalismus* stellen. Der Begriff Repräsentation stammt von dem lateinischen Wort *repraesentatio*, was im Deutschen mit Darstellung wiedergegeben werden kann. Unter Repräsentationalismus ist der Gedanke zu verstehen, dass bestimmte Dinge das, was sie sind, nur dadurch sind, dass sie für andere Dinge stehen. Wenn man denkt, dass Kunst eine Nachahmung der Natur ist, begreift man Kunstwerke als solche Dinge. Der Repräsentationalismus ist, wie gesagt, vermutlich so alt wie das philosophische Denken selbst. Einen unzweideutigen ästhetischen Repräsentationalismus propagiert zum Beispiel der französische Aufklärer Charles Batteux (1713–1780). Bei ihm kann man folgende Definition lesen: »Wir definieren Malerei, Skulptur und Tanz als Nachahmung der schönen Natur, die durch Farben, durch Formen und durch Haltungen zustande gebracht wird. Und Musik und Poesie sind Nachahmung der schönen Natur, die durch Klänge oder durch eine wohlbemessene Rede zustande gebracht wird.«[43]

Erstaunlich an dieser Bestimmung ist vor allem, dass Batteux auch Musik und Poesie umstandslos als Nachahmungen begreift. Der Repräsentationalismus hat unter anderem stets damit zu kämpfen, diese beiden Künste zu integrieren. Die bildenden Künste lassen sich verhältnismäßig leicht mit dem Begriff der Repräsentation umfassen. Was aber soll es heißen, Musik und Literatur ahmten Natur nach? Offensichtlich besteht nicht alle Musik aus Naturklängen. Und auch hinsichtlich der Literatur kann man erfreulicherweise nicht sagen, dass sie bloß die sprachlichen Verwendungen nachahmt, die sich Tag für Tag auf unseren Straßen abspielen. Musik und Poesie sind für den Reprä-

43 Charles Batteux, *Les beaux arts réduits à un seul principe*, Paris 1746, S. 14 (Übers.: G. W. Bertram).

sentationalismus Hürden von nicht unbeträchtlichem Ausmaß. Dennoch hat der ästhetische Repräsentationalismus intuitiv viel für sich. Unter anderem der traditionelle Umgang mit Bildern, der die künstlerische Leistung an der Qualität der Nachahmung misst, spricht für einen solchen Kunstbegriff. Es ist aber wichtig zu beachten, dass der Ausarbeitung dieses Begriffs mehr Fragen im Weg stehen, als man zunächst denken könnte.

Kunst als Ausdruck

Im 19. Jahrhundert kam es in der Malerei zu einer neuen Erfindung. Erfunden wurde – so kann man pauschal sagen – eine Malerei, die der inneren Wirklichkeit (nicht mehr der äußeren Wirklichkeit) folgt. Man kann sie mit folgendem Slogan fassen: malen, *wie* man sieht – nicht, *was* man sieht. Diese spezielle Zielsetzung ist Teil eines allgemeinen Programms, das Kunst als Ausdruck begreift. In unterschiedlichen Künsten gipfelte dieses Programm im *Expressionismus*, einer Kunstrichtung zu Anfang des 20. Jahrhunderts, die das Ziel verfolgt, der Künstler solle einzig seine innere Wirklichkeit im Kunstwerk zum Ausdruck bringen. Das Programm von Kunst als Ausdruck ist aber nicht nur in der spezifischen Kunstrichtung des Expressionismus realisiert. Es reicht viel weiter als dieser. Um hier einen Unterschied zu machen, kann man das grundsätzliche Programm, Kunst als Ausdruck zu begreifen, unter den Titel *Expressivismus* stellen.

Das Konzept des Expressivismus ist in recht schnörkelloser Weise von dem Schriftsteller Leo Tolstoi (1828–1910) formuliert worden. Er schreibt: »Die Kunst fängt dann an, wenn ein Mensch in der Absicht, den anderen Menschen das von ihm empfundene Gefühl mitzuteilen, dasselbe von neuem in sich hervorruft und es durch gewisse äußere Zeichen ausdrückt.«[44] Diese Äußerung besticht durch die Offenheit ihrer Programmatik. Im Gegensatz zum Repräsentationalismus hat der Expressivismus die Eigenart, dass er offensichtlich schwer verständlich ist. Es ist nicht klar, was es heißt, Gefühle als die Quelle von Kunstwerken zu begreifen. Womöglich ist die Rede von »Gefühlen« etwas eng. Man muss allgemein Gefühle, Eindrücke, Erlebnisse oder Erfahrungen des Künstlersubjekts als mögliche Basis ästhetischen Schaffens benennen. Aber auch das macht die Dinge nicht klarer. Wie können bestimmte Gefühle, Eindrücke, Erlebnisse oder Erfahrungen in ein Kunstwerk transformiert werden? Warum sollte man Kunstwerke entwickelt haben, um diese Größen mitzuteilen? Eignet sich nicht zu diesem Zweck der mimische oder gestische Ausdruck oder die einfache Erzählung viel besser?

Es gibt mit Blick auf den Expressivismus mehr als nur Details zu klären. Es ist von Grund auf eine offene Frage, inwiefern ein Kunstwerk in besonderen Gefühlen oder anderen subjektiven Zuständen begründet sein könnte. Man kann zudem bemerken, dass keine der Künste das theoretische Programm eines Expressivismus in besonderer Weise nahelegt. Zwar hat die Musik eine gewisse Affinität zu diesem Programm. Ausdruck in der Musik führt aber vermutlich eher zu den schlichten Gefühlsartikulationen einfacher Lieder von Liebesfreud und Liebesleid als zu einer Beethoven-Symphonie.

44 Leo N. Tolstoi, *Was ist Kunst?*, übers. von Michail Feofanov, München 1993, S. 73.

Trotz aller Probleme der Explikation des Expressivismus sagt ein weit verbreiteter Begriff des Künstlers, dieser verfüge über eine besondere Sensibilität. Diese Sensibilität gilt als Voraussetzung künstlerischen Schaffens. Der Künstler benötigt nach landläufiger Meinung eine besondere Inspiration. Diese Inspiration könnte aus der besonderen Intensität seines Erlebens kommen. Es sind uns vielfältige Künstlerbiografien vertraut, die das Motiv einer besonderen Intensität des Erlebens ausbreiten. Petrarca, Brahms oder van Gogh: das sind nur einige prominente Beispiele für das Bild des Künstlers als eines Menschen mit einem intensiven Gefühlsleben. Dieses Bild stammt aus einer expressivistischen Auffassung von Kunst. Es zeigt in seiner Prominenz, dass diese Auffassung aufgrund ihrer theoretischen Ungreifbarkeit nicht erledigt ist.

Weitere Nahrung erhält der Expressivismus, wenn man auf die Rezipienten von Kunst schaut. Bei ihnen weckt die Auseinandersetzung mit Kunst oftmals Gefühle und besondere Erlebnisse. Kunst lässt einen erschaudern wie manche Bilder von Francisco Goya oder erschüttern wie solche von Käthe Kollwitz. Kunst macht traurig, wie die ersten Takte des Requiems von Wolfgang Amadeus Mozart, oder verzweifelt, wie die Lektüre des *Idioten* von Fjodor M. Dostojewski. Niemand wird abstreiten wollen, dass Kunstwerke in den Rezipierenden solche Gefühle und Erlebnisse auslösen. Es ist allerdings fraglich, ob man von dem Vorhandensein solcher Gefühle und Erlebnisse auch beim Künstler ausgehen sollte und ob Kunst sich in ihnen erschöpft. Möglicherweise lassen sich die besonderen Erfahrungen in der Auseinandersetzung mit Kunstwerken auch verständlich machen, wenn man nicht von einem Prozess der Gefühls- und Erfahrungskommunikation in Kunstwerken ausgeht.

Die Debatte zwischen Kunst als Darstellung und Kunst als Ausdruck

Mit den Begriffen des Repräsentationalismus und des Expressivismus lässt sich die Debatte zwischen Kunst als Darstellung und Kunst als Ausdruck führen. Es ist sicher zutreffend, dass in der Geschichte der Kunst künstlerische Richtungen, die an Darstellungen orientiert waren, mit solchen künstlerischen Richtungen gewetteifert haben, die den Ausdruck ins Zentrum ihres Schaffens stellten. Diese Feststellung wird auch nicht dadurch widerlegt, dass repräsentationalistische Richtungen statistisch die Oberhand behalten haben dürften und dass der Repräsentationalismus theoretisch verständlicher ist als der Expressivismus. Auch die Tatsache, dass ein expressivistisches Verständnis von Kunst sich nicht in der gleichen Weise abzeichnet wie ein repräsentationalistisches, widerlegt nicht den faktischen Antagonismus zwischen Repräsentationalismus und Expressivismus in der Kunst. Es lohnt also eine kurze Betrachtung der Frage, worin dieser Antagonismus besteht.

Der Antagonismus zwischen Repräsentationalismus und Expressivismus handelt in erster Linie von dem Verhältnis von Kunst und außerkünstlerischem Sonst. Dem Repräsentationalismus geht es darum, in der Kunst einen Widerschein von äußerer Wirklichkeit aufrechtzuerhalten. Die Kunst hat dementsprechend die Aufgabe, sich am Koordinatensystem des äußerlich Wirklichen zu orientieren.

Der Expressivismus hingegen begreift Kunst als ein Geschehen, das am Koordinatensystem innerer Wirklichkeit ansetzt. Kunst schafft demnach eigene Formenwelten, ohne sich an irgendwelche äußeren Vorgaben zu halten.

Der Streit zwischen Darstellung und Ausdruck kann so verstanden werden, dass er den Gegenstand der ästhetischen Selbstverständigung betrifft. Begreift man Kunst als Darstellung, dann nimmt die Selbstverständigung den Weg über die äußere Wirklichkeit. Sieht man in der Kunst hingegen eine Form des Ausdrucks, dann hat die Selbstverständigung es mit der Innerlichkeit subjektiver Perspektiven zu tun. Nach expressivistischer Auffassung bringt das empfindende Subjekt Gefühle und Zustände seiner Innenwelt in Kunstwerken zum Ausdruck.

Wenn man den Antagonismus von Darstellung und Ausdruck in dieser Weise rekonstruiert, ergibt sich die Schwierigkeit, hier überhaupt einen Antagonismus zu sehen: Die Gefühle und Zustände einer Innenwelt, die nach expressivistischer Auffassung im Kunstwerk zum Ausdruck kommen, sind immer mit der äußeren Welt verbunden. Gefühle wie Freude oder Traurigkeit hängen damit zusammen, dass in der äußeren Welt bestimmte Menschen sind, dass es zu bestimmten Ereignissen kommt, usw. Der Ausdruck muss also auf die äußere Welt zurückgreifen. Auch der Expressivismus verlangt, dass im Kunstwerk Formen und Strukturen der äußeren Welt dargestellt werden. Diese Formen und Strukturen sollen so dargestellt werden, dass sich bestimmte subjektive Gefühle und Zustände zeigen. Somit unterscheidet sich der Gegenstand expressivistischer Kunst aber nicht tiefgreifend von dem repräsentationalistischer Kunst.

Gegen diese Argumentation könnte man einwenden, dass es sehr wohl Ausdrucksweisen der Innenwelt gibt, die nicht den Weg über eine Darstellung der äußeren Welt nehmen. Der abstrakte Expressionismus eines Jackson Pollock mag in dieser Weise interpretiert werden. Was heißt es aber dann, dass eine Innenwelt als solche zum Ausdruck kommt? Es muss etwas heißen wie: Hier zeigen sich Formen und Strukturen dieser Innenwelt. Freude zeigt sich in ihren besonderen Formen und ihrer besonderen Struktur und entsprechend Traurigkeit und andere Momente der Innenwelt. Wie können wir aber hier von Formen und Strukturen sprechen? Ich denke, dass wir in gewisser Weise nicht wissen, was es heißen soll, dass eine Innenwelt Formen und Strukturen aufweist. Formen und Strukturen kennen wir nur in der äußeren Welt. Von unserer inneren Welt können wir durchaus sagen, dass sie mit solchen Formen und Strukturen verbunden ist. Freude zeigt sich in einer besonderen Art des Schritts oder des Blicks. Sie ist mit bestimmten Gegenständen verbunden oder mit ausgelassenen Rhythmen. Die innere Welt zeigt sich, so verstanden, an Formen und Strukturen der äußeren Welt. Das heißt, dass wir mit der Idee einer Wirklichkeit, die Formen und Strukturen zeigt, auf die äußere Welt zurückgreifen müssen. Wenn dies zutrifft, dann ist der Unterschied zwischen Repräsentationalismus und Expressivismus nicht scharf. Beide haben denselben Gegenstand: Formen und Strukturen der äußeren Welt.

Auch wenn ich die Positionen des Repräsentationalismus und Expressivismus nicht besonders ausführlich verfolgt habe, zeichnet sich bereits ab, dass die Alternative von Darstellung und Ausdruck nicht plausibel entwickelt werden kann. Die besagte Alternative lässt sich – zumindest bei oberflächlicher Betrachtung – so verstehen, dass sie einen Unterschied hinsichtlich des Gegenstands ästhetischer Selbstverständigung machen soll. Genau dieser Unterschied wird aber nicht verständlich. Sofern Kunstwerke einen Gegenstand haben, sind es Formen und Strukturen der äußeren Welt. Der Antagonismus von Darstellung und Ausdruck leistet also nicht, was er möglicherweise leisten könnte. Er stellt nicht zwei deutlich getrennte Positionen zur Verfügung, die uns instand setzen könnten, unseren Begriff von Kunst zu schärfen.

Zwischenspiel: Absolute Kunst

Aus dieser Diagnose ziehe ich den folgenden Schluss: Es ist unzureichend, mit Blick auf die ästhetische Selbstverständigung nach ihrem Gegenstand zu fragen. Diese Frage führt erstens nicht zum Erfolg, will man ein Verständnis der Alternative von Welt und Selbst in der ästhetischen Selbstverständigung gewinnen. Die Frage ist aber zweitens auch ganz grundsätzlich nicht besonders aufschlussreich. Kunstwerke lassen sich überhaupt nicht gut dadurch verstehen, dass man nach ihrem Gegenstand fragt – sei es der Gegenstand, auf den ihre Darstellung, oder der Gegenstand, auf den ihr Ausdruck ›bezogen‹ ist. Kunstwerke sind von solchen Gegenständen in gewisser Hinsicht unabhängig.

Was mit der These, Kunstwerke seien in gewisser Hinsicht unabhängig von möglichen Gegenständen, gemeint ist, kann man präzisieren, indem man auf eine Unterscheidung zurückgreift, die im musikalischen Schaffen und in der Musiktheorie des 19. Jahrhunderts große Relevanz besaß: auf die Unterscheidung von *Programmmusik* und *absoluter Musik*. Programmmusik ist eine im weitesten Sinn darstellende Musik. Sie evoziert Sonnenaufgänge und das Rauschen des Meeres. Absolute Musik hingegen bezieht sich nicht auf irgendwelche äußeren Größen. Sie entwickelt allein musikalische Formen und Strukturen. Ihren Inhalt schöpft absolute Musik aus dem Medium der Musik. Die Formen und Strukturen absoluter Musik sind weder an einer äußeren noch an einer inneren Wirklichkeit orientiert. Formen und Strukturen werden in ihr vielmehr aus dem künstlerischen Material heraus entwickelt.

Ich spreche im Folgenden von Programmkunst und absoluter Kunst, um den grundsätzlichen Status der Überlegungen mit Blick auf die Kunst zu verdeutlichen. Das Programm einer absoluten Kunst lässt sich als Quintessenz der Neuerungen begreifen, die im 19. Jahrhundert gegen alle programmatischen Bindungen von Kunst entwickelt wurden.[45] Für dieses Programm ist es wesentlich, dass Kunstwerke ihren Inhalt gewissermaßen aus sich selbst schöpfen. Formen und Strukturen werden nur aus dem jeweiligen künstlerischen Medium wie zum Beispiel dem tonalen System abendländischer Musik hervorgebracht. In der Malerei führt die entsprechende Befreiung zu einer zunehmenden Abstraktion, in der Literatur zu einer Verselbständigung sprachlicher Formen, die zum Beispiel in den Sprachskizzen der Gedichte Paul Celans gipfelt.

Betrachtet man allerdings auf der Basis solcher Charakterisierungen die Programmkunst, dann fällt auf, dass sie

45 Vgl. dazu auch Hans Belting, *Das unsichtbare Meisterwerk. Die modernen Mythen der Kunst*, München 1998.

sich in ähnlicher Weise begreifen lässt. Man denke zum Beispiel an die Musik von Richard Wagner oder Richard Strauss. Gerade die Leitmotiv-Technik Wagners macht nachvollziehbar, dass darstellende Aspekte von Kunst auch im Sinne absoluter Kunst verstanden werden können. Auch die Formen und Strukturen von Wagners Musik sind in dem künstlerischen Material entwickelt. Die Formen und Strukturen sind nicht aus sich selbst heraus darstellend. Erst im Rahmen des künstlerischen Mediums der Musik erhalten sie ihre darstellenden Momente. Die Differenz von Programmkunst und absoluter Kunst schwindet somit. Es deutet sich an, dass der Inhalt von Kunst durchweg vom künstlerischen Medium her verstanden werden kann.

Mit dem Begriff der absoluten Kunst kommt man so zu der Einsicht, dass die inhaltliche Dimension von Kunstwerken sich – zumindest im ersten Moment – ohne Rekurs auf das Verhältnis der Kunstwerke zu irgendeiner Wirklichkeit explizieren lässt. Zwar spielt für viele Kunstwerke ein solches Verhältnis eine unübersehbare Rolle. Es erklärt allerdings als solches nicht den Inhalt, der in Kunstwerken zustande kommt. Die spezifische Gestaltung von Formen und Konfigurationen von Materialien ist das Prinzip des Inhalts in der Kunst. Die inhaltliche Dimension von Kunstwerken entwickelt sich durch Formen und Strukturen dieser Werke selbst. Das Konzept der absoluten Kunst führt so zu einem Verständnis von Kunstwerken, das die Alternative von Darstellung und Ausdruck nicht mehr nahe legt. Das inhaltliche Verständnis von Kunstwerken wird mit dem Begriff der absoluten Kunst von der Frage gelöst, auf welchen Gegenstand die Werke bezogen sind.

Wir gewinnen damit einen weiteren Anhaltspunkt dafür, dass die Frage nach dem Gegenstand unzureichend ist, will man ein Verständnis der Alternative von Welt und Selbst in der ästhetischen Selbstverständigung gewinnen. Wir müssen also versuchen, diese Alternative so zu verstehen, dass sie nicht den Gegenstand von Kunstwerken betrifft. Aus diesem Grund versuche ich im Folgenden, die ästhetische Selbstverständigung von einer anderen Frage her aufzuklären: nämlich *wie* wir Zugang zu Kunstwerken haben. Diese Frage führt uns zu der Alternative von Zeichen und Erfahrung.

Zeichen oder Erfahrung: der neue Streit

Kein Streit ist so alt, dass er sich nicht erneuern ließe. Dies lehrt die gesamte Geschichte des Denkens. Auch hinsichtlich des Streits zwischen Darstellung und Ausdruck in der Kunst hat eine solche Erneuerung stattgefunden. Diese Erneuerung ist mit den Begriffen Zeichen und Erfahrung verbunden. Die neue Frage ist somit: Ist das Kunstwerk ein Zeichen oder vermittelt es eine Erfahrung? Geht man davon aus, dass man ein Zeichen vor sich hat, dann ist Deutung wie bei allen Zeichen der primäre Zugang zum Kunstwerk (vgl. dazu auch S. 248 ff.). Vermittelt das Kunstwerk hingegen eine besondere, eine ästhetische Erfahrung, dann gilt es, diese Erfahrung zu machen.

Wenn ich von einer Erneuerung des Streites spreche, heißt dies nicht, dass von Darstellung und Ausdruck heutzutage in der Kunstphilosophie keine Rede mehr ist. Das Gegenteil ist der Fall. Dennoch haben andere Stimmen die Bühne der Kunstphilosophie betreten, die sich eher an den

Begriffen des Zeichens und der Erfahrung orientieren. Meine Rede von einer Erneuerung ist also nicht theoriehistorisch, sondern systematisch gemeint. Der Streit von Kunst als Zeichen oder Kunst als Erfahrung lässt sich so interpretieren, dass er denjenigen von Repräsentationalismus und Expressivismus präzisiert. Mit dem neuen Streit werden die Alternativen deutlicher, die mit Blick auf die Orientierung ästhetischer Selbstverständigung an Welt oder Selbst zur Debatte stehen.

Der Antagonismus zwischen Kunst als Zeichen und Kunst als Erfahrung lässt sich als eine Auseinandersetzung zwischen den Ästhetiken Hegels und Kants rekonstruieren. Auch wenn diese beiden Wegbereiter der Philosophie der Kunst sich, wie oben dargestellt (vgl. S. 115 ff. und 122 ff.), in ihrer grundsätzlichen Bestimmung der Kunst ziemlich einig sind, divergieren sie doch stark mit Blick auf die Frage »Zeichen oder Erfahrung?«. Hegel verteidigt fraglos die Auffassung, dass Kunstwerke als Zeichen zu verstehen sind.[46] Wie bereits mehrfach betrachtet (vgl. auch S. 79 ff.) begreift Hegel Kunstwerke als Gegenstände des Verstehens, bei denen das Verstehen von der bestimmten sinnlich-materialen Gestalt des Gegenstands abhängt. Kant lässt sich keine gleichermaßen eindeutige Stellungnahme in der Frage »Zeichen oder Erfahrung?« zuweisen. Dennoch haben sich in neueren Diskussionen immer wieder Versuche auf ihn gestützt, die den Begriff der ästhetischen Erfahrung als Grundbegriff profilieren.[47] Dass Kants

46 Vgl. etwa Georg Wilhelm Friedrich Hegel, *Vorlesungen über die Ästhetik I* (s. Anm. 2), S. 393 ff.

47 Vgl. etwa Andrea Kern, *Schöne Lust,. Eine Theorie der ästhetischen Erfahrung nach Kant*, Frankfurt a. M. 2000.

Position zu diesem Grundbegriff tendiert, lässt sich mit einer einfachen Erinnerung deutlich machen. Wie oben betrachtet, begreift Kant das Ästhetische als ein bestätigendes Spiel der Erkenntniskräfte anlässlich schöner Formen. Es geht in der Kunst – und in schönen Formen der Natur – um dieses Spiel. Sofern es stattfindet, kann man sagen, dass eine bestimmte, also eine ästhetische Erfahrung gemacht wird. Der Zugang zu Kunstwerken liegt entsprechend in der Erfahrung.

Nach Hegel und Kant sind immer wieder kontroverse Positionen in der Philosophie der Kunst mit Blick auf die Alternative »Zeichen oder Erfahrung?« bezogen worden. Ich werde hier zwei paradigmatische dieser Positionen vorstellen. Es handelt sich einerseits um Nelson Goodman, der – wie Hegel – Kunstwerke als Zeichen einer besonderen Art begreift. Dagegen werde ich den Kunstbegriff stellen, den der amerikanische Philosoph John Dewey (1859–1952) in seinen späten Überlegungen zur Kunst entwickelt hat. Anhand dieser beiden Positionen hoffe ich verdeutlichen zu können, wie sich der Widerstreit zwischen Zeichen und Erfahrung in der Philosophie der Kunst verstehen lässt und inwiefern dieser Widerstreit denjenigen von Repräsentationalismus und Expressivismus präzisiert.

Goodman: Kunstwerke als unbegrenzt deutbare Zeichen

Wiederum soll ein Beispiel am Anfang der weiteren Überlegungen stehen. Der belgische Maler René Magritte ist berühmt für Bilder, die über Bilder nachdenken. Die Bilder thematisieren die Bildlichkeit von Bildern als ein Problem. Weit verbreitet sind Reproduktionen eines Bildes, das in recht stilisierter Manier eine Pfeife darstellt (*La trahison des images*, 1929, County Museum of Art, Los Angeles). Die Darstellung könnte zum Beispiel in einem Buch für den Unterricht einer Fremdsprache verwendet werden und eine deutsche Schülerin mit dem Umstand vertraut machen, dass das französische Wort für »Pfeife« *pipe* lautet. Magritte hat eine entsprechende Unterschrift unter das Bildnis der Pfeife gesetzt. Diese lautet irritierenderweise »Ceci n'est pas une pipe« (›Dies ist keine Pfeife‹).

Was soll dieses verwirrende Dementi? Die Schülerin hätte auch im Falle der Unterschrift »pipe« sicherlich nicht nach dem Bild gegriffen, um mit dem Gegenstand zu spielen oder ihn mit Tabak zu stopfen. Magrittes Reflexion auf Bildlichkeit kann nicht den Sinn haben, uns auf die offensichtliche Nichtanwesenheit einer Pfeife auf dem Bild hinzuweisen. Sie kann vielmehr als ein Hinweis auf den Zeichenstatus des Bildes gelesen werden. Auf dem Bild ist keine Pfeife zu finden, weil Bilder nicht funktionieren wie Gegenstände. Das signalisiert Magritte, indem er uns Zeichen zu lesen gibt. Wer den Schriftzug als einen bloßen Bildbestandteil betrachtet, also zum Beispiel als einen farbigen Schnörkel, ist nicht in der Lage, die Reflexion Magrittes nachzuvollziehen. Das Bild ist als eine Aufforderung zur Lektüre zu verstehen. Es ist eine solche Aufforderung nicht nur mit Blick auf die sprachlichen Zeichen im unteren Teil des Bildes. Auch die nichtschriftlichen Bestandteile des Bildes erfordern eine Lektüre. Eine angemessene Reaktion auf die Angabe, es handle sich hier nicht um eine Pfeife, könnte also lauten: Ja, selbstverständlich, es ist doch ein Zeichen. Magrittes Bild präsentiert sich als ein Zeichen.

Folgt man dem Maler in dieser Explikation von Kunst,

kann man eine weitere Frage anschließen: Ist das Kunstwerk ein Zeichen wie alle anderen Zeichen auch? Oder kann man einen Unterschied angeben, der zwischen den Zeichen, die Kunstwerke darstellen, und anderen Zeichen besteht? Eine Antwort auf diese Frage findet sich bei Nelson Goodman. Goodman hat den Versuch unternommen, Kunstwerke im Rahmen einer allgemeinen Zeichentheorie zu behandeln. Es geht ihm darum zu klären, welche Unterschiede zwischen Kunstwerken und anderen Zeichen bestehen.

Zeichen sind für Goodman nicht von sich aus Zeichen. Ein Gegenstand ist für ihn vielmehr nur dann ein Zeichen, wenn er als ein Zeichen gebraucht wird. Ich kann Wörter lesen oder als Verzierung für Räume verwenden (wie zum Beispiel im Fall von arabischen Zierfliesen). Der Zeichenstatus eines Zeichens hängt für Goodman von seinem Gebrauch ab. Diese Gebrauchsabhängigkeit gilt nun nach seiner Auffassung auch für Kunstwerke. Kunstwerke sind demnach nur dadurch Kunstwerke, dass sie als Zeichen einer bestimmten Charakteristik gebraucht werden. Goodman formuliert diesen Aspekt einer Explikation von Kunstwerken als Zeichen denkbar klar: »Dinge fungieren nur dann als Kunstwerke, wenn ihre Symbolfunktion gewisse Merkmale aufweist.«[48] Diese These zeichnet die weitere Arbeit der philosophischen Explikation vor. Sie besteht darin, die Merkmale zu charakterisieren, die vorliegen müssen, damit Zeichen den Status von Kunstwerken haben. Goodman stellt die von ihm betrachteten Merkmale

48 Nelson Goodman, *Weisen der Welterzeugung* (s. Anm. 5), S. 88.

unter den Titel »Symptome des Ästhetischen«.[49] Die Rede von Symptomen besagt, dass man vom Vorliegen eines Merkmals bei einem Zeichengebrauch nicht sofort darauf schließen kann, dass man mit einem Kunstwerk konfrontiert ist. Auch andere Zeichengebrauchsweisen können einige Merkmale teilen, wie sie für Kunstwerke charakteristisch sind. Es müssen auch nicht alle Merkmale, die Kunstwerke als Zeichen ausmachen können, zusammenkommen, damit ein Kunstwerk vorliegt.

Goodmans Sprache ist so technisch, dass es mir nicht günstig erscheint, die Merkmale in seinen Begriffen einzuführen. Der Grundzug, den Goodman verfolgt, ist uns zudem bereits von Hegels Kunstbegriff bekannt (vgl. S. 79 ff.). Kunstwerke unterscheidet als Zeichen von vielen anderen Zeichen, dass unbestimmbar viele Aspekte ihrer konkreten Gestalt Relevanz für ihren Inhalt besitzen. Diese bereits mehrfach erwähnte These wird von Goodman weiter spezifiziert. Stellen wir uns zum Beispiel den Kupferstich *Melancholia* (1514) von Albrecht Dürer vor. Dieses Kunstwerk macht als Zeichen aus, dass eine noch so kleine Veränderung im Verlauf einer Linie die Bedeutung dessen, was dargestellt ist, verändert. Das unterscheidet den Kupferstich zum Beispiel von einem Strichmännchen.

Für das Kunstwerk ist es darüber hinaus charakteristisch, dass jede Veränderung der Breite eines Striches eine Veränderung des Ganzen bedeutet. In diesem Punkt kann man es von einem Diagramm abgrenzen. Bei einem Diagramm wie der Aufzeichnung eines Elektrokardiographen zählt nur die Position der Linie in Relation zur X- und zur

49 Nelson Goodman, *Sprachen der Kunst* (s. Anm. 14), S. 232 ff.

Y-Achse. Ändert sich die Breite der Linie, hat das keine Auswirkungen auf die Darstellung. Man wird in diesem Fall vielleicht denken, dass das Farbband des Anzeigegeräts zur Neige geht. Ändert sich hingegen in Dürers Kupferstich die Breite der Linie, ändert sich damit auch die Darstellung. Man wird nicht denken, dass Dürer gerade kein anderes Werkzeug zur Hand hatte, sondern dass er zum Beispiel einen Aspekt der Figur betonen wollte. Uns als denen, die das Kunstwerk als Zeichen lesen, ist es aufgegeben, solche Betonungen oder Abschwächungen zu bemerken.

Die beiden genannten Aspekte der Zeichencharakteristik von Kunstwerken sind entscheidend. Ich fasse sie zusammen, indem ich von der *definitiven Bestimmtheit* von Kunstwerken als Zeichen spreche. Kunstwerke zeichnet aus, dass jedes ihrer Details als ein genau bestimmtes Detail zu verstehen ist. Will man sie als Zeichen ›lesen‹, gilt es, sich auf ihre genaue Bestimmtheit einzulassen. Zu der genauen Bestimmtheit gehört auch, dass eine Vielzahl von Aspekten eines Kunstwerks relevant sein kann. Bei einem Gemälde können nicht nur die Verteilung der Farben auf der Fläche, sondern auch die Größe des Bildes, die Beschaffenheit der Leinwand und eine Vielzahl anderer Aspekte für das ästhetische Zeichen konstitutiv sein. Kunstwerke sind Zeichen, bei denen viele unterschiedliche Momente der sinnlich-materialen Verfasstheit für das, was sie zeigen, wichtig sind.

Ein weiteres Merkmal von Kunstwerken besteht darin, dass sie auf sich selbst verweisen (vgl. dazu auch S. 231 ff.). Betrachtet man zum Beispiel eine Malerei von Vincent van Gogh, fällt einem die Art und Weise auf, wie die Farbe aufgetragen ist. Es wäre übertrieben, von einem Farbrelief zu sprechen. Dennoch sind auf vielen Bildern van Goghs der Pinselstrich sowie Höhen und Tiefen des Farbauftrags sehr deutlich zu sehen. Diese Form der Materialität des Bildes ist bedeutsam. Das Bild hebt seine Materialität hervor. Es verweist dadurch auf sich selbst. Die Vertiefungen in der Farbe stehen nicht für eine Vertiefung in der Landschaft, die van Gogh malt. Sie stehen – so kann man sagen – für die Art und Weise, wie die Landschaft dargestellt ist. Kunstwerke unterscheiden sich immer wieder dadurch von anderen Zeichen, dass sie Bedeutung gewinnen, indem sie ihre Verfasstheit auffällig werden lassen.

Für Kunstwerke kann es auch charakteristisch sein, dass sie als Zeichen in vielfachen bedeutsamen Bezügen stehen. Ein Zeitungsbild bildet zum Beispiel nur irgendeine Landschaft ab. Ein Gemälde von van Gogh zeigt zugleich, wie es eine Landschaft im Vergleich zu einem Landschaftsbild von zum Beispiel John Constable darstellt. Es enthält womöglich auch Reminiszenzen an Stillleben und andere Formen bildlicher Abbildungen von Gegenständen.

Dieses letzte Merkmal wird allerdings von Goodman nicht deutlich ausgearbeitet. Wichtig hingegen sind in seinen Augen besonders die vier Merkmale, auf die ich in meinen bisherigen Erläuterungen angespielt habe: Erstens ist jeder noch so kleine Unterschied in der materialen Gestaltung wichtig. Kunstwerke sind definitiv bestimmt. Ein solcher Unterschied zieht über den Unterschied in der Realisierung des Zeichens zweitens eine Veränderung dessen nach sich, was dieses Zeichen bedeutet. Drittens zählen bei einem Kunstwerk nicht nur ein Aspekt wie die Farbverteilung oder die Abfolge von Tönen oder Harmonien, sondern eine Vielzahl anderer Aspekte wie zum Beispiel die

Lautstärke, die Klangfarbe eines Instruments oder die Beschaffenheit der Oberfläche einer Leinwand. Zuletzt zeichnet es viele Kunstwerke aus, dass sie ihre eigene Verfasstheit auffällig werden lassen. Auch dort, wo sie auf nichts ›Inhaltliches‹ verweisen, können sie bedeutsam sein.

Die Symptome des Ästhetischen, die Goodman präsentiert, zeigen gut, in welcher Weise Kunstwerke als Zeichen zu verstehen sind. Kunstwerke sind Zeichen darin, dass jedes Moment ihrer Gestaltung als Aufgabe an unser Verstehen zu begreifen ist. Kunstwerke sind Zeichen, die viel weniger belanglos gestaltet sind als viele andere Zeichen. Der Text, der hier steht, ist günstigstenfalls in einer gut lesbaren und ansprechenden Type gesetzt. Die Type besagt aber nichts mit Blick auf die Philosophie der Kunst, von der hier berichtet wird. Betrachten wir hingegen das Bild von Magritte, macht es einen großen Unterschied, in welcher Art und Weise die Buchstaben ausgeführt sind, ob in Schreib- oder in Druckschrift, ob Blau oder Schwarz, ob dick oder dünn, usw. Wir können die Relevanz der definitiv bestimmten materialen Gestaltung im Kunstwerk nur begreifen, wenn wir Kunstwerke als Zeichen verstehen. Kunstwerke sind bestimmte Zeichen schlechthin. Sie lassen sich schlechter ersetzen als andere Zeichen (ich kann zum Beispiel in Rainer Maria Rilkes Gedicht *Herbsttag* nicht, wie in vielen anderen Situationen, »Wohngebäude« statt »Haus« sagen). Dafür sind sie im Gegensatz zu anderen Zeichen in einer großen Bestimmtheit gestaltet.

Diese Spezifik der Verfasstheit von Kunstwerken als Zeichen hat Folgen für unseren Umgang mit diesen Zeichen. Kunstwerke muss man nach Goodman als unbegrenzt deutbare Zeichen verstehen. Die Worte dieses Textes liest man eins nach dem anderen. Es kann vielleicht sein, dass man sich mal verliest, den Fehler bemerkt und noch einmal am Anfang eines Satzes ansetzt. Eine größere Beschäftigung mit einem einzelnen Wort beziehungsweise einem Satz hat aber keinen nachvollziehbaren Sinn. Bei Kunstwerken ist dies anders. Hier lohnt es immer, noch einmal hinzuschauen, noch einmal zu hören, noch einmal herumzugehen, usw. Auch wenn ein Kunstwerk wie ein kurzes Gedicht nicht besonders komplex ist, kommt das Verstehen niemals zu einem Abschluss. Immer lohnt auch in einem noch so kleinen Detail eine weitere Auseinandersetzung. In diesem Sinn sind Kunstwerke unbegrenzt deutbare Zeichen.

Dewey: Kunst als Erfahrung mit Erfahrungen

Nicht alle Kunstwerke geben sich in gleicher Weise als Zeichen zu verstehen wie Magrittes Malereien über Malerei. Andere Werke akzentuieren zum Beispiel nur ihre besondere strukturelle Gestaltung. Die besten Beispiele hierfür lassen sich in der Musik finden. Die *Symphonischen Etüden* für Klavier op. 13 von Robert Schumann stellen eine symphonische Klangwelt vor. Schumann variiert eine schlichte Harmoniefolge in komplexer Weise und entfaltet ein äußerst virtuoses und reichhaltiges Spiel mit den Möglichkeiten des Klaviers bei seiner ›Bedienung‹ durch zwei Hände. Eine Zuhörerin wird in immer neue Klangwelten versetzt: wuchtige, zurückhaltende, majestätische, filigrane und andere Klangwelten wechseln sich ab, wobei das harmonische Gerüst durchweg erhalten bleibt. Es mag sein, dass die Zuhörerin unterschiedliche Elemente dieses Gerüsts schon einmal gehört hat. Dies hat aber für die Erfahrungen, die sie mit dieser Musik macht, wenig Relevanz. Mit dem ersten Ton des Klaviers eröffnet sich ihr eine Perspektive auf eine neue Welt, die wenig mit der Welt korrespondiert, die ihr vertraut ist. Man kann die Auseinandersetzung, die die Hörerin mit Schumanns Werk macht, besonders gut mit dem Begriff der ästhetischen *Erfahrung* zusammenfassen.

John Dewey hat in seinem Text *Kunst als Erfahrung* einen Vorschlag gemacht, wie man Kunst als Erfahrung verstehen kann. Deweys zentrales Anliegen ist es, Kunst als möglichen Bestandteil des Lebens zu begreifen, das wir nicht nur als geistige, sondern auch als natürliche Lebewesen führen. Als solche Lebewesen sind Erfahrungen ein wesentlicher Bestandteil unserer Umwelt. Solche Erfahrungen müssen allerdings lebendig bleiben, damit sie uns die Möglichkeit einer Auseinandersetzung mit der Welt bieten, in der wir leben. Das heißt, dass unser Erfahrungsleben zwei Gefahren ausgesetzt ist. Einerseits kann es abstumpfen, das heißt in einer Wiederholung von Bekanntem bestehen. Andererseits kann das Erfahrungsleben zu einer Abfolge bloßer, unzusammenhängender Veränderungen werden, also alle Kohärenz verlieren. In beiden Fällen machen wir im eigentlichen Sinn keine Erfahrungen mehr. Zu der Erfahrungswelt, in der wir leben, gehört so nach dem Verständnis von Dewey erstens, dass Erfahrungen sich verändern und dass sie trotz aller Veränderung in einem Zusammenhang stehen. Erfahrungen erfüllen diese beiden Bedingungen, wenn sie ein Ganzes, einen Spannungsbogen ausbilden.

Auf der Basis dieser einfachen Unterscheidungen kann man nach Dewey die Leistung der Kunst verständlich machen. In der Kunst ist die Erfahrung so entwickelt, dass sich in besonderer Weise ihre Abrundung, ihre Ganzheitlichkeit, ihre Gespanntheit ergibt. In aller ästhetischen Erfahrung ist dieser Aspekt sonstiger ›echter‹ Erfahrung gesteigert. Die Kunst evoziert Erfahrungen, die in besonderer Weise deutlich machen, dass es in Erfahrungen immer zu einer Erfahrungsganzheit kommt. Im Gegensatz zum ästhetischen Moment aller Erfahrung charakterisiert Dewey das Nicht-Ästhetische folgendermaßen: »Somit liegt das Nicht-Ästhetische innerhalb zweier Grenzlinien. An der einen herrscht die lockere Reihenfolge, die weder an einer bestimmten Stelle beginnt, noch an einer bestimmten Stelle endet – enden im Sinne von aufhören. An der anderen herrscht Stillstand, Verengung, hervorgerufen durch Teile, die nur mechanisch miteinander verbunden sind.«[50]

Es ist für Dewey ein grundsätzlicher Fehler des Nachdenkens über Kunst, wenn das Ästhetische nicht mit dem normalen alltäglichen Erfahrungsgeschehen in Verbindung gebracht wird. Die ästhetische Erfahrung stellt für ihn keine besondere Erfahrung dar, sondern eine Steigerung von solchen Aspekten, die auch jede andere Erfahrung, die ihren Namen verdient, begleiten. Alle Erfahrung hat so für Dewey eine ästhetische Dimension. Es ist die Form von Erfahrung, die darin besteht, dass unterschiedliche Momente sich auf einen Endpunkt hin entwickeln. Dort, wo eine Erfahrung gemacht wird, kommt ein Spannungsbogen unterschiedlicher Momente zustande. Eine im engeren Sinn ästhetische Erfahrung hebt diese Form von Erfahrung

50 John Dewey, *Kunst als Erfahrung*, übers. von Christa Velten [u. a.], Frankfurt a. M. 1988, S. 52 f.

hervor. Dewey spricht auch von einer Läuterung der Form von Erfahrung. In der Erfahrung von Kunst machen wir, so gesehen, Erfahrungen mit unserem sonstigen Erfahren. Die ästhetische Erfahrung führt uns ein zentrales Moment all unseres sonstigen Erfahrens vor.

Dewey verdeutlicht mit diesen Erläuterungen eine Bedingung, der alle Explikationen von Kunst als einer besonderen Erfahrung unterliegen. Kunst (oder das Ästhetische) lässt sich nur als Erfahrung erläutern, wenn man sie in eine Kontinuität mit sonstiger Erfahrung bringt. Ansonsten wüssten wir nicht, in welchem Sinn wir von Erfahrung sprechen könnten. In der Kontinuität der ästhetischen Erfahrung zum außerästhetischen Sonst liegt der Unterschied zu einem Verständnis von Kunstwerken als Zeichen. Zeichen können, wie betont, eine ganz und gar eigene Perspektive auf die Welt eröffnen. Will man hingegen zur Geltung bringen, dass Kunstwerke in besonderer Weise Erfahrungen vermitteln, dann bedarf es einer Erläuterung, wie diese Erfahrungen an gewöhnliche Erfahrungen anschließen. Will man den Erfahrungsbegriff in der Kunst prominent machen, kann man also gut die ästhetische Erfahrung als eine *Erfahrung* mit *Erfahrungen*, genauer gesagt: als Erfahrung der Form von Erfahrungen explizieren. Nur als eine solche Erfahrung zweiter Stufe kann man einerseits die ästhetische Erfahrung von sonstiger Erfahrung unterscheiden und sie andererseits in eine Kontinuität mit der sonstigen Erfahrung bringen.

Die Präzisierung des Antagonismus

Mit den Begriffen Zeichen und Erfahrung lässt sich der Antagonismus präzisieren, der am Anfang dieses Kapitels stand. Sie stellen eine Möglichkeit bereit, die Weltorientierung oder Selbstorientierung von Kunst zu fassen. Die Weltorientierung von Kunst kann mit dem Begriff des Zeichens verstanden werden. Kunstwerke sind allerdings nicht Zeichen wie andere Zeichen auch. Sie geben auf eine spezifische Art und Weise als Zeichen zu verstehen. In diesem Sinn habe ich auf der Basis der Überlegungen Goodmans von unbegrenzt deutbaren Zeichen gesprochen. Durch die Deutungsarbeit in der Auseinandersetzung mit den Zeichen werden Inhalte erschlossen. Die Inhalte sind allerdings nicht Inhalte von Zeichen allein. Zeichen gewinnen dadurch Inhalt, dass sie auf die Welt hin deutbar sind. Die von ihnen vermittelten Verständnisse hängen in unterschiedlicher Weise mit Aspekten der Welt zusammen.

Die Selbstorientierung hingegen lässt sich mit dem Begriff der Erfahrung begreifen. Wenn es in Kunstwerken um Erfahrungen geht, dann stehen Kunstwerke in Beziehungen zu alltäglichen Erfahrungen. Mit Dewey kann man davon ausgehen, dass Kunstwerke nicht die Inhalte, sondern die Form alltäglicher Erfahrung betreffen. In Kunstwerken setzen wir uns, so verstanden, damit auseinander, wie wir erfahren. Genau dadurch wird in der Kunst Selbstorientierung begreiflich. Mit dem Begriff der Erfahrung können wir Kunst so verstehen, dass es uns in der Auseinandersetzung mit ihr darum geht, (subjektive) Weisen des Erfahrens zu erkunden.

Vor dem Hintergrund dieser Überlegungen lässt sich der folgende Antagonismus zeichnen: Die ästhetische Selbstverständigung ist an der Welt orientiert, wenn sie zeichenhaft verfasst ist; sie ist hingegen am Selbst orientiert, wenn sie Formen des Erfahrens erfahrbar macht. Diese Weise, die Alternative von Weltorientierung und Selbstorientierung zu artikulieren, präzisiert den Antagonismus folgendermaßen: Es handelt sich um unterschiedliche Weisen, den Zugang zu Kunstwerken zu begreifen. Im einen Fall wird der Zugang zu Kunstwerken als Zugang zu Zeichen verstanden – zu Zeichen, die sich dadurch auszeichnen, dass sie in unbegrenzter Weise deutbar sind. Im anderen Fall liegt der Zugang zum Kunstwerk in Erfahrungen, die uns Formen unseres sonstigen Erfahrens erfahrbar machen. Der Zugang zu Kunstwerken hat eine objektive Dimension, wenn Kunstwerke als Zeichen gelten, und eine subjektive Dimension, wenn Kunst als ein Erfahrungsgeschehen begriffen wird.

Kunst zwischen Zeichen und Erfahrung

Der Gegensatz, der nun in dieser zugespitzten Weise rekonstruiert ist, lässt sich allerdings so nicht halten. Zwar ist es nachvollziehbar, dass die Auseinandersetzung mit Kunstwerken zu spezifischen Erfahrungen führt. Die Spezifik dieser Erfahrungen kann aber nicht allein in Bezug zu alltäglichen Erfahrungen bestimmt werden. Die Erfahrungen, die ein Rezipient an Kunstwerken macht, hängen vielfach an den spezifischen Formen und Materialien von Kunstwerken beziehungsweise ästhetischen Geschehnissen. Es ist kein plausibler Schritt, alle ästhetischen Erfahrungen so zu verstehen, dass sie immer an alltägliche Erfahrungen anschließen. Es sind oft schlicht Erfahrungen von Formen und Materialien, aus denen die Kunstwerke bestehen – nicht mehr und nicht weniger.

Aber auch der Begriff von Kunstwerken als unbegrenzt deutbaren Zeichen für sich alleine ist unzureichend. Die unbegrenzbare Deutbarkeit der Zeichen bedeutet gerade, dass die Zeichen sich nicht allein als Zeichen verstehen lassen. Charakteristisch für diese Zeichen ist immer auch der *Prozess* des Verstehens. Anders gesagt: Es ist charakteristisch, dass wir vom Zeichen nicht einfach zu dem übergehen können, wofür das Zeichen steht, sondern dass wir uns mit dem Zeichen als solchem auseinandersetzen. Objektive und subjektive Momente der ästhetischen Selbstverständigung hängen also zusammen. Die Inhalte, die ein Kunstwerk objektiv zu verstehen gibt, sind an Prozesse gebunden, in denen subjektive Formen des Erfahrens ins Spiel kommen. Welt und Selbst stellen hinsichtlich der ästhetischen Selbstverständigung keine Alternative dar, sondern müssen miteinander vermittelt werden.

Die Vermittlung führt dazu, dass beide Seiten der Alternative zur jeweils anderen hin tendieren. Will man Kunstwerke als Zeichen verstehen, dann ist es sinnvoll, Zeichen, die von sich aus nicht mit Erfahrung verbunden sind, von solchen Zeichen zu unterscheiden, die grundsätzlich mit Erfahrung zusammenhängen. Die Zeichen, mit denen wir alltäglich umgehen, werden umstandslos gebraucht. Im Normalfall bedürfen zum Beispiel die Worte im Gespräch oder die Bilder in der Zeitung keiner besonderen Auseinandersetzung. Selten müssen wir nachfragen, um zu klären, was jemand gesagt hat. Für Kunstwerke als Zeichen hingegen ist es charakteristisch, dass ihre besondere Verfasstheit als Zeichen nur durch Erfahrung zugänglich ist. Man kann diese Zeichen gerade nicht umstandslos gebrauchen. Der Gebrauch ästhetischer Zeichen setzt voraus, dass man sich an diesen Zeichen aufhält.

Geht man davon aus, dass in einem Kunstwerk Formen des Erfahrens zugänglich sind, muss man die Formen, in denen wir unsere Erfahrungen in der Welt machen, von solchen Formen unterscheiden, die gewissermaßen losgelöst von der Welt erfahrbar werden. Die Loslösung bedarf aber eines bestimmten Materials, sie bedarf bestimmter Formen und Strukturen, anhand deren sie stattfinden kann. Das bestimmte Material liegt in Kunstwerken dann vor, wenn es ein Material ist, das verständlich wird, das Elemente in bestimmten Zusammenhängen präsentiert. Formen des Erfahrens werden in der Kunst dadurch erfahrbar, dass Kunstwerke als Zeichen funktionieren, die in ästhetischen Medien bestimmte Inhalte zu verstehen geben. Die Erfahrungsdimension von Kunstwerken hängt mit ihrer Zeichendimension zusammen.

Der zuvor entwickelte Antagonismus von Zeichen und Erfahrung bricht damit auf beiden Seiten weg. Oder anders gesagt: Die beiden Seiten des Antagonismus »Zeichen oder Erfahrung?« hängen von Grund auf zusammen. Sie bezeichnen eine Polarität, innerhalb deren sich die Auseinandersetzung mit Kunstwerken abspielt. Kunst lässt sich als Zeichen nur mit dem Begriff der Erfahrung denken. Der Begriff von Kunst als Erfahrung wiederum muss auf denjenigen des Zeichens rekurrieren. Die Polarität, die sich somit ergibt, soll nun mit einigen weiteren Überlegungen entfaltet werden. Dabei geht es auch darum, die Begriffe von Kunst als Zeichen und als Erfahrung in dem Spannungsfeld zu verzeichnen, das sich zwischen in Frage stellenden, bestätigenden und verändernden Momenten der ästhetischen Erfahrung aufspannt.

Die Erfahrungsdimension ästhetischer Zeichen

Die Erfahrungsdimension ästhetischer Zeichen kann man sich besonders gut verdeutlichen, wenn man die Frage stellt, ob es in der Macht einer Rezipientin liegt, einen Gegenstand zu einem Kunstwerk zu machen. Nach Goodmans Darlegungen zum ästhetischen Zeichenbegriff kann es so scheinen. In der Philosophie der Kunst wird an dieser Stelle gerne der Begriff der *ästhetischen Einstellung* gebraucht. Die ästhetische Einstellung bezeichnet die besondere Sichtweise (oder Hör- oder Leseweise usw.) einer Rezipientin, die vorliegt, wenn sie sich mit einem Gegenstand als einem Kunstwerk auseinandersetzt. Man kann Goodmans Position so verstehen, dass sie das Vorliegen der Symptome des Ästhetischen zu einer Frage der ästhetischen Einstellung erklärt. Die Rezipientin müsste dann eine ästhetische Einstellung einnehmen, um die ästhetischen Besonderheiten in einem Kunstwerk zu wecken. Wenn sie – aufgrund anderer Beschäftigung, besonderer Eile oder sonst irgendeiner Unpässlichkeit – keine solche Einstellung einnimmt, versteht sie auch das größte Kunstwerk nicht als ästhetisches Zeichen.

Ohne Zweifel stimmt es, dass einer Rezipientin die Muße fehlen kann, sich einem Kunstwerk zu widmen. Sie wird in diesem Fall nicht zu ästhetischen Verständnissen oder Erfahrungen kommen. Dennoch kann sie auch nicht einfach durch eigenen Entschluss eine ästhetische Einstellung einnehmen. Es ist nicht allein ihre Sache, ob es zu einer solchen Einstellung kommt. Wenn ein Gegenstand sich ihr nicht als einer zeigt, der eine ästhetische Einstellung trägt, dann hat eine solche Einstellung keinen Bestand. Der Gegenstand zeigt zum Beispiel eine Bestimmtheit in Formen und Materialien. Die Betrachtung der Rezipientin setzt an einer solchen Bestimmtheit an. Sie erprobt diese Bestimmtheit als eine, an der sich ein grenzenloses Verständnisgeschehen entfalten kann. Auch ein kurzes Gedicht kann eine solche Erprobung zulassen. Die Rezipientin liest die Worte eines Gedichtes von Rilke als Worte, die genau in dieser Weise gesetzt sind. Wenn das Gedicht der impliziten Erprobung standhält, liest es sich als ein Wortgefüge, das im oben entwickelten Sinn unbegrenzt deutbar ist. Die Rezipientin macht die Erfahrung, dass das Gedicht sich ästhetisch lesen lässt. Die ästhetische Einstellung, die sie dem Text gegenüber einnimmt, beinhaltet diese Erfahrung.

Die Erfahrungsdimension ästhetischer Zeichen geht aber noch weiter. Es wird in der Auseinandersetzung mit einem Kunstwerk nicht nur dessen spezifische Bestimmtheit erfahren, die eine ästhetische ›Lektüre‹ ermöglicht. Insbesondere zeigt sich auch, dass diese Bestimmtheit ganz und gar eigenartig ist. Die Gestalten und materialen Strukturen, die ein Kunstwerk auf der Basis ästhetischer Medien und Verfahrensweisen konstituiert, teilt das Kunstwerk nicht mit anderen Kunstwerken. Im Rahmen eines künstlerischen Mediums geht jedes Kunstwerk mehr oder weniger eigene Wege. Kein anderes Zeichen wiederholt das Kunstwerk als solches. Man ist an dieser Stelle versucht, auf der

Basis von Überlegungen wie denjenigen Goodmans zu sagen, dass die Rezipientin das Kunstwerk als ein Zeichen behandelt, dessen Sprache sie nicht kennt, dessen Sprache sie erst lernen muss.[51] Die Besonderheit jedes Kunstwerks im Rahmen eines künstlerischen Mediums bedeutet, dass das Werk nicht einfach entziffert werden kann. Kunstwerke müssen als Zeichen erst einmal in ihren Einzelheiten wahrgenommen werden, um dann gedeutet werden zu können.

Der entscheidende Punkt dieser Überlegung besteht in dem Gedanken, dass die spezifische Verfasstheit von Kunstwerken als Zeichen uns nötigt, die Auseinandersetzung mit diesen Zeichen auch als einen Prozess der Erfahrung zu denken. Das Moment der Erfahrung kommt nicht zu den Zeichen, die Kunstwerke sind, von außen hinzu. Es zeigt sich mitten in ihrer Verfasstheit als Zeichen. Der Begriff von Kunst als einem Zeichengeschehen lässt sich nicht ohne den Begriff von Kunst als einem Erfahrungsgeschehen formulieren. Genau dies gilt allerdings auch umgekehrt. Auch im Begriff der Erfahrung schlummert, wie ich nun zeigen will, immer schon derjenige des Zeichens.

Die Zeichenhaftigkeit der ästhetischen Erfahrung

Es ist in erster Linie Adorno zu verdanken, dass der Begriff der ästhetischen Erfahrung in den kunstphilosophischen Diskussionen der Gegenwart vielfältige Präzisierungen ge-

51 Ein anderer Gewährsmann für eine solche Position ist der italienische Semiotiker und Autor Umberto Eco; vgl. etwa »Die ästhetische Botschaft«, in: Umberto Eco, *Einführung in die Semiotik*, übers. von Jürgen Trabant, München 1972, S. 145–167. Vgl. auch Kap. 5.

funden hat. Wie bereits im dritten Kapitel betrachtet, galt das Augenmerk Adornos vor allem der ästhetischen Erfahrung als einer befremdlichen Erfahrung (vgl. S. 134 ff.). Diesen Aspekt kann man etwas neutraler formulieren, wenn man von einer distanzierenden Erfahrung spricht. Das distanzierende Moment ästhetischer Erfahrung lässt sich allerdings nur begreiflich machen, wenn man diese Erfahrung als eine versteht, in die Zeichen verwickelt sind. Die Verwicklung von Zeichen in alle ästhetische Erfahrung kann man auf zwei Weisen nachvollziehen. Entweder begreift man die ästhetische Erfahrung als die Erfahrung eines Nichtzustandekommens von Zeichen. Oder man ortet in der ästhetischen Erfahrung ein Übermaß an Zeichenbestimmung. Kunstwerke sind entsprechend als überbestimmte Zeichen zu verstehen. In beiden Fällen hängt die ästhetische Erfahrung mit einem brüchigen Zeichengeschehen zusammen.

Die Erfahrung von Kunstwerken geht meist so vor sich, dass man irgendwelchen Strukturen im Kunstwerk (einem Zusammenhang von Wörtern, einer Melodie oder einem Rhythmus, einer Figur oder Figurengruppe, usw.) folgt und von diesen Strukturen aus weiter in ein Kunstwerk hineinliest, -hört oder -sieht. Man kann nun die Erfahrung, die von diesem Einstiegspunkt aus zustande kommt, so begreifen, dass sie von einem Scheitern geprägt ist.[52] Die Erfahrung beruht dann darauf, dass man anhand einer Struktur, der man folgt, einen Verstehensversuch unter-

52 Diese Explikation stützt sich auf Überlegungen in: Christoph Menke, *Die Souveränität der Kunst*, Frankfurt a. M. 1991, etwa S. 65 ff.

nimmt. Im Übergang zu weiteren Momenten beziehungsweise Strukturen des Kunstwerks allerdings zeigt sich, dass dieser Versuch an kein Ende gelangt. Irgendwann stößt man auf Momente beziehungsweise Strukturen, die sich in den Verstehensversuch nicht integrieren lassen. Eine Rezipientin macht diese Erfahrung und setzt möglicherweise noch einmal aufs Neue an. Es kann auch sein, dass sie mit einer anderen Struktur anfängt und wiederum von ihr her das Werk zu verstehen versucht. Dieses Geschehen kann die Rezipientin unbegrenzt fortsetzen. Die ästhetische Erfahrung, die auf diese Weise zustande kommt, beinhaltet das Scheitern von Zeichenbildung. Jeden Versuch des Verstehens, der neu anhebt, kann man als einen Versuch begreifen, das Kunstwerk als Zeichen zu überschauen. Hinter jedem Verstehensversuch steckt die Idee des Werks als eines bestimmten Zeichens. Das Werk muss als ein solches Zeichen erprobt werden, damit die Erfahrung des spezifischen Scheiterns von Zeichenbildung möglich wird. Auf diesem Wege kommt die spezifische Distanz ästhetischer Erfahrung zustande.

Man kann den Prozess der Konstitution von ästhetischer Erfahrung durch ein Zeichengeschehen auch anders deuten. Gehen wir noch einmal von irgendeiner Struktur im Kunstwerk aus, sagen wir in einem Gedicht. Bereits die kleinste Struktur beinhaltet unüberschaubar viele Momente. Der Zusammenhang der Wörter, ihre einzelne Gestalt, die Vokale und Konsonanten, die rhythmische Form: Alles kann als beachtenswert erfahren werden. Selbst ein einfaches Gedicht verbindet eine Vielzahl von Bestimmtheiten, die ein Rezipient nicht überschauen kann. Die ästhetische Erfahrung zeichnet sich so betrachtet dadurch aus, dass in ihr unüberschaubar viele Bestimmtheiten zusammenkommen.[53] Jede dieser Bestimmtheiten lässt sich herausgreifen. Niemals wird ein Rezipient allerdings bei einer Bestimmung stehen bleiben können. Das Bestimmungsgeschehen geht immer weiter. Die Erfahrung des Kunstwerks stellt somit eine Erfahrung unbegrenzter Zeichenbildung dar. Jede Bestimmtheit eines ästhetischen Zeichens, die eine Rezipientin verfolgt, führt zu einer unbegrenzten Zahl weiterer Bestimmtheiten. Die Lektüre des ästhetischen Zeichens kommt an kein Ende.

Beide Versionen, die Zeichenbindung ästhetischer Erfahrungsprozesse zu begreifen, kommen zu einem analogen Ergebnis. Das Moment der Distanz in der ästhetischen Erfahrung hat in dem Scheitern beziehungsweise in der Unbegrenztheit von Zeichenbildung seine Grundlage. Unabhängig davon, ob ästhetische Zeichengeschehnisse als scheiternd oder unbegrenzbar expliziert werden, führt die spezifische Verwicklung eines Zeichengeschehens in die ästhetische Erfahrung dazu, dass in ihr eine Distanz ausgebildet wird. In der ästhetischen Erfahrung geht es, so kann man auch jetzt noch mit Dewey sagen, um die Form von Erfahrung. Diese wird aber ästhetisch nur insofern erschlossen, als im Zuge ästhetischer Erfahrung eine Distanz zu sonstiger Erfahrung hergestellt wird. Wenn man den Begriff der Erfahrung, wie es erforderlich ist, mit dem Begriff eines Zeichengeschehens verbindet, zeigt sich eine Diskontinuität zwischen ästhetischer und sonstiger Erfah-

53 Diese Explikation stützt sich auf Überlegungen in: Martin Seel, »Ästhetik des Erscheinens«, in: M. S., *Ästhetik des Erscheinens* (s. Anm. 12), S. 43–221, hier etwa S. 92 ff.

rung. Eine ästhetische Erfahrung liegt dann vor, wenn auf eine bestimmte Weise ein anderes Zeichengeschehen zustande kommt als in unseren alltäglichen Erfahrungen. Wenn man die Explikation ästhetischer Erfahrung mit dem Begriff des Zeichens zusammenbringt, kann man sie als das formale Geschehen verständlich machen, als das man sie unter anderem in der Tradition Kants immer wieder begriffen hat. Sie ist dieses formale Geschehen aber nicht als bloße Erfahrung. Erst in der Spannung zu Zeichenmomenten kommt sie als dieses Geschehen zustande.

Die spannungsreiche Bestimmung der Kunst

Der Zugang zu Kunstwerken kann also nicht einheitlich bestimmt werden. Er umfasst immer die beiden Dimensionen von Zeichen und Erfahrung. In dieser Spannung spielt sich alle Auseinandersetzung mit Kunstwerken ab. Einerseits begegnen uns Kunstwerke als Zeichen, die entziffert und gedeutet werden müssen. Andererseits sind sie zugleich mit Erfahrungen verbunden, die Kunstwerke uns machen lassen. Die Dimensionen von Zeichen und Erfahrung hängen in der Auseinandersetzung mit Kunstwerken untrennbar zusammen. Die Zeichen, die Kunstwerke sind, zeichnet es aus, dass sie nur im Verbund mit Erfahrungen ihrer Verfasstheit als Zeichen zugänglich sind. Die spezifischen Erfahrungen wiederum können nur im Rahmen eines Zeichengeschehens gemacht werden. Wer Kunstwerke umstandslos als Zeichen gebrauchen will, verfehlt sie genauso wie der, der an ihnen ›zeichenfreie‹ Erfahrungen zu machen versucht.

Durch die Explikation des untrennbaren Zusammenhangs von Zeichen und Erfahrung gelingt ein erster Schritt in der Erläuterung der Bestimmungen, die sich im dritten Kapitel als Bestimmungen der Kunst ergeben haben. In besonderer Weise wird durch diesen Zusammenhang deutlich, dass das Verständnisgeschehen in der Kunst überhaupt als ein spannungsreiches Geschehen zu verstehen ist. Dass das Zeichengeschehen von Kunstwerken mit Erfahrung verbunden ist, bedeutet, dass das Verstehen in der Auseinandersetzung mit Kunst immer in Frage steht. Ästhetische Verständnisse kommen krisenhaft zustande.

Zudem wird deutlich, dass in der ästhetischen Selbstverständigung die Verständigung über die Welt und über uns selbst immer zusammenhängen. Der objektive Aspekt der ästhetischen Selbstverständigung lässt sich von ihrem subjektiven Aspekt nicht trennen. Genau dies scheint mir die Einsicht zu sein, zu der man gelangt, wenn man den Zusammenhang von Zeichen und Erfahrung in der Auseinandersetzung mit Kunstwerken nachvollzieht. Die objektive Dimension von Kunstwerken als Zeichen ist an die subjektive Dimension der Erfahrung mit diesen Zeichen gebunden. Es zeigt sich somit, dass sich hinter dem Antagonismus, den wir in diesem Kapitel verfolgt haben, zusammenhängende Aspekte verbergen. Das Potential von Kunstwerken, uns subjektiv anzusprechen, hängt damit zusammen, dass sie uns objektiv Aspekte der Welt zu verstehen geben.

Der Zusammenhang der objektiven und der subjektiven Orientierung in der ästhetischen Selbstverständigung wiederum zeigt, dass in dieser Selbstverständigung der Aspekt der Welt nicht gegen den Aspekt des Selbst ausgespielt werden kann oder umgekehrt. Das Verstehen in der Kunst ist genauso wenig ein bloß subjektives Geschehen, wie es ein bloß objektives Geschehen ist. Kunstwerke verständigen uns weder allein über die Formen unseres Erfahrens noch verständigen sie uns bloß über die Inhalte einer konkreten historisch-kulturellen Situation. In der Auseinandersetzung mit einem Kunstwerk spielen beide Momente zusammen: Subjektive Formen des Erfahrens werden im Zuge der Präsentation von objektiven Inhalten erfahrbar. Auch eine ganz und gar erfahrungsorientierte Kunst – man denke zum Beispiel an den abstrakten Expressionismus – gibt ihre subjektive Dimension nur im Zusammenhang mit ihrer objektiven Dimension preis. Sie vermittelt subjektive Zugänge nur dadurch, dass sie etwas zeigt.

Wir sind nun in der Lage, genauer zu sagen, wie Kunst als Selbstverständigung funktioniert. Kunst ist Selbstverständigung über die Welt und über das Selbst gleichermaßen. Selbstverständigung kommt in der Kunst – wie bereits betont – als ein spannungsreiches Geschehen zustande, das sowohl die zeichenhafte Verständnisvermittlung als auch das Hervortreten von Formen der Erfahrung und ein Wechselspiel beider Momente impliziert. Ohne die Begriffe des Zeichens und der Erfahrung kann die Selbstverständigung in der Kunst nicht erläutert werden. Es besteht kein Antagonismus zwischen beiden Begriffen, sondern sie bilden Pole der Auseinandersetzung mit Kunstwerken. Daraus folgt nicht zuletzt, dass der Begriff der ästhetischen Erfahrung sich nicht in der eingeschränkten Art und Weise verwenden lässt, wie ich es in diesem Kapitel probehalber versucht habe. Ich kehre also im Folgenden wieder zu der allgemeinen Verwendung zurück, wie ich sie bereits in den ersten drei Kapiteln praktiziert habe.

Mit der Untrennbarkeit von Zeichen und Erfahrung sind die Eckpunkte ästhetischer Selbstverständigung präzisiert. Es ist allerdings mit dieser Präzisierung noch nicht gesagt, wie der spezifische Zeichencharakter von Kunstwerken erschlossen wird. Was verbirgt sich hinter der Rede von spezifischen Gestalten und Materialien, die als Zeichen zu verstehen sind? Inwiefern ist die Erschließung solcher Gestalten und Materialien eine Verständniserfahrung, in der eine Spannung zwischen in Frage stellenden, bestätigenden und verändernden Momenten entsteht? In den folgenden Kapiteln wird vor allem der sinnlich-materiale Aspekt von Kunstwerken als ein wichtiger Aspekt ästhetischer Selbstverständigung ins Zentrum rücken. Es soll beleuchtet werden, dass die Spezifik der Auseinandersetzung unter anderem in einer ständigen Bemühung um die Integration einzelner ihrer sinnlichen Aspekte besteht. Dadurch kommt es einerseits zu Strukturbildung; andererseits fallen materiale und prozessuale Momente von Kunstwerken aus den Strukturen heraus. Es entsteht so eine Polarität von Verstehen und Verständnisferne. Durch die Betrachtung dieser Polarität lässt sich die Untrennbarkeit von Zeichen und Erfahrung und damit das Spannungsfeld ästhetischer Selbstverständigung weiter ausleuchten.

5 Das Verstehen in der Kunst

Kunstwerke sind Zeichen. Es handelt sich allerdings um Zeichen, deren Erschließung in charakteristischer Weise mit Erfahrungsprozessen verbunden ist. Kunstwerke funktionieren als Zeichen nicht wie Wörter auf einer Gebrauchsanweisung oder Bilder in der Tageszeitung. Das heißt, dass Verstehen bei Kunstwerken etwas anderes bedeuten muss als bei anderen Zeichen. Das Verstehen ästhetischer Zeichen ist von einer Erfahrungsdimension geprägt. Wie aber lässt sich diese Prägung begreifen? Inwiefern handelt es sich um mehr als um eine schlichte Addition von Momenten der Erfahrung zu Verständnismomenten? Wenn man das Verstehen in der Kunst von anderen Fällen des Zeichenverstehens unterscheiden will, dann geht es darum, die innere Verbindung des Verstehens mit Momenten der Erfahrung nachzuvollziehen. Dazu bedarf es vor allem eines Blicks auf die sinnlich-materiale Seite von Kunstwerken.

Jedes Kunstwerk vermittelt als solches besondere sinnliche Erfahrungen. Die zarten Klänge einer Interpretation von Claude Debussys *Syrinx* für Flöte solo leisten dies genauso wie der monumentale Bau des Pantheons in Rom. Kunstwerke präsentieren Klänge oder Phoneme, Farben oder Oberflächenstrukturen und andere sinnlich-materiale Momente. Die Auseinandersetzung mit Kunstwerken geht aber wesentlich über sinnliche Erfahrungen hinaus. Sie muss als Verstehen begriffen werden. Wie aber ist dies möglich? Wie kann das spezifisch sinnlich-materiale Moment von Kunstwerken als Aspekt des Verstehens von Kunstwerken gedacht werden?

Wir gehen normalerweise davon aus, dass Verstehen etwas damit zu tun hat, dass man sich von konkreten sinnlichen Erfahrungen löst. Verstehen hängt demnach mit Abstraktion zusammen. Das gilt für alltägliche Erfahrung wie die Begegnung mit einem Hund, den ich als Hund nur erkenne, wenn ich ihn irgendwie mit anderen Hunden in Beziehung setze, also von seiner ganz konkreten Beschaffenheit absehe. Es gilt auch für unseren Umgang mit Sprache. Wenn ich ein Wort verstehe, verstehe ich nicht eine einzelne sinnliche Gestalt, sondern das, was eine Vielzahl von sinnlichen Gestalten – mündliche, schriftliche oder anderweitige Realisierungen dieses Wortes – gemeinsam haben. Verstehen ist in all solchen Fällen mit Abstraktion verbunden. Für Kunstwerke ist dieser Begriff des Verstehens problematisch. Sinnlich-materiale Momente sind in ihnen gerade als Träger von Verständnissen zu begreifen. Das Verstehen in der Kunst ist nicht in der gleichen Weise unabhängig von der spezifischen sinnlich-materialen Beschaffenheit der Zeichen.

Wer aufklären will, inwiefern Kunstwerke mit Verstehen verbunden sind, der muss in erster Linie fragen, inwiefern das Verstehen vom sinnlich zugänglichen Material von Kunstwerken ausgeht. Zu der angestrebten Klärung gehören Antworten auf die Fragen nach der Besonderheit ästhetischen Verstehens, nach der Verbindung von sinnlich-materialen Momenten mit Verstehen und nach den Grenzen des Verstehens in der Kunst. Schließlich ist es auch wichtig zu beleuchten, wie Verstehen und Interpretation zusammenhängen. Gibt es zum Beispiel so etwas wie die richtige Interpretation von Kunstwerken oder zumindest verständliche Restriktionen für eine Interpretation? Entlang diesen

Fragen sind die folgenden Überlegungen strukturiert. Sie setzen bei der allgemeinen Charakteristik ästhetischen Verstehens an.

Ästhetisches Verstehen

Stellen wir uns eine Aufführung von Alban Bergs *Violinkonzert* (*Dem Andenken eines Engels*) vor. Es handelt sich um ein Werk, das gut geeignet ist, die Erfahrungsdimension von Kunst zu illustrieren. Man kann es als eine Musik über musikalische Stimmungen hören. Die Ruhe des Anfangs, die Erinnerungen an die Heiterkeit, die der Ländler im weiteren Verlauf des ersten Satzes evoziert, die Gewalt des Einbruchs zu Beginn des zweiten Satzes, und dann der melancholisch durchbrochene Trost, der mit dem Zitat des Chorals von Johann Sebastian Bach anhebt: Dies sind nur einige der Stimmungen, die diese Musik möglicherweise weckt und die dafür sorgen, dass die Musik einen großen Reichtum an Erfahrungen erfahrbar macht. Es ist eine Musik von zweifelsohne außergewöhnlicher Erfahrungsintensität.

Um diese Erfahrungsintensität der Musik zu erleben, ist es nicht erforderlich, Details ihrer Konstruktion zu verstehen. Zum Beispiel muss man das Zwölftonthema nicht erkennen, mit dem das Werk anhebt und das raffiniert die Atonalität der Zwölftonmusik mit tonalen Elementen verbindet. Es ist auch nicht erforderlich zu verstehen, dass der Choral, der im zweiten Satz zitiert wird, mit einer Sequenz aus diesem Thema beginnt. All solches Verständnis ist sicherlich wichtig für eine weitergehende Auseinandersetzung mit Bergs Musik. Es wird möglicherweise dazu führen, dass die ästhetischen Erfahrungen, die diese Musik vermittelt, noch gesteigert werden. Dass überhaupt ästhetische Erfahrungen mit der Musik gemacht werden, ist aber nicht an ein solches Wissen gebunden.

Man darf nun aus diesen ersten Andeutungen nicht schließen, dass in einer ›einfachen‹ ästhetischen Erfahrung kein Verstehen vorkomme. Vielmehr ist auch ohne alles speziellere Wissen Verstehen im Spiel. Eine Hörerin wird zum Beispiel verstehen, dass in einem Moment ein besonders heller Klang vernehmbar ist, dass das Tempo der Musik sich ändert oder dass die Solovioline gegen die Holzbläser anspielt, die den Bach-Choral interpretieren. Letzteres kann sie zum Beispiel verstehen, auch wenn sie nicht weiß, dass es sich bei dem Choral um ein Zitat handelt. Die Beispiele deuten nur an, in welch unterschiedlichen Hinsichten es in der Auseinandersetzung mit Kunstwerken zu Verstehen kommen kann. Jede ästhetische Erfahrung ist von einer unüberschaubaren Vielzahl von Verständnissen begleitet. Verstehen ist ein unerlässlicher Aspekt der Auseinandersetzung mit einem Kunstwerk.

Die Unerlässlichkeit vielfältigen Verstehens in der Auseinandersetzung mit Kunstwerken wird begreiflich, wenn man die besondere Verfasstheit von Kunstwerken betrachtet. Ich habe bereits erwähnt, dass Kunstwerke nicht einfach dadurch verständlich sind, dass sie auf ein vertrautes Medium zurückgreifen. Ich verstehe einen Roman nicht einfach deswegen, weil er in meiner Muttersprache geschrieben ist oder weil er in meine Muttersprache übersetzt wurde. Unbestreitbar partizipiert ein Roman an einer Sprache wie dem Deutschen. Gerade im Gegensatz zu einem Gedicht darf man bei einem Roman im Normalfall auch erwarten, dass er diese Sprache in weitgehend gewohnter Weise verwendet. Dennoch gewährleistet diese Tatsache für einen Leser kein Verstehen. Erst in der Auseinandersetzung mit der Art und Weise, wie ein bestimmter Text mit einer Sprache wie dem Deutschen umgeht, kann der Leser Verständnisse gewinnen.

Das Kunstwerk als Mikrokosmos

Die besondere Verfasstheit von Kunstwerken hinsichtlich des Verstehens hat zur Folge, dass Werke irgendwie isoliert voneinander verstanden werden. Wenn ich *ein* Werk von Berg verstehe, heißt das noch lange nicht, dass ich auch andere seiner Werke verstehe. Es kann sein, dass mich das Violinkonzert in seiner expressiven Musik anspricht, dass mir aber zum Beispiel die Musik aus der Oper *Lulu* in ihrem abstrakteren Duktus verschlossen bleibt. Kunstwerke unterscheiden sich in dieser Hinsicht stark von anderen Gegenständen des Verstehens.

Für sprachliche Ausdrücke zum Beispiel ist es charakteristisch, dass sie nicht eigenständig verstanden werden. Wer einen sprachlichen Ausdruck versteht, versteht auch viele andere solcher Ausdrücke. Von dem Verstehen eines sprachlichen Ausdrucks sprechen wir erst dort, wo jemand zu sagen weiß, wie ein Ausdruck mit anderen Ausdrücken zusammenhängt. Er muss zum Beispiel zu sagen wissen, dass ein »Junggeselle« ein »unverheirateter Mann« ist. Erst wenn er dieser Bedingung gerecht wird, würden wir davon sprechen, dass er den Ausdruck »Junggeselle« versteht. Man kann hier von einem *Holismus* mit Blick auf sprachliches Verstehen sprechen. *Holon* ist das griechische Wort für das Ganze. Der Begriff »Holismus« besagt mit Blick auf die Sprache, dass ich einen sprachlichen Ausdruck nur dann verstehe, wenn ich ein Ganzes von Sprache, also viele andere sprachliche Ausdrücke, verstehe.

Kunstwerke unterscheiden sich diesbezüglich von sprachlichen Ausdrücken. Es kann zum Beispiel für einen Spezialisten der Musik des 19. Jahrhunderts vorkommen, dass er vor einem Werk von Franz Schubert sitzt und nichts versteht. Kunstwerke erweisen sich für das Verstehen zuletzt als einzelne Atome. Man könnte aus diesem Grund mit Blick auf das Verstehen in der Kunst den Gegenbegriff zu dem Begriff des Holismus heranziehen und von einem *Atomismus* ästhetischen Verstehens sprechen. Aber dies ist übertrieben, da ja das Verstehen von Kunstwerken auch dadurch geprägt ist, dass wichtige Zusammenhänge unter Kunstwerken bestehen und dass Kunstwerke Medien und Verfahrensweisen teilen. Ich werde zum Beispiel eine mittelalterliche Heiligendarstellung besser verstehen, wenn ich auch andere mittelalterliche Heiligendarstellungen kenne und über einige Prinzipien der Bildgestaltung, die für diese Darstellungen charakteristisch sind, Bescheid weiß. In ähnlicher Weise kann man mit Blick auf alle Künste, Epochen und Richtungen sagen, dass es durchaus Zusammenhänge zwischen Kunstwerken gibt, die für das Verstehen zum Teil bloß hilfreich, zum Teil sogar unerlässlich sind. Allerdings: All diese Zusammenhänge bedeuten noch kein Verstehen.

Ich will die Eigenständigkeit von Kunstwerken dadurch charakterisieren, dass ich mich an Beschreibungen anlehne, wie sie unter anderem der italienische Kunstphilosoph Benedetto Croce (1866–1952) gegeben hat, und spreche so von dem Kunstwerk als einem Mikrokosmos.[54] Der Begriff des Mikrokosmos bringt zum Ausdruck, dass jedes Kunstwerk trotz all seiner wichtigen und möglicherweise auch verständnisrelevanten Beziehungen zu anderen Kunstwerken in sich selbst ruht. Jedes Kunstwerk ist ein Mikrokosmos mit Blick auf sein Verstehen in dem Sinn, dass ein Rezipient in erster Linie Teile des Werks in einen Zusammenhang bringen muss, um zu verstehen. Der Versuch des Verstehens ist in gewisser Hinsicht an dem einzelnen Werk orientiert. Das Kunstwerk wird so als eine Welt im Kleinen betrachtet. Dies kann mit zwei unterschiedlichen Akzenten geschehen: Entweder betont man die Verständnis eröffnende Dimension der Welt des Kunstwerks, seine Reichhaltigkeit und innere Vollständigkeit. Oder man richtet das Augenmerk eher auf die Abgeschlossenheit des Werks, auf die Eigenheit beziehungsweise Fremdheit seiner Welt.[55] In beiden Fällen wird das Verstehen eines Kunstwerks auf das einzelne Werk fokussiert. Das Verstehen in der Kunst muss von der mikrokosmischen Verfasstheit von Kunstwerken her begriffen werden.

54 Vgl. etwa Benedetto Croce, *Ästhetik als Wissenschaft vom Ausdruck*, übers. von Hans Feist und Richard Peters, Tübingen 1930, S. 22. Croce greift mit seinen Verständnissen auf Hegels Kunstbegriff zurück; vgl. in diesem Sinn auch Georg Wilhelm Friedrich Hegel, *Vorlesungen über die Ästhetik III*, Frankfurt a. M. 1977, S. 331.

55 In diesem Sinn hat Adorno Gottfried Wilhelm Leibniz' Begriff der »Monade« für das Kunstwerk gebraucht; vgl. etwa Theodor W. Adorno, *Ästhetische Theorie* (s. Anm. 4), S. 268 ff..

Verstehen als Strukturieren – das Kunstwerk als Idiolekt

Die Rede von dem Kunstwerk als Mikrokosmos ist aber noch nicht besonders aufschlussreich für die Beantwortung der Frage, was Verstehen bei Kunstwerken heißt. Die Rede von einem Mikrokosmos suggeriert, dass ein Kunstwerk eine in sich eigenständige Welt darstellt, die ganz oder gar nicht verstanden wird. Ein solches Ganz oder Garnicht aber widerspricht vielen ästhetischen Erfahrungen. Das Verstehen von Kunstwerken hat oftmals etwas Tastendes und Unvollständiges. Vielfach versteht eine Rezipientin nur in Ansätzen oder versteht nur wenige Details. Solchen Erfahrungen kann man gerecht werden, wenn man ästhetisches Verstehen als einen Prozess begreift, in dem sich langsam Elemente zusammensetzen oder in ihrem Widerstreit erfahren werden. Dies kann man besonders gut theoretisch nachvollziehen, wenn man den Begriff des Idiolekts einführt.

Den Begriff »Idiolekt« hat unter anderem der Semiotiker und Romancier Umberto Eco (1932–2016) für Kunstwerke gebraucht.[56] »Idiolekt« heißt »Sprache eines Einzelnen« (im Gegensatz zur Sprache einer Gemeinschaft zum Beispiel). Jedes Kunstwerk kann so betrachtet werden, dass es eine ihm eigene Sprache hat, die es von der sonstigen Welt, aber auch von anderen Kunstwerken unterscheidet – eine Sprache, die zwar auf einem ästhetischen Medium beruht und für die ästhetischen Verfahrensweisen relevant sind, die aber nicht in diesem Medium und diesen Verfahrenswei-

56 Vgl. dazu u. a. Umberto Eco, *Einführung in die Semiotik* (s. Anm. 51), S. 151 ff.

sen aufgeht. Die Elemente dieser eigenen Sprache sind unterschiedliche Gestalten, Formen oder Materialien des Kunstwerks. Die Gestalten, Formen oder Materialien sind in eine spezifische Konstellation gebracht. Auch wenn ein Roman sich ganz auf die Wörter und die Grammatik einer bestehenden Sprache stützt, entwickelt er doch eigene Sprachgestalten, einen eigenen Sprachduktus und zum Beispiel eine eigene Vorliebe für bestimmte Wörter. Genau darin gewinnt auch ein Kunstwerk, das sich auf ein sehr geläufiges ästhetisches Medium wie die Sprache des Deutschen stützt, eine Eigenheit, die man als eigene Sprache begreifen kann. Es wahrt eine gewisse Unabhängigkeit von anderen Formen und Strukturen – von Formen und Strukturen anderer Kunstwerke und der Welt.

Der Idiolekt eines Kunstwerks ist allerdings keine Sprache, die man lernen kann. Die unbegrenzte Deutbarkeit ästhetischer Zeichen, die wir oben nachvollzogen haben (vgl. S. 185 ff.), hat zur Folge, dass immer neue und andere Lektüren dieser Zeichen möglich sind. Das Verstehen eines Kunstwerks kann an den unterschiedlichsten Punkten und Elementen immer wieder neu beginnen. Dabei kommen immer neue Perspektiven zustande. Die Sprache eines Kunstwerks ist kein kohärentes Ganzes. Sie zeigt vielmehr unterschiedliche sprachliche Elemente, die immer aufs Neue konfiguriert werden können. Es ergibt sich ein Prozess der Konfiguration von Elementen, der das Verstehen von Kunstwerken ausmacht. Ich bezeichne einen solchen Prozess als ein *Strukturieren*. Einzelne Elemente des Kunstwerks oder ästhetischen Geschehens werden im Rahmen einer Struktur nachvollzogen.

Ästhetisches Verstehen ist eine Entzifferungsarbeit.

Auch wenn das ästhetische Verstehen die Vertrautheit mit ästhetischen Medien voraussetzt, fängt die Entzifferungsarbeit bei nicht wenigen Kunstwerken mehr oder weniger am Nullpunkt an. Es muss erst einmal geklärt werden, was in einem Kunstwerk als zeichenhafter Bestandteil gelten kann, wie Zusammenhänge mit anderen solchen Bestandteilen aussehen, usw. Wenn man die Entzifferungsarbeit in dieser Weise beschreibt, wird die Rede von einer eigenen Sprache verständlicher. Die Eigenheit und Eigenständigkeit der Sprache besteht darin, dass ihr Vokabular und die Grammatik nur in dem einzelnen Werk gegeben sind.

Diese These muss freilich relativiert werden. Kunstwerke greifen in ihrem Vokabular und in ihrer Grammatik durchaus auf allgemeine ästhetische Medien und ästhetische Verfahrensweisen zurück. Man denke zum Beispiel an das tonale System der Musik und an das Farbspektrum in der Malerei. Auch Regelungen in der Musik, die die Zusammenhänge von Harmonien betreffen, oder kodifizierte Bildelemente zur Charakterisierung von Figuren und Begebenheiten – wie zum Beispiel in Heiligendarstellungen – spielen für eine Vielzahl von Kunstwerken eine Rolle. Es ist allerdings die Frage, welchen Beitrag die Kenntnis von Medien und Verfahrensweisen für das Verstehen eines Werks leisten kann. Es kann kein Zweifel daran bestehen, dass eine solche Kenntnis für den ersten Zugang zu einem Werk hilfreich und oftmals unerlässlich ist. Dennoch ist es ein Fehler, das Vokabular eines Mediums als Vokabular des Werks zu begreifen. Ein Medium wie das tonale System wird in einem Musikstück gebraucht, um spezifische Elemente und Strukturen auszubilden. Man kann hier von einer Überformung sprechen. Die Elemente eines ästhetischen Mediums werden zu Elementen der eigenen Sprache eines Kunstwerks, indem sie überformt werden. Diese Elemente zu verstehen heißt, sie im Rahmen der Strukturen des Werks nachzuvollziehen. Das Vokabular eines Werks und die Art und Weise, wie dieses Vokabular konfiguriert wird, müssen als eigene Sprache dieses Werks begriffen werden.

Nun sind aber Kunstwerke nicht nur Zeichen, die eine eigene Sprache haben. Oder anders gesagt: Nicht alle Zeichen, die so charakterisiert werden können, sind auch gleich Kunstwerke. Jedes Anzeigegerät, das es nur einmal auf der Welt gibt, kann als ein Zeichen begriffen werden, das seine eigene Sprache hat. Es ist also erforderlich, die Sprache von Kunstwerken weiter zu charakterisieren. Ich habe oben die Auffassung von Nelson Goodman dargelegt, dass ein Zeichen bestimmte Besonderheiten aufweisen muss, um als Kunstwerk zu gelten. Goodman spricht, wie wir gesehen haben, von Symptomen des Ästhetischen (vgl. S. 187 f.): Aus dem Vorliegen eines Symptoms lässt sich noch nicht schließen, dass es sich um ein Kunstwerk handelt, und ein Kunstwerk muss keineswegs alle Symptome aufweisen. Daran sei kurz erinnert. Einige Symptome, die das Vorliegen ästhetischer Zeichen ankündigen, sind auch für das Verstehen der spezifischen Sprachen von Kunstwerken relevant. Ich verbinde die Erläuterung dieser Relevanz damit, dass ich noch einmal ein Beispiel gebe.

Denken wir an eine Aufführung von Goethes *Faust I*. Was heißt es in diesem Fall, eine Aufführung als ein ästhetisches Zeichen zu erfahren und zu verstehen? Ein Teil des Vokabulars ist sicherlich die deutsche Sprache, die das Stück verwendet. Dieses Vokabular kann aber, wie bereits angemerkt, nicht so verstanden werden, wie es im alltäglichen Umgang verstanden wird. Der Unterschied zwischen der Sprache des Theaterstücks und des Alltags ist die definitive Bestimmtheit des Texts. Im Theatertext heißt es zum Beispiel »Habe nun, ach, …«. Im Alltag wäre es kein Unterschied, stattdessen »Ach, ich habe nun, …« zu sagen. Im Theater macht es einen Unterschied. Wichtiger ist noch, dass die sprachlichen Ausdrücke auf der Bühne in komplexer Weise mit anderen Materialien verbunden sind. Sprachliche Ausdrücke stehen im Kontext des Bühnenbilds, körperlicher Gesten und Bewegungsabläufe, musikalischer Begleitungen oder Einlagen und anderer Materialien. Aus diesem Grund kann jedes Element eines Theaterstücks immer noch genauer kontextualisiert und in seiner spezifischen Fügung gehört oder betrachtet werden. Das heißt letztlich nichts anderes, als dass das ›Vokabular‹ des Kunstwerks (die Wörter, Gesten, Raumgestaltungselemente usw.) immer weiter geklärt wird. Das Verstehen von Kunstwerken als Zeichen ist ein unabschließbarer Klärungsprozess mit Blick auf die Zeichenelemente, aus denen das Werk sich zusammensetzt.

Die Eigensprachlichkeit eines Kunstwerks macht verständlich, dass Kunstwerke in gewisser Hinsicht unabhängig von Gegenständen sind, die von ihnen zum Beispiel dargestellt werden. Diese Unabhängigkeit habe ich im vierten Kapitel unter dem Stichwort »absolute Kunst« angesprochen (vgl. S. 180 ff.). Das Verstehen eines Kunstwerks ist in erster Linie an den Strukturen orientiert, die in diesem Werk selbst vorliegen. Diese Strukturen müssen als eine eigene Sprache begriffen werden. Wer sich mit einem Kunstwerk auseinandersetzt, folgt, sofern er dessen Sprache entziffert, Beziehungen, die – zumindest im ersten Moment – nicht über das Kunstwerk hinausreichen. In genau diesem Sinn sind Kunstwerke absolut.

Ästhetisches Verstehen im Spannungsfeld der Künste

Zu dem Entzifferungsprozess, den das Verstehen in der Kunst darstellt, gehört noch ein anderes Moment. In einer Theateraufführung zum Beispiel steht niemals der sprachliche Text für sich allein. Immer spielen eine Vielzahl anderer Ebenen eine Rolle: die Figuren, ihre Position, das Bühnenbild, die Artikulation der Worte. Auf all diesen Ebenen treten bestimmte Elemente auf. Diese Elemente interagieren miteinander. So können sowohl die sprachliche Artikulation als auch zum Beispiel das Bühnenbild die Bedeutung der sprachlichen Ausdrücke, die von den Figuren geäußert werden, verändern. Die einzelnen inhaltlichen Elemente sind nicht nur definitiv bestimmt, sondern hängen auch auf komplexe Art und Weise miteinander zusammen. Die Komplexität ist nicht in allen Künsten die gleiche. Die Theateraufführung ist zum Beispiel im Vergleich mit einer einfachen Prosa deutlich komplexer. Auch ist ein Gemälde zumeist komplexer als eine Kohlezeichnung. Bei der Malerei trägt oftmals sowohl die Farbverteilung als auch der Farbauftrag, die Oberflächenbeschaffenheit, die Korrespondenz der Farbe mit dem Malgrund und möglicherweise noch anderes zur Zeichengestalt bei. Bei einer Kohlezeichnung kann es hingegen auf die Verteilung weniger Striche ankommen.

An diesem Punkt ist es sinnvoll, noch einmal auf Überlegungen des zweiten Kapitels zurückzukommen. Dort habe ich erläutert, dass Kunst aus dem Spannungsfeld der Künste heraus verstanden werden muss. Es ist nun zu sehen, dass dieses Spannungsfeld zugleich als ein Spannungsfeld unterschiedlicher Strukturbildungen zu begreifen ist. Die Strukturbildungen, die das Verstehen in den einzelnen ästhetischen Medien charakterisieren, lassen sich nach Komplexität und Vielschichtigkeit unterscheiden. Ein Ballett bringt andere Elemente ins Spiel als ein Roman und diese anderen Elemente in anderen Formen strukturaler Komplexität. Die unterschiedlichen Formen strukturaler Komplexität implizieren auch eine unterschiedliche Wichtigkeit von sinnlich-materialen Momenten. Im modernen Tanztheater zum Beispiel haben solche Momente eine größere Relevanz als in erzählender Prosa. Körper treten in diesem Tanztheater als Material in den Vordergrund, das bestimmte sinnlich erfahrbare Eigenheiten aufweist. Körper treten als sehnig, muskulös, kräftig, strahlend oder ermattet auf. Die sinnhaften Strukturen, die sich aus diesem ›Material‹ bilden, sind davon durchzogen, dass Körper in dieser Weise auffällig werden. In einer erzählenden Prosa treten zwar auch zuweilen Wörter in ihrer Klanglichkeit hervor. Gegenüber den sinnhaften sprachlichen Strukturen, die aus diesen Wörtern geformt sind, hat aber die Klanglichkeit ein vergleichsweise geringes Gewicht. So unterscheiden sich ästhetische Medien hinsichtlich der Strukturierungen, die dem Verstehen nachzuvollziehen aufgegeben sind. Sie besetzen unterschiedliche Positionen im Spannungsfeld ästhetischen Verstehens.

Die Unterschiedlichkeit ästhetischer Medien hat aber im Rahmen dieses Spannungsfelds nicht das letzte Wort. Zuletzt zählt das einzelne Werk als Mikrokosmos. Es kann sich auch außerhalb der typischen Strukturierungen des jeweiligen ästhetischen Mediums, der ›eigenen‹ Kunst, bewegen. Dieser Spielraum wird vor allem von Aufführungspraktiken genutzt. Das Theater Robert Wilsons zum Beispiel nähert sich in vielen Momenten dem Ballett und rituellen Tänzen. Ein anderes Beispiel sind die Bach-Interpretationen von Glenn Gould, die Bachs Musik so darbieten, als handele es sich um eine Komposition aus Sprache. Gould spielt die Bach'schen Notentexte als Argumentationen, als ein Gemisch aus lauten Ausrufen, nachdenklichen Kommentaren und stillen Einwürfen. Solche Beispiele machen deutlich, dass die Ordnung der Künste keine starre Ordnung ist, sondern – wie zu Ende des zweiten Kapitels betont – als ein Spannungsfeld von Medien und Verfahrensweisen begriffen werden muss, das zuletzt auf je unterschiedlichen Kunstwerken beruht. Zuletzt ist die Strukturierung, in der ein Kunstwerk zu verstehen ist, je für das einzelne Werk gültig.

Materiales Verstehen

Die mikrokosmische Verfasstheit des Verstehens ist aber nicht das einzige, vielleicht nicht einmal das entscheidende Charakteristikum ästhetischen Verstehens. Ich habe bereits betont, dass in Kunstwerken das sinnlich zugängliche Material für das Verstehen und für die Zeichenfunktion eine besondere Rolle spielt. Kunstwerke sind, so habe ich zuerst mit Hegel entwickelt, Zeichen, deren Inhalt direkt mit ihrer konkreten sinnlichen Gestalt zusammenhängt (vgl. S. 79 ff.). Alle Elemente und Aspekte der sinnlichen Gestalt tragen zu ihrem Inhalt bei.

Diese grundsätzliche Einsicht mit Blick auf den Zeichenstatus von Kunstwerken ist in den Überlegungen, die hinter uns liegen, weiter profiliert worden. Es hat sich gezeigt, dass Kunstwerke als Zeichen verstanden werden müssen, deren Status als Zeichen mit der Erfahrung, die eine Rezipientin in Auseinandersetzung mit ihnen macht, verschränkt ist. Kunstwerke sind demnach als Zeichen definitiv bestimmt und in ihrer Bestimmtheit Mikrokosmen: Zeichen mit einer jeweils eigenen Sprache, die in ästhetischen Erfahrungen in unbegrenzten Deutungsprozessen in ihrer Struktur nachvollzogen wird. Die Relevanz aller Elemente und Aspekte ihrer sinnlich zugänglichen Gestalt hängt in erster Linie damit zusammen, dass die Elemente innerhalb dieser Sprache eine beliebig genaue Bestimmung erfordern. Soll diese genaue Bestimmung geleistet werden, bedarf es immer einer Auseinandersetzung mit der materialen Gestalt eines Kunstwerks. Farben, Töne und andere sinnlich zugängliche Materialien müssen als solche wahrgenommen werden. Eine wesentliche Eigenart des Verstehens in der Kunst ist genau, dass das Material als solches in die Reichweite des Verstehens rückt. Wie genau der Zusammenhang zwischen Material und Verstehen zu begreifen ist, soll im Folgenden erläutert werden.

Valéry: Zaudern zwischen Laut und Bedeutung

Es gibt ein Wort des Literaten Paul Valéry (1871–1945), das beschreibt, worin sich Literatur von anderen, zum Beispiel alltäglichen sprachlichen Äußerungen unterscheidet. Demnach kommt es in der Literatur zu einem »Pendeln«

beziehungsweise »Zaudern zwischen Laut und Bedeutung«.[57] Hinter dieser Bestimmung verbirgt sich eine Einsicht, die man für Kunst insgesamt zur Geltung bringen kann: Die sinnlich-materiale Seite der ästhetischen Erfahrung ist davon abhängig, dass es sich um eine Erfahrung von Verstehen handelt. Das Lautmaterial tritt dadurch hervor, dass es in Spannung zu Bedeutungen, zu Verständniserfahrungen steht. Nur durch die Orientierung an Verstehen und Verständnissen kommt die sinnlich zugängliche Materialität als ein Aspekt der ästhetischen Erfahrung in den Blick. Die ästhetische Erfahrung ist als Erfahrung eines Verstehens davon begleitet, dass die sinnlich-materiale Seite des Verstehens auffällig wird. Die Rede von einem »Zaudern« markiert, dass es in ästhetischen Erfahrungen nicht umstandslos zu Verständnissen kommt. Das impliziert aber, dass eine sinnlich zugängliche Materialität hier in sich immer die Tendenz zum Verstehen trägt. Das Zaudern kann nur dort eintreten, wo das sinnlich zugängliche Material in eine Spannung zu einem Verständnisgeschehen gerät.

Kommen wir noch einmal auf das Beispiel von Bergs *Violinkonzert* zurück. Die Laute sind hier Tonfolgen und Klänge, die in je spezifischer Weise dynamisch, rhythmisch, agogisch oder anderswie artikuliert sind. Diese ›Laute‹ werden nach dem Wort von Valéry nur dann ästhetisch

57 Vgl. etwa Paul Valéry, »Rede über die Dichtkunst«, in: P. V., *Zur Theorie der Dichtkunst*, übers. von Kurt Leonhard, Frankfurt a. M. 1962, S. 11–32, hier S. 26. Von einem »Zaudern« spricht, unter Berufung auf Valéry, Roman Jakobson, »Linguistik und Poetik«, in: R. J., *Poetik*, übers. von Regine Kuhn [u. a.], Frankfurt a. M. 1979, S. 83–121, hier S. 106.

erfahren, wenn sie in Spannung zu Verständnissen treten, die eine Hörerin von der Musik gewinnt. Es kann sich dabei um ganz einfache Verständnisse handeln wie die besagten Verständnisse von Klangfarben, von Veränderungen des Tempos oder von einer bestimmten Rhythmik. Das sinnliche Material der Musik tritt in Korrespondenz zu solchen Verständnissen hervor. Wie kann man sich ein solches Hervortreten vorstellen? Auf diese Frage hin kann man noch einmal auf Heideggers Überlegungen zur Kunst zurückkommen.

Heidegger: Erde und Welt

Martin Heidegger führt in seiner Abhandlung *Der Ursprung des Kunstwerkes* die für einen Philosophen recht seltsamen Begriffe »Erde« und »Welt« ein. Er spricht davon, dass jedes Kunstwerk durch den »Streit von Erde und Welt« charakterisiert sei. Es sei einerseits ein »Herstellen [d. h. Hervortretenlassen; G. W. B.] der Erde« und andererseits das »Aufstellen einer Welt«.[58] Was ist mit diesen sperrigen Formulierungen gesagt? Man kann die Begriffe Heideggers in das bislang eingeführte Vokabular rückübersetzen. Erde bedeutet entsprechend das sinnlich zugängliche Material; Welt steht hingegen für die Verständnisse, die sich von einem Kunstwerk gewinnen lassen.

Heideggers Begriffe verleihen der Spannung zwischen Material und Verständnissen etwas mehr Kontur. Erde ist nicht einfach nur sinnlich zugängliches Material, sondern

58 Vgl. Martin Heidegger, »Der Ursprung des Kunstwerkes«, in: M. H., *Holzwege*, 7. Aufl. Frankfurt a. M. 1994, S. 1–74, hier S. 33.

eines, das in einer bestimmten Weise auffällig wird. Von Erde kann man dort reden, wo sich ein Material als Material präsentiert, das nicht in der Dimension einer Gestaltung steht. Es handelt sich um ein gewissermaßen unberührtes Material. Die materiale Dimension der ästhetischen Erfahrung, die Heidegger mit dem Begriff »Erde« umreißt, ist also nicht die eines gestalteten Materials. Es handelt sich vielmehr um Material, das in seiner rohen, ungestalteten Materialität auffällig wird – unabhängig davon, ob es nun gestaltet ist oder nicht.

Als Gegenpol zur Erde versteht Heidegger im Kunstwerk die Welt. Der Begriff »Welt« fasst die verständliche Ordnung, die ein Kunstwerk präsentiert. Der Begriff der Welt akzentuiert dabei, dass eine solche verständliche Ordnung nicht allein als eine Ordnung des Kunstwerks gelingen kann. Verständnisse kann ich nur dann gewinnen, wenn sie in Zusammenhang mit den Fragen und Wegen stehen, die außerhalb der Kunst bewegen und gegangen werden. Heidegger hält in dem Begriff der Welt fest, dass alle Verständnisse in der Kunst letztlich als Selbstverständnisse gedacht werden müssen. Auch die einfachsten Verständnisse, wie ich sie mit Blick auf Bergs *Violinkonzert* angedeutet habe, hängen mit der Perspektive zusammen, die wir auf die Welt und auf uns entwickeln. Die Welt muss zum Beispiel als eine erfahren werden, in der Klangfarben und Rhythmen Orientierung bieten, damit die Musik als eine erfahren werden kann, in der Klangfarben und Rhythmen verständlich sind. Die verständliche Ordnung der Musik partizipiert an der verständlichen Ordnung der Dinge außerhalb ihrer. Genau diese Partizipation hält Heideggers Begriff der Welt fest. Eine Welt ist das Gesamt verständlicher Ordnung, die in einer Zeit entwickelt ist.

Auf der Basis dieser Erläuterungen lässt sich das Beispiel verständlich machen, das Heidegger in seinem Text gibt. Er beschreibt das Herstellen von Erde am Beispiel eines griechischen Tempels: »Das Tempel-Werk [...] lässt, indem es eine Welt aufstellt, den Stoff nicht verschwinden, sondern allererst hervorkommen und zwar im Offenen der Welt des Werkes: der Fels kommt zum Tragen und Ruhen und wird so erst Fels; die Metalle kommen zum Blitzen und Schimmern, die Farben zum Leuchten, der Ton zum Klingen, das Wort zum Sagen. All dieses kommt hervor, indem das Werk sich zurückstellt in das Massige und Schwere des Steins, in das Feste und Biegsame des Holzes, in die Härte und den Glanz des Erzes, in das Leuchten und Dunkeln der Farbe, in den Klang des Tones und in die Nennkraft des Wortes.«[59]

Diese Beschreibungen Heideggers erklären den Zusammenhang von Erde und Welt in der folgenden Weise. Ein Kunstwerk wird dadurch verstanden, dass es als Präsentation einer Welt aufgefasst wird. Zugleich mit der Präsentation von Welt wird Erde dazu gebracht, als solche hervorzutreten. Die Materialien des Kunstwerks zeigen sich in ihren optischen, akustischen und auch haptischen Eigenheiten. Das Verstehen ist in der Kunst damit verbunden, dass Materialien aus sich heraus erfahrbar werden. Die sinnliche Erfahrung des Blitzens von Metall oder der Schwere des Steins muss aber – das ist der Witz von Heideggers Überlegungen – selbst als eine Art von Verstehen be-

59 Ebd., S. 31.

griffen werden. Das Material fungiert nicht als Widerpart, der in seiner Verständnisferne aufschiene. Vielmehr bringt das Material eine Eigenlogik von Verstehen in das Verstehen der Kunst hinein.

Heideggers seltsame Terminologie ist präzise darin, wie sie die alle ästhetische Erfahrung begleitende Dimension einer *verständnistragenden Materialität* beschreibt. Das Verstehen in der Kunst hängt damit zusammen, dass das Material in einer ihm eigenen Verständlichkeit hervortritt. Für diese Verständlichkeit steht Heideggers Rede vom Blitzen und von der Schwere. Mit Blick auf das Beispiel der Musik Bergs sind es die bloßen Tonproduktionen der Instrumente, die sich zeigen: das Hauchen der Klarinette in der Tiefe, ihre schrillen Spitzen in der Höhe, die Wärme der tiefen Streicher. Es lassen sich wesentlich genauere Versuche unternehmen, das Hervortreten der ästhetischen Materialität in Architektur, Musik oder anderen Künsten zu charakterisieren. Verständnistragend ist die hervortretende Materialität darin, dass sie sich in eigenen Strukturierungen zeigt. Die Schrillheit von Tönen hat eine eigene Klangcharakteristik. Dass eine solche Schrillheit sich in ihrer Struktur zeigt, heißt, dass sie in ihrer Eigenheit verständlich wird. Ich spreche diesbezüglich von *materialem Verstehen.*

Nach Heideggers Rekonstruktion treffen im ästhetischen Verstehen welthaftes und materiales Verstehen aufeinander. In diesem Sinn spricht er davon, es komme im Kunstwerk zu einem Streit von Erde und Welt. Diese Explikation geht über das Wort vom Zaudern zwischen Laut und Bedeutung hinaus. Das Kunstwerk präsentiert nach Heideggers Verständnis nicht entweder verständnisferne Materialität oder verständliche Ordnungen. Es präsentiert mit verständlichen Ordnungen zusammen immer die ganz andere Form von Verständnis und Struktur, die das von ihm verwendete Material mit sich bringt. Das Verstehen der Kunst ist in sich spannungsreich. Es bewegt sich in der Spannung von Verständnissen, die im weitesten Sinn mit der Präsentation von Welt verbunden sind, und Verständnissen, die das Material als solches mit sich bringt. So lässt sich das Wort Valérys vom Zaudern mit Heidegger korrigieren, indem man von einem spannungsreichen Zusammenspiel spricht. Im Verstehen von Kunst spielen immer welthafte und erdhaft-materiale Momente spannungsreich zusammen. Die Materialität im Kunstwerk tritt dabei als eine eigene Ordnung des Verstehens hervor.

Verstehen und Selbstbezug

Kunstwerke, die das materiale Verstehen ins Zentrum stellen, sind aus der so genannten abstrakten Kunst weithin vertraut. So zeigen die berühmten blauen Bilder und Objekte von Yves Klein ihr strahlendes Blau. Oder es zeigt Olivier Messiaens *Quartett auf das Ende der Zeit* die schrillen hohen Töne der Klarinette. Das Material eines Werks wird in solchen Fällen exponiert. Sein Hervortreten hat eine besondere Funktion für die eigene Sprache eines Kunstwerks. Man sieht an dieser besonderen Funktion, dass das materiale Verstehen als ein Moment des Zeichengeschehens im Kunstwerk zu begreifen ist. Das materiale Verstehen hängt selbst mit einer Form des Zeichengebens zusammen. Diese Form des Zeichengebens lässt sich mit dem Begriff des Selbstbezugs aufklären. Ich greife damit auf Überlegungen von Nelson Goodman zurück.[60]

Goodman expliziert das Phänomen des Selbstbezugs, indem er betrachtet, was es heißt, eine Probe von etwas zu geben. Wenn ich zum Beispiel eines meiner Zimmer neu tapezieren lassen will, kann ich einen Maler mit einer Sammlung von Tapetenproben zu mir kommen lassen. Ich blättere dann die Proben durch, entscheide mich für eine Tapete und sage dem Maler, dass ich gerne diese hätte. Wenn er am vereinbarten Tag dann genau mit dem kleinen Musterstück ankommt und sonst nichts im Gepäck hat, werde ich verärgert sein. Ich werde ihn darüber aufklären, dass das Muster für eine bestimmte Art von Tapete steht, von der ich gerne eine ausreichende Menge zur Bedeckung meiner Wände gehabt hätte. Was lernt man aus einem solchen, zugegeben einigermaßen konstruierten Beispiel über die Funktionsweise einer Probe? Eine Probe gibt ein Beispiel von Eigenschaften der Dinge, von denen sie eine Probe ist. Die Tapetenprobe »exemplifiziert«[61] (das heißt: gibt ein Exempel von) zum Beispiel das Muster, die Farbe und die Oberflächenbeschaffenheit der Tapete. Sie besagt nichts mit Blick auf die Größe der Tapete, möglicherweise nicht einmal mit Blick auf ihre Materialstärke (wenn die Probe aus Gründen der Stabilität auf ein anderes Material aufgebracht worden ist).

Goodman vertritt die Auffassung, dass die Materialität in einem Kunstwerk genau die Rolle spielen kann wie bei

60 Vgl. Nelson Goodman (s. Anm. 14), 2. Kap.

61 Ebd., S. 59 ff.

einer Probe. Sie steht dann für Dinge, die material so verfasst sind, wie dieses Werk. Sie soll als eine Verfasstheit hervortreten, die zeigt, wie eine solche Verfasstheit genau beschaffen ist. Zwischen Kunstwerken und gewöhnlichen Proben besteht allerdings ein entscheidender Unterschied. Bei Proben gibt es normalerweise noch andere Dinge, die so verfasst sind wie sie. Die materiale Beschaffenheit, die sie auffällig werden lassen, findet sich auch an anderen Dingen, zum Beispiel an anderen Tapetenstücken, die von derselben Machart sind. Bei Kunstwerken hingegen verweist ihre materiale Verfasstheit, sofern sie wie eine Probe hervortritt, nur auf sich selbst. Es gibt in ihrem Fall keine anderen Dinge, auf die damit auch verwiesen wäre (auch dann nicht, wenn es zufälligerweise noch andere Dinge geben sollte, die material genauso verfasst sind). Auch in diesem Punkt setzt sich die Eigenschaft der Zeichen, die Kunstwerke sind, durch: eine eigene Sprache zu haben. Wenn Kunstwerke sich in ihrer materialen Verfasstheit auf sich selbst beziehen, dann entwickeln sie Elemente ihrer eigenen Sprache. Es sind Elemente, die nicht von anderen Dingen als solche geteilt werden.

Mit Goodman ist es möglich, das materiale Verstehen als ein Probengeben zu begreifen. Wo im ästhetischen Verstehen materiale Momente auffällig werden, verweist das Kunstwerk auf seine eigene materiale Verfasstheit. Man kann diese Form des Zeichengebens noch einmal am Beispiel von Goethes *Faust I* betrachten. Das Stück kann in unterschiedlicher Weise als eine Probe seiner selbst zeichenhaft werden. Zum Beispiel können sprachliche Sequenzen in ihrer materialen Beschaffenheit auffällig sein. Unterschiedliche Laute treten dann in ihrer spezifischen Verfasstheit hervor. Dieses Phänomen ist vor allem aus der Lyrik vertraut, wo zum Beispiel runde Vokale oder spitze Vokale zum Zeichengeben herangezogen werden. Der Text kann so, dadurch dass er unterschiedliche seiner materialen Bestandteile exponiert, eine bestimmte Stimmung erzeugen. Auf der Bühne können aber auch Kostüme oder andere Bühnenausstattungen eine Probe geben. Sie können zum Beispiel ihre Farblichkeit hervortreten lassen oder die Kargheit des Raumes, das Bedrückende einer Enge oder die Verlorenheit der Akteure. All solche Momente können als Aspekte der materialen Gestaltung herausgestellt sein, so dass die materiale Gestaltung selbst Zeichen gibt.

In dieser Weise kann das materiale Verstehen selbst als Aspekt des Zeichenprozesses in einem Kunstwerk begriffen werden. Das hervortretende Material erweist sich genau darin als Gegenstand materialen Verstehens, dass es nicht in gleicher Weise in Strukturen eintritt wie andere Elemente eines Kunstwerks. Eine blaue Farbfläche wird so in einem Gemälde exponiert und geht nicht darin auf, ein Element der Schattierung eines Kleidungsstücks zu sein. Ein Ton der Klarinette gewinnt außerhalb aller Harmonien und Melodien ein Gewicht. Das Verständnis dessen, was es heißt, dass in der ästhetischen Erfahrung Momente des Kunstwerks in ihrer Struktur nachvollzogen werden, erfährt somit eine Erweiterung. Der Nachvollzug besteht nicht nur darin, ein Moment auf das andere zu beziehen – wie zum Beispiel eine Farbfläche auf die andere. In der Strukturierung der Momente kommt es immer wieder auch dazu, dass einzelne Momente sich isolieren und genau in dieser Isolierung im Kunstwerk Bedeutung gewinnen.

Die Dimensionen des Verstehens in der ästhetischen Erfahrung

Die ästhetische Erfahrung muss als eine Erfahrung spannungsreichen Verstehens verstanden werden – aber doch als eine Erfahrung des Verstehens. Diese Einsicht kann man unter Rückgriff auf eine begriffliche Unterscheidung, die der Kunstwissenschaftler Max Imdahl (1925–1988) eingeführt hat, noch einmal schärfen. Imdahl war bemüht, in der Kunstwissenschaft auch die ästhetische Dimension von Kunstwerken als solche zu thematisieren. Um diese Dimension mit Blick auf Bilder zu fassen, unterscheidet Imdahl zwischen einem »wiedererkennenden« und einem »sehenden Sehen«.[62] Das wiedererkennende Sehen sichert die verständliche Ordnung des Kunstwerks als eine Ordnung, so kann man mit Heidegger sagen, welthafter Verständnisse. Das sehende Sehen hingegen widmet sich dem Bild als einem optischen Ereignis. Dieses Sehen sieht die Farben und Formen auf der Bildfläche als Momente eines allein optischen Verstehens.

Die Unterscheidung Imdahls lässt sich verallgemeinern, um die Dimension des Verstehens in aller ästhetischen Erfahrung noch einmal anders zu formulieren. In der ästhetischen Erfahrung widerstreiten, so kann man sagen, ein wiedererkennendes Verstehen und ein wahrnehmungsorientiertes Verstehen. Das wiedererkennende Verstehen (Heideggers »Welt«) ortet ein Kunstwerk als einen Gegen-

62 Max Imdahl, »Cézanne – Braque – Picasso. Zum Verhältnis zwischen Bildautonomie und Gegenstandssehen«, in: M. I., *Gesammelte Schriften*, Bd. 3, Frankfurt a. M. 1996, S. 303–380.

stand einer verständlichen Ordnung, die dem Verstehen der Welt korrespondiert. Das wiedererkennende Verstehen entziffert Strukturen des Werks in der Weise, dass Verständnisse sich aneinander anschließen lassen. Das wahrnehmungsorientierte Verstehen (Heideggers »Erde«) hingegen folgt der Eigenlogik des Materials, das in einem Kunstwerk präsentiert wird. Es folgt dieser Logik als Momenten des Verstehens, die sich nicht einfach in sonstige Verständnisse der Welt integrieren lassen. Diese Momente des Verstehens exponieren das Material eines Kunstwerks (den Stein, die Klänge, die Wörter) in seiner eigenen Struktur. Das wahrnehmungsorientierte Verstehen bringt desintegrierende Momente in die Strukturierung eines Kunstwerks. Solches Verstehen sticht aus der Sprache eines Kunstwerks hervor. Der Auftrag der Farbe oder die Stumpfheit eines rostigen Eisens können mitten in der ›Lektüre‹ eines Kunstwerks auffällig werden. Zwischen wiedererkennendem Verstehen und wahrnehmungsorientiertem Verstehen ergibt sich ein Wechselspiel von Integration und Desintegration. In diesem Wechselspiel wird die spezifische Sprache eines Kunstwerks entziffert.

Das spannungsreiche Verstehen macht einen bedeutenden Unterschied aus, der zwischen ästhetischen Erfahrungen und zum Beispiel einer Zeitungslektüre oder der Betrachtung eines Pressefotos besteht. Die ästhetische Erfahrung unterscheidet sich von solchen Erfahrungen umstandslosen Verstehens auch durch den Widerstreit von welthaftem Verstehen und materialem Verstehen. Mit diesem Widerstreit überschreitet die ästhetische Erfahrung nicht die Grenze des Verstehens. Sie gewinnt allerdings eine bemerkenswerte Spannung hinzu. Diese Spannung hat zur Folge, dass das Verstehen eines Kunstwerks sich nicht abschließt. Auch wenn ich ein Kunstwerk verstehe, ist das Verstehen kein in sich geschlossenes Phänomen. Vielmehr ist das Verstehen hin und her gerissen zwischen Momenten des Materials und Momenten einer verständlichen Ordnung. Durch diese Spannung unterscheidet das Verstehen in der Kunst sich von anderen Erfahrungen des Verstehens.

Grenzen des Verstehens von Kunstwerken als Zeichen

Wie aber kommt es dazu, dass bei Kunstwerken das Material auffällig wird? Zu sagen, *dass* es so ist, heißt noch nicht zu begreifen, *wie* es dazu kommt. Ich habe seit dem zweiten Kapitel eine Antwort auf diese Frage verfolgt. Diese Antwort kann ich folgendermaßen zusammenfassen: Ein zentraler Aspekt der Kunst ist, dass unterschiedliche ästhetische Medien und Verfahrensweisen in Spannung zueinander stehen. Sprache, Farben, Steine, Metalle usw. sind dadurch ästhetische Medien, dass sie nicht nur Verständnisse wecken, sondern dass auch materiale Aspekte dieser Medien in ihrer Unterschiedlichkeit auffällig werden. Das Verstehen in der Kunst ist verbunden mit unterschiedlichen Medien, die in ihrer Unterschiedlichkeit je spezifische materiale Aspekte, die mit ihnen verbunden sind, hervortreten lassen. Das ist die Antwort, die man im Sinne Hegels geben muss: Materialität wird durch die Entwicklung eines Verständnisgeschehens mit unterschiedlichen ästhetischen Medien exponiert.

Diese Antwort ist zwar aufschlussreich für das gesamte Geschehen der Kunst; für ein einzelnes Kunstwerk allerdings reicht sie nicht aus. Mit Blick auf ein einzelnes Werk gilt es, einen weiteren Aspekt verständlich zu machen. Es handelt sich um die Erfahrung von Grenzen des Verstehens in der Auseinandersetzung mit Kunstwerken. Das Material in einem Kunstwerk wird genau dadurch auffällig, dass im Zusammenhang mit ästhetischem Verstehen Grenzen des Verstehens erfahren werden. Für Kunstwerke ist es, wie bereits bemerkt, charakteristisch, dass ein Verstehensprozess immer wieder abreißen kann. Durch ein solches Abreißen gerät das Material als Träger des ästhetischen Verstehens in den Vordergrund. Das materiale Verstehen in der Kunst muss im Zusammenhang mit Erfahrungen von Grenzen des Verstehens in der Kunst begriffen werden. Ich werde im Folgenden zwei Formen von Grenzen des Verstehens beleuchten, die in der Auseinandersetzung mit Kunstwerken erfahren werden: erstens die Unüberschaubarkeit ästhetischer Zeichen und zweitens das Zeichenvorspiel in ästhetischen Zeichen.

Unüberschaubarkeit ästhetischer Zeichen (Erhabenheit)

Das Konzept des Kunstwerks als eines unüberschaubaren Zeichens ist alt. Es wird in der Philosophie der Kunst zumeist unter dem Titel des Erhabenen diskutiert. Der Anstoß zu der Beschäftigung mit dem Phänomen der Erhabenheit ging im 18. Jahrhundert von Edmund Burke (1729–1797) aus (der wiederum an einen antiken Text anschloss, der traditionell einem Autor namens Longinus zugeordnet wird). Kant hat Burkes Anregungen in mehreren Texten aufgegriffen und damit dieses Phänomen in der Philosophie der Kunst etabliert. Erhabenheit wird dabei zuerst an der Natur erläutert. Beispiele erhabener Natur sind Gebirge oder die stürmische See. Solche Naturgestalten lassen sich vom einzelnen Subjekt nicht überschauen und werfen es dadurch – so interpretiert Kant – auf sich selbst zurück. Eine überwältigende Größe der Natur übersteigt das menschliche Fassungsvermögen und lenkt damit den Blick auf die Konstitution dieses Fassungsvermögens selbst.[63] Dieser Grundzug der kantischen Analyse zeigt noch nicht, dass die Erhabenheit oder Unüberschaubarkeit als ein Aspekt zu begreifen ist, der die verstehende Strukturierung eines Kunstwerks unterbricht. Dies ändert sich, wenn man auf eine neuere Wiederaufnahme des Theorems der Erhabenheit blickt.

Der amerikanische Maler Barnett Newman hat in den sechziger Jahren sowohl praktisch als auch theoretisch den Begriff der Erhabenheit wieder in die Diskussion gebracht. Er malte unter anderem eine Serie großformatiger Bilder unter dem Titel *Who is Afraid of Red, Yellow and Blue?*, die – wie der Titel bereits anzeigt – aus jeweils einem oder mehreren roten, gelben und blauen Farbstreifen bestehen. Diese monumentalen Arbeiten sollen in der Weise ausgestellt werden, dass eine Betrachterin nicht die Möglichkeit hat, das Bild ganz zu überschauen. Sie soll gezwungen sein, so nah vor dem Bild zu stehen, dass sie es nicht als ganzes in den Blick bekommt. Das Bild wird damit zu einem unüberschaubaren Zeichen. Bevor ich den Zusammenhang von Unüberschaubarkeit und der Aussetzung des Verstehens ausführe, will ich erwähnen, dass die Anregungen

63 Immanuel Kant, *Kritik der Urteilskraft*, Frankfurt a. M. 1977, B 96 ff. passim.

Newmans auch in der Kunstphilosophie auf fruchtbaren Boden fielen. Vor allem der französische Philosoph Jean-François Lyotard (1924–1998) hat auf Basis dieser Anregung den Begriff der Erhabenheit weitläufig kommentiert. Lyotard begreift die Unüberschaubarkeit als einen wesentlichen Aspekt aller modernen und nachmodernen Kunst. Er schließt dabei an Kants Analysen zum Erhabenen an.[64]

Wir haben nach den vorangehenden Überlegungen gute Werkzeuge an der Hand, um das Phänomen der Unüberschaubarkeit in der Kunst begreiflich zu machen. Es handelt sich genauer gesagt um zwei unterschiedliche Phänomene, die konvergieren. Das erste Phänomen besteht darin, dass ein Werk tatsächlich als *unüberschaubar* erfahren wird. In diesem Sinn unüberschaubar ist ein Werk dann, wenn ein Betrachter immer wieder an Bruchstellen der Sprache des Werks stößt. Auch wenn es ihm gelingt, bestimmte Zusammenhänge des Werks in ihren Strukturen zu erschließen, kommt er mit diesen Strukturen immer wieder an Punkte, an denen es nicht weitergeht. Die Sprache des Werks bricht in einer solchen Auseinandersetzung mit einem Kunstwerk immer wieder ab. Man kann sagen, dass sich die Sprache des Werks in einem solchen Fall nicht abrunden lässt.

Das zweite Phänomen kann man mit dem Begriff der Überbestimmtheit umreißen. Marcel Prousts *Auf der Suche nach der verlorenen Zeit* lässt sich beispielsweise als ein in diesem Sinn erhabenes Werk begreifen. Auch bei diesem Werk steht ein Leser vor der Unmöglichkeit, Teile des

64 Vgl. Jean-Franois Lyotard, *Die Analytik des Erhabenen*, übers. von Christine Pries, München 1994.

Werks in ihrem Gesamt zu platzieren. Die monumentale Größe kann, wie sich an Prousts Text zeigt, eine Überbestimmtheit bedeuten. Das Werk ist in unübersehbar vielen Details bestimmt. Dies hat für einen Rezipienten zur Folge, dass er keinen Überblick über das Gesamt des Werks bekommt. Die Konsequenz ist analog wie im Fall der Unüberschaubarkeit: Die Sprache des Werks lässt sich immer nur ausschnitthaft erschließen. Die Überbestimmtheit führt dazu, dass ein noch so kleiner Kontext eine solche Komplexität gewinnt, dass sich von ihm aus keine Anschlüsse zu anderen Kontexten mehr überschauen lassen. Auch hier kommt es dazu, dass die Sprache des Werks nicht zur Abrundung kommt, dass sie nicht als Sprache über das Gesamt eines Werks hinweg entziffert werden kann.

Man kann Unüberschaubarkeit und Überbestimmtheit in der Kunst in der folgenden Weise generalisieren. Ein Werk, das in besonderer Weise diese Momente exponiert, erlaubt einer Rezipientin nur ausschnittweise Einblicke in die Verfasstheit seiner Sprache. Solche ausschnittweisen Einblicke bedeuten, dass die verstehende Strukturierung eines Werks an Punkte kommt, an denen es nicht weitergeht. Wir haben oben gesagt, dass die Sprache eines Kunstwerks immer im Gesamt des Werks erschlossen wird. Ich verstehe eine ›Vokabel‹ des Werks dann, wenn ich sie als Teil des Werks mit den anderen seiner Teile in einen Zusammenhang bringe. So zeigt zum Beispiel die Wortfügung »Habe nun, ach, ...« eine Sprechweise, die – günstigstenfalls – im Gesamt von Goethes Text verstanden werden kann. Wenn sich nun ein Werk nur in Fragmenten seiner Sprache zeigt, fehlt der Rezipientin die

Möglichkeit, Teile in irgendeinen Gesamtzusammenhang zu stellen. Sie kann zwar durchaus Teile eines Kunstwerks in einem partiellen Zusammenhang verstehen. Das Werk deutet aber mit dem ausschnittweisen Einblick, den es gewährt, zugleich auf den Übergang zu anderen Teilen, die nicht zugleich überschaut werden können. Es zeigt so, dass die Sprachbestandteile, die verstanden werden, letztlich noch nicht verstanden sein können. Es fehlen diesen Bestandteilen Zusammenhänge, die ihnen erst Verständnis verleihen. Werke, die ihre Unüberschaubarkeit exponieren, zeigen einer Rezipientin so die Grenzen ihres Verstehens auf.

Man kann nun fragen, ob nicht alle Kunstwerke nur in solchen Ausschnitten zugänglich sind. Auch wenn ich einen Kupferstich von Albrecht Dürer betrachte, werde ich immer nur einen begrenzten Teil in den Blick nehmen können. Noch deutlicher ist die Bindung der Rezeption an Ausschnitte bei Zeitkünsten. Bei einem vergleichsweise einfachen Musikstück wie zum Beispiel einem Lied aus dem Zyklus *Die Winterreise* von Franz Schubert werde ich immer nur ein kleines ›Zeitfenster‹ der Musik im Zusammenhang hören. Erst recht dann, wenn man den gesamten Zyklus in den Blick nimmt, wird man sagen müssen, dass er immer nur in Teilen zugänglich ist. Dennoch muss man daraus nicht schließen, dass die Sprache dieses Kunstwerks nur ausschnittweise zugänglich wäre. Sie lässt sich vielmehr von Ausschnitt zu Ausschnitt zusammensetzen. Das Kunstwerk ist in diesem Fall als Werkganzheit so gestaltet, dass es eine solche Zusammensetzung eher fordert und fördert als verhindert. Bei einem erhabenen Werk kommt es hingegen zu einer solchen Verhinderung. Die Bedeutung von Unüberschaubarkeit und Überbestimmtheit für die Auseinandersetzung mit Kunstwerken lässt sich also folgendermaßen zusammenfassen: Alle Kunstwerke können durch die mögliche Komplexität ihrer eigenen Sprachlichkeit ein Moment von Unüberschaubarkeit aufweisen. Einige Werke zeichnen sich jedoch dadurch aus, dass sie die Unüberschaubarkeit exponieren. Mit Blick auf sie ist das Phänomen der Unüberschaubarkeit in der Kunst in besonderer Weise virulent.

Werke, die das Moment der Unüberschaubarkeit exponieren, sind so zu verstehen, dass sie ein Licht auf Erfahrungen werfen, die wir mit allen Kunstwerken machen. Wir kennen zwar viele Kunstwerke, in denen die Phänomene der Unüberschaubarkeit oder der Überbestimmtheit nicht prominent sind. Dennoch können sie auch in der Rezeption dieser Werke darin eine Rolle spielen, dass das Verstehen nicht zum Abschluss kommt. Solche Erfahrungen brüchigen Verstehens werden von erhabener Kunst gesteigert. Sie treten aber letztlich bei allen Kunstwerken auf. Als Grund dafür kann man den mikrokosmischen Charakter von Kunstwerken nennen. Da jedes Kunstwerk seine eigene Sprache mitbringt, bleibt alles Verstehen zuletzt ohne orientierenden Maßstab und erweist sich somit stets als anfällig für Abbrüche. Immer kann es geschehen, dass die Sprache des Werks sich in einer Interpretation nicht zusammensetzt oder dass sich überhaupt gar keine einheitliche Sprache eines Werks zeigt.

Ästhetische Zeichen als Zeichenvorspiel

Ein anderes Phänomen der Störung des Verstehens lässt sich an Bildern Paul Cézannes betrachten. Eine Vielzahl dieser Bilder zeigen Farbflächen als dasjenige, aus dem das Dargestellte sich zusammensetzt. Die Farbflächen haben dabei einen interessanten Doppelcharakter. Sie liegen einerseits vor der Darstellung, da sie alleine nichts zeigen. Ein blauer Streifen ist für sich noch keine Schattierung eines Felsens. Andererseits gehören die Farbflächen gerade zur Darstellung, da ihr Zusammenhang die Darstellung konstituiert. Erst als Schattierung des Felsens ist der blaue Streifen der, der er im Bild ist. Mit Blick auf diesen Doppelcharakter der Farbflächen kann man sagen, dass Cézannes Bilder das Zustandekommen eines Bildzeichens thematisieren. Sie zeigen das Entstehen von Formen und Gegenständen aus Farben und Zusammenhängen von Farben. In besonderer Weise lenken sie dabei das Augenmerk auf die Farbzwischenräume. Die Bilder Cézannes spielen sich in gewisser Weise zwischen den Farbflächen ab. Genau dort entstehen die Kontraste und die Übergänge, entsteht die Zugehörigkeit einer Farbfläche zum einen oder zum anderen Gegenstand, zum Felsen oder zum Himmel. Grenzen des Verstehens werden in Cézannes Malerei dadurch erfahren, dass diese Malerei die Betrachter mit einer Vorstufe des Verstehens konfrontiert.

Diese Erfahrung von Grenzen des Verstehens fasse ich mit dem Begriff des Zeichenvorspiels. Ich spreche von ästhetischen Zeichen als einem Zeichenvorspiel dann, wenn diese Zeichen ihre Rezipienten auf das Zustandekommen eines Zeichengeschehens verweisen. Diese Zeichen produzieren eine Situation vor dem Verstehen und entwickeln ihre Verständnisse aus dieser Situation heraus. Da es in Kunstwerken als Zeichen zur Konstitution einer eigenen Sprache kommt, stehen Kunstwerke grundsätzlich in einer Situation, in der Verständnisse erst entwickelt werden müssen. Es liegt also nicht fern, dass Kunstwerke die Konstitution von Sprache selbst thematisieren. In dem Maße, wie sie dies tun, kann man sie mit dem Begriff des Zeichenvorspiels erfassen.

Eine Profilierung des Zeichenvorspiels in der ästhetischen Erfahrung kann sich unter anderem auf Arbeiten des algerisch-französischen Philosophen Jacques Derrida (1930–2004) stützen. Derrida hat Werke aus unterschiedlichsten Künsten kommentiert, die auf der Schwelle zum Verstehen verbleiben. Dies können sie allerdings, wie Derrida betont, nur dann, wenn sie zugleich die Perspektive auf ein Verständnis eröffnen. Wenn man Kunstwerke als Zeichenvorspiel begreift, zeigen sie ein Nichtverstehen in allem Verstehen – den Moment, bevor die Dinge verständlich werden. Derrida begreift ästhetische Geschehnisse dann so, dass sie weiße Flecken markieren: Im Bild treten die Farbzwischenräume hervor; in einem literarischen Text die Zwischenräume zwischen den Wörtern; in Musikstücken die Stille oder der Übergang von Ton zu Ton.

Aus Derridas Analysen lässt sich lernen, dass viele Kunstwerke dadurch an den Grenzen des Verstehens operieren, dass sie Momente ins Blickfeld rücken, die sich im Kontext des Verstehens befinden und die doch vor allem Verstehen liegen. Die Werke verweigern, so gesehen, ein Verstehen, weil sie das Nichtverstehen in allem Verstehen thematisieren. Sie weisen einer Rezipientin auf diese Art und Weise einen Weg zu Punkten, die in allem Verstehen liegen und die zugleich selbst kein Verstehen sind. Derrida hat unter anderem ein Bild in dieser Weise kommentiert, das bereits in Heideggers Beitrag zur Philosophie der Kunst eine herausragende Rolle spielt (vgl. S. 41 f.).[65] Man kann aber auch die bereits angesprochenen Bilder Cézannes der *Montagne Ste. Victoire* heranziehen. Die Darstellung des Berges lässt sich als eine Darstellung verstehen, die das optische Hervorragen des Berges thematisiert. Das Bild zeigt das Auseinandertreten von Farbflächen unterschiedlicher Schattierung. Erst durch dieses Auseinandertreten zeigt sich der Berg. Er löst sich von Feldern und Bäumen, vom Horizont und vom Himmel. Die Helle eines Grau löst sich von der Helle eines Blau und stellt sich über das Dunkel eines Grün. Cézannes Malerei zeigt, wie sich durch solcherlei Prozesse die Darstellung herausbildet. So betrachtet handelt die Malerei von der Konstitution bildlichen Verstehens.

Aus der Perspektive Derridas muss man eine solche Konstitution als Differenzierung begreifen. Wenn Farben auseinander treten, wenn sich Konturen von Flächen und Linien voneinander trennen, finden demnach Differenzierungen statt. Das ist notwendigerweise bei jedem Bild der Fall, soll auf ihm überhaupt etwas sichtbar werden. Nach Derrida sind Bilder wie diejenigen Cézannes so zu verstehen, dass sie das Augenmerk auf Differenzierungsprozesse lenken. Sie gehen nicht unhinterfragt davon aus, dass im

65 Vgl. Jacques Derrida, »Restitutionen – von der Wahrheit nach Maß«, in: J. D., *Die Wahrheit in der Malerei*, übers. von Michael Wetzel, Bearb. der Übers. von Dagmar Travner, Wien 1992, S. 301–442.

Verstehen Differenzierung vorausgesetzt werden kann. Ihre spezifische Sprache hebt vielmehr hervor, dass Differenzierungen in allem Bildverstehen erst zustande kommen müssen. Auf dieses Zustandekommen achten wir, so könnte man sagen, im normalen Bildverstehen nicht. Ästhetisches Verstehen hat so zuweilen die Besonderheit, dass es das Zustandekommen von Differenzierung zeigt, indem es weiße Flecke im Verstehen exponiert. Kunstwerke lassen Momente hervortreten, in denen Differenzierung geschieht.

Mit einem Ausdruck aus der Chemie kann man sagen, dass solche Kunstwerke Verständnisse *in statu nascendi* zeigen. In diesem Punkt wird deutlich, welche Auswirkungen die im vierten Kapitel betrachtete Spannung von Zeichen und Erfahrung in der Kunst für das Verstehen von Kunstwerken hat. Das Verstehen von Kunstwerken bleibt auf eine grundsätzliche Art und Weise immer im Werden. Man kann das als ein Resultat der Verfasstheit von Kunstwerken als Zeichen betrachten. Aufgrund ihrer spezifischen Sprachlichkeit führen diese Zeichen immer und grundsätzlich an die Grenzen des Verstehens. Derridas Analysen können so, zieht man Hegels und Goodmans Begriff von der Verfasstheit der Kunstwerke als Zeichen heran, verallgemeinert werden. Auch dort, wo Kunstwerke nicht in besonderer Weise ein Zeichenvorspiel thematisieren, kommt es dennoch in ihnen zu einem solchen. Ihr Idiolekt führt dazu, dass ein Betrachter ihnen gegenüber immer wieder Prozesse der Zeichenwerdung durchläuft. Die Erfahrung, in denen er sich den Idiolekt ästhetischer Zeichen erschließt, ist auch eine Erfahrung von Momenten des Nichtverstehens am Zeichen. So sind Kunstwerke bereits von ihrer Verfasstheit her auf die Grenzen des Verstehens hin angelegt. Alles Verstehen in der Kunst kommt von den Grenzen des Verstehens her zustande.

Verstehen und Interpretation

Ich habe bereits oben (vgl. S. 217 ff.) angesprochen, dass die Auseinandersetzung mit Kunstwerken als eine Strukturierungsarbeit verstanden werden kann. Kunstwerke werden dadurch verstanden, dass die Strukturen ihrer Elemente nachvollzogen werden. Die Elemente werden so im Rahmen des Gesamtzusammenhangs platziert. Ich habe weiter beleuchtet, dass die Strukturierungsarbeit ästhetischer Erfahrungen nicht als ein homogenes Geschehen zu begreifen ist, in dem Elemente einer Sprache in ihrem Zusammenhang erschlossen werden. Die Strukturierung trifft auch auf materiale Momente und auf Momente, die alle Strukturierung suspendieren. Ästhetisches Verstehen ist ein komplexes, heterogenes Geschehen.

Mit diesem Zwischenstand ist noch nicht gesagt, wie sich die Strukturierungen ästhetischer Erfahrung festhalten lassen. Die Antwort auf diese Frage ist denkbar einfach. Sie lenkt den Blick auf einen Aspekt, der aus der Erfahrung von Kunst weithin vertraut ist, bislang aber noch nicht zur Sprache kam. Die Rede ist von der Interpretation von Kunstwerken. Zur Auseinandersetzung mit Kunstwerken gehört nicht nur das stumme Betrachten, Hören oder irgendeine andere Form sinnlicher und verständiger Aufmerksamkeit. Ein weiteres Moment dieser Auseinandersetzung bildet die Interpretation. So kennen wir alle Gespräche darüber, was ein Werk darstellt, über seinen Aufbau und seine Qualität. Wenn man mit Freunden im Museum ist, zeigt man sich wechselseitig Bilder, weist darauf hin, welche Bedeutung ein Aspekt des Bildes hat, welche Aspekte eines Bildes man für besonders gelungen hält, usw. Die Relevanz der Interpretation für die Auseinandersetzung mit Kunst lässt sich auf der Basis der Erörterungen dieses Kapitels begreifen.

Die Unerlässlichkeit von Interpretation in der Kunst

Wenn ein Element eines Kunstwerks im Zusammenhang anderer Elemente strukturiert wird, droht die Struktur in jedem Moment verloren zu gehen. Fehlt ein gewisses Moment bleibender Struktur, dann blitzen nur einzelne sinnliche Eindrücke auf. Dabei kommt letztlich kein Verstehen zustande. Ästhetische Erfahrungen bedürfen einer Struktur, die auch außerhalb von Kunstwerken Bestand hat. Erst eine solche Struktur bringt die Konstanz mit sich, die die Basis für ästhetische Strukturierungen darstellt. Diese Struktur ist uns bestens vertraut. Es handelt sich um unsere Sprache.[66] Auch wenn eine Vielzahl von ästhetischen Erfahrungen ganz und gar sprachlos bleiben, hängen sie doch alle mit Sprache zusammen. Die Sprache stellt ein Medium der Artikulation ästhetischer Strukturen bereit. Sie sorgt dafür, dass im Rahmen der ästhetischen Erfahrungen die Elemente nicht sogleich wieder aus dem Blick geraten. Der Zusammenhang der einzelnen Elemente wird dadurch

66 Inzwischen bin ich zu der Auffassung gelangt, dass Interpretation in der Kunst nicht so eng an Sprache gebunden werden sollte, wie es hier geschieht. Vgl. Bertram, *Kunst als menschliche Praxis* (s. Anm. 3), S. 121 ff.

nicht zu einem sprachlichen. Dennoch geben sprachliche Strukturen den ästhetischen Erfahrungen einen Halt und ermöglichen damit den für sie unerlässlichen Zusammenhang. Dies kann man dort verdeutlichen, wo die artikulierende Funktion der Sprache zutage tritt: in der Interpretation.

Sprachliche Auseinandersetzungen mit einem bestimmten Kunstwerk sind dadurch interpretativ, dass für sie argumentiert werden kann. Die Leistung einer Argumentation besteht darin, dass Strukturen sprachlich offen gelegt werden. In einer Argumentation wird zum Beispiel aus der Beobachtung, dass ein Bild diagonal komponiert ist, geschlossen, dass eine horizontale Verbindung zwischen zwei Elementen, die man zu bemerken glaubte, nicht gegeben ist. Wenn nun zum Beispiel jemand darauf verweist, dass auf dem Bild auch horizontale Gliederungen vorliegen, ist die erste Begründung entkräftet. Argumentationen zeichnen sich dadurch aus, dass sie Strukturen explizit machen und dass sie grundsätzlich immer anfechtbar sind. Eine Argumentation lässt sich allerdings nicht beliebig in Frage stellen, sondern nur mit guten Gründen. Sofern solche zur Hand sind, kann es aber jederzeit erforderlich sein, eine Argumentation zu revidieren. Genau dies geschieht in der Auseinandersetzung mit Kunst ständig. Es werden Verbindungen gezogen, die dann im Lichte anderer Verbindungen als falsch oder zumindest unvollständig erwiesen werden.

Die Strukturierungsarbeit ästhetischer Erfahrungen wird in interpretativen Diskussionen auf besondere Weise offenbar. Die Diskussionen zeigen Sprache als das Medium der Artikulation, das in der Auseinandersetzung mit Kunstwerken immer involviert ist. In diesem Sinn spreche ich von einer Unerlässlichkeit der Interpretation. Der Verweis auf diese Unerlässlichkeit darf allerdings nicht missverstanden werden: Das Verstehen von Kunstwerken findet oftmals stumm und ohne alle interpretativen Ambitionen statt. Ein solches Verstehen ist der Normalfall des Verstehens von Kunstwerken. Wenn ich nun sage, dass Interpretation für das ästhetische Verstehen unerlässlich ist, darf damit nicht der Normalfall dementiert werden. Im Einzelfall findet viel Verstehen ohne Interpretation statt. Dass wir von einem Verstehen sprechen, heißt aber, dass Interpretationen, die mit diesem Verstehen zusammenhängen, immer möglich sind. Solche Interpretationen müssen nicht von denjenigen geleistet werden, die verstehen. Wir kennen alle das Phänomen, dass wir aus einem Film kommen, den wir irgendwie verstanden haben, ohne dass wir genau sagen könnten, wie wir ihn verstanden haben. Wenn dann eine Freundin uns in allen Details darlegt, wie die Dinge in dem Film zusammenhängen, sagen wir oftmals: »Ja, genau so habe ich es auch gesehen«, auch wenn wir nicht imstande gewesen wären, diese Ausführungen von uns aus hervorzubringen.

Trotz der vielfältigen ›Sprachlosigkeit‹ ästhetischen Verstehens hängt dieses Verstehen mit Interpretation zusammen. Was eine Interpretation über ein Werk wie einen Film oder ein Bild sagt, ist ein Offenlegen eines ästhetischen Verstehens. Die Interpretation legt die Strukturierungen dar, die man im Verstehen von Kunst implizit vornimmt. In der Interpretation kann über diese Strukturierungen gestritten werden. Dies geschieht zum Beispiel dadurch, dass andere Strukturierungen ins Feld geführt und wiederum andere Strukturierungen explizit ausgeschlossen werden.

Interpretative Diskussionen können auf diese Weise die Richtigkeit und Falschheit von Verständnissen aufzeigen. Interpretationen bringen in die ästhetischen Erfahrungen einen Standard ein. Es handelt sich um den Standard der Argumentation. Argumentationen können schlüssig oder unschlüssig ausfallen; sie können gut gegen Einwände gewappnet oder ohne großes Nachdenken vorgetragen sein.

Die sprachliche Praxis der Argumentation ist die Antwort auf eine Frage, die ich bislang nur einmal angedeutet habe: auf die Frage nach dem Standard der Interpretationen von Kunst. Ein solcher Standard muss nicht im Kunstwerk gesucht werden. Ich habe dargelegt, dass Kunst als Praxis einer spezifischen menschlichen Selbstverständigung zu begreifen ist. Nun könnte man denken, dass der systematische Zusammenhang von Kunst und Selbstverständigung dazu führt, dass es keine Standards der Interpretation von Kunst gibt. Das entspräche der nicht unverbreiteten Auffassung, dass es eine Sache jeder Einzelnen beziehungsweise jedes Einzelnen ist, was ein Kunstwerk ihr beziehungsweise ihm sagt. Umberto Eco hat eine solche These als Konsequenz der spezifischen Verfasstheit der Kunst verteidigt. Er hat argumentiert, dass die Interpretation von Kunstwerken keine Beschränkungen kenne. Eco hat diese These später relativiert und doch einige Beschränkungen zugestanden.[67]

Die Bewegung in Ecos Stellungnahme zur Frage der Interpretation deutet auf ein grundsätzliches Missverständ-

67 Vgl. zu Ecos unterschiedlichen Positionen vor allem Umberto Eco, *Das offene Kunstwerk*, übers. von Günter Memmert, Frankfurt a. M. 1973, und *Die Grenzen der Interpretation*, übers. von Günter Memmert, München 1999.

nis hin. Dieses Missverständnis liegt in dem Gedanken, dass eventuelle Standards der Interpretation von Kunst im Kunstwerk selbst verankert werden müssen. Man wird aber in Kunstwerken grundsätzlich keine solchen Standards festmachen können. Sie kommen erst in der Praxis der Argumentation zustande. Oder richtiger gesagt: Sie bestehen in genau dieser Praxis. Die Praxis führt dazu, dass Beziehungen im Kunstwerk als solche verständlich werden, die in Diskussionen bestätigt werden oder nicht. Sie können in Diskussionen bestritten oder bekräftigt werden und werden dadurch als richtig oder falsch begriffen. Die Praxis der Interpretation führt also nur dadurch zu einem Standard der Interpretation, dass sie als solche ausgeführt wird. Standards der Interpretation von Kunst sind niemals fixiert. Sie sind Teil eines Geschehens, das wir als diejenigen, denen es in der Kunst um uns selbst geht, in Gang setzen.

Probleme der Interpretation in der Kunst

Trotz des Standards, den die Praxis der Argumentation der Interpretation von Kunstwerken bereithält, hat Eco allerdings auch Recht damit, dass Interpretation ein unsicheres Geschäft ist. Dafür sind all die Eigenheiten ästhetischen Verstehens, die wir in diesem Kapitel verfolgt haben, verantwortlich. Es gibt noch einen weiteren Aspekt, der bislang, wenn überhaupt, nur indirekt angesprochen ist, der die Schwierigkeit des interpretativen Geschäfts in der Kunst mit ausmacht. Es handelt sich um die Notwendigkeit von Beschreibung. Da das Verstehen von Kunstwerken immer mit deren sinnlich-materialer Beschaffenheit zusammenhängt, kommt eine Interpretation nicht ohne Beschreibungen aus. Die sinnlich-materialen Aspekte müssen einbezogen werden. Jede Interpretation muss vielfach Beobachtungen und Beschreibungen integrieren. Über diese kann aber nicht in der gleichen Weise argumentativ diskutiert werden wie über Verbindungen zwischen einzelnen Elementen eines Kunstwerks.

Stellt man die Eigenheiten des Verstehens von Kunst in Rechnung, ist Ecos extreme Einschätzung nicht weiter verwunderlich. Die Hindernisse einer Interpretation führen doch letztlich dazu, dass beliebige Interpretationen möglich scheinen. Vielleicht wird man geneigt sein, hier Abstufungen mit Blick auf unterschiedliche Künste zu machen. Bei darstellenden Werken – Werken der bildenden Kunst und der Literatur – steht eher fest, was das Werk sagt. Bei nichtdarstellenden Werken – bei Musik und nichtgegenständlichen Werken aller Künste – hingegen scheinen vielfältige und auch widersprechende Verständnisse möglich zu sein. Die Frage ist nun: Kann man trotz der Aspekte, die Verstehen und Interpretation in Sachen Kunst problematisch machen, die oben dargelegten argumentativen Standards verteidigen? Gibt es eine argumentative Verbindlichkeit von Interpretationen, die sich gegen alle Hindernisse gewinnen lässt?

Betrachten wir noch einmal die problematischen Aspekte, von denen hier die Rede ist: Die Verbindung von Verstehen und Nichtverstehen in der Kunst lässt sich als Problem aus dem Weg räumen. Auch wenn ein Werk von der – expliziten oder impliziten – Thematisierung des Nichtverstehens in ihm her begriffen werden muss, kann in verbindlicher Weise darüber argumentiert werden, wie diese Thematisierung geschieht. Die Deutung zum Beispiel, die ich von den Bildern Cézannes gegeben habe, ist zweifelsohne anfechtbar. Wenn man das Zusammenspiel der Farbflächen nicht als ein Auseinandertreten verstehen kann, ist die Interpretation falsch. Zwar ist nicht jeder Streit um eine solche Frage entscheidbar (viele sind es, wie wir wissen, nicht). Aber das schließt nicht aus, dass sich eine Interpretation dennoch als unhaltbar erweisen kann.

Auch das Hindernis der Materialität in allem Verstehen von Kunstwerken unterminiert interpretative Auseinandersetzungen über Kunstwerke letztlich nicht. Seine Ausräumung betont noch einmal einen grundsätzlichen Zug der Interpretation von Kunstwerken. An jedem Verstehen von Kunstwerken ist, so haben wir gesagt, materiales Verstehen beteiligt. Dies stellt insofern ein Hindernis für die Gültigkeit einer Interpretation dar, als materiales Verstehen vom Prozess der ästhetischen Erfahrung nicht abgelöst werden kann. Nimmt man einmal an, dass der Prozess solcher Erfahrung bei jeder Rezipientin anders verläuft, lassen sich, so scheint es, keine verbindlichen Ausgangspunkte für eine Interpretation mehr gewinnen. Dieser Schein trügt aber. Auch wenn alles materiale Verstehen anders verläuft, lässt sich über den jeweiligen Verlauf ein Disput führen. Dies geschieht genau auf dem Wege der Beschreibung. Eine Rezipientin kann zum Beispiel beschreiben, wie eine Farbe auf einem Bild van Goghs leuchtet. Selbst wenn sie sich mit anderen nicht über den Charakter dieses Leuchtens einigen kann, setzt die Beschreibung sie doch instand, mit anderen darüber zu streiten, inwiefern das Leuchten das Verständnis des Bildes prägt. Beschreibungen tragen der Tatsache Rechnung, dass das Verstehen von

Kunstwerken immer am bloßen Material ansetzt. Durch Beschreibungen ist es möglich, Auseinandersetzungen über das materiale Verstehen von Kunstwerken zu führen. Auch wenn sich möglicherweise über ein konkretes materiales Verstehen keine Einigung erzielen lässt, kann ein solches Verstehen in die Interpretation eines Kunstwerks einbezogen werden. Von einer Beschreibung führt so ein Weg zu einem Streit um die richtige Interpretation eines Werks.

Damit bleibt als letztes Hindernis für die mögliche Verbindlichkeit einer Interpretation die Eigenständigkeit der Sprache eines Kunstwerks. Wenn jedes Kunstwerk seine eigene Sprache hat, scheint niemand sagen zu können, wann diese Sprache getroffen ist und wann nicht. Genau diese Relativierung haben wir aber oben mit der Rekonstruktion von Standards der Interpretation bereits ausgeschlossen. Zwar ist es richtig, dass jede Interpretation als solche keine Sicherheit darin erlangen kann, ob sie die Sprache eines Kunstwerks trifft oder nicht. Interpretationen müssen aber so verstanden werden, dass sie mit Blick auf ein Kunstwerk zusammenhängen. Eine Interpretation blickt immer durch andere Interpretationen hindurch auf das Werk. Interpretationen stehen immer im Kontext anderer Interpretationen und sind niemals isoliert mit einem Werk konfrontiert. Auch bei jedem noch so belanglosen Gang durch ein Museum sind wir mit einer Reihe von gängigen interpretativen Überzeugungen unterwegs.

Hans-Georg Gadamer (1900–2002) hat für den Zusammenhang von Interpretationen den Begriff der »Wirkungsgeschichte« gebraucht. Ein Kunstwerk hat in dem Sinn eine Wirkungsgeschichte, dass seine Interpretationen aneinander anschließen.[68] Eine Interpretation des *Klavierkonzerts in Es-Dur* (KV 482) von Mozart, die heutzutage gegeben wird, setzt sich nicht allein mit dem Werk auseinander, sondern blickt immer durch bereits bestehende Interpretationen auf das Werk. Im Falle der Musik ist dies von besonderer Evidenz, da die Praktiken der Aufführung eines Werks sich durchweg aneinander schulen. Auch wenn ein Dirigent wie der Bruckner-Interpret Günter Wand vor einer Aufführung nur den Notentext zu Rate zog, konnte er doch sein Wissen über bestehende Interpretationen nicht ausblenden. Die Sprache eines Kunstwerks wird, sobald einmal Interpretationen von diesem Werk bestehen, immer in Auseinandersetzung mit diesen Interpretationen gelernt. Durch diesen Prozess, der mit dem Begriff der Wirkungsgeschichte bezeichnet ist, werden Interpretationen füreinander zu verbindlichen Maßstäben und bilden dadurch Standards der Interpretation aus. Sie stehen nicht alle in einer direkten Relation zu dem Werk, das sie zu erschließen suchen. Vielmehr beziehen sie sich durcheinander auf ein Werk. Vorliegende Interpretationen haben in diesem Prozess immer einen Plausibilitätsvorschuss. Nur in Auseinandersetzung mit solchen vorliegenden Interpretationen können Veränderungen in der Interpretation der Sprache eines Kunstwerks plausibilisiert werden.

Die Wirkungsgeschichten von Interpretationen können in günstigen Fällen so verstanden werden, dass sie die Sprache eines Kunstwerks sukzessive erschließen. Die

68 Vgl. Hans-Georg Gadamer, *Wahrheit und Methode*, 6. Aufl. Tübingen 1990, S. 305 ff.

Wirkungsgeschichten mindern, so gesehen, das Problem der eigensprachlichen Verfasstheit eines Kunstwerks für die Interpretation. Interpretationen sind im Rahmen einer Wirkungsgeschichte keine beliebigen Operationen. Sie sind gebunden an die einmal gewonnenen Verständnisse der spezifischen Sprache eines Werks. Interpretationen von Kunstwerken sind also eingedenk der Spezifik alles Verstehens und Interpretierens in der Kunst immer möglich und, ich betone es noch einmal, unerlässlich.

Verstehen und Selbstverständigung in der Kunst

Das Verstehen von Kunstwerken weist, zusammenfassend gesagt, drei Eigenheiten auf: Erstens sind Kunstwerke Zeichen, die eine eigene Sprachlichkeit entwickeln und die in dieser eigenen Sprachlichkeit verstanden werden müssen. Zweitens ist das Material eines Kunstwerks als spezifisches Moment seiner Sprachlichkeit zu begreifen. Ästhetisches Verstehen umfasst ein materiales Verstehen. Diese zweite Eigenart hat eine besondere Relevanz. Nicht nur bildet Verstehen sich in der Kunst immer in Auseinandersetzung mit einzelnen sinnlich-materialen Elementen aus. Das Material tritt in ihr auch als ein besonderer Träger von Verständnissen hervor. Drittens schließlich sind Kunstwerke Zeichen, die in besonderer Weise Grenzen des Verstehens exponieren. Sie müssen oftmals von ihrer Arbeit an diesen Grenzen her verstanden werden.

Die Eigenheiten ästhetischen Verstehens zeigen gut, wie die Dimensionen ästhetischer Selbstverständigung zusammenspielen. Im dritten Kapitel habe ich entwickelt, dass in der ästhetischen Selbstverständigung in Frage stellende, bestätigende und verändernde Momente im Kontrast zueinander stehen. Die Betrachtung des Verstehens in der Kunst zeigt nun, dass das Zusammenspiel dieser Momente auf der Basis besonderer Formen des Verstehens initiiert wird. Kunst ist ein Verständnisgeschehen, das von den Grenzen des Verstehens und von seinen sinnlich-materialen Aspekten her Verständnisse evoziert. Das Verstehen in der Kunst hat in diesem Sinn einen grundsätzlich in Frage stellenden Charakter. Alle Verständnisse, die sich positiv ergeben, gehen durch die Infragestellung des Verstehens hindurch. So kommen Bestätigung und Veränderung von Verständnissen auf der gleichen Basis zustande. Als Verstehensprozess ist die ästhetische Erfahrung immer eine Infragestellung.

Dennoch kommt es in der ästhetischen Selbstverständigung zu Verständnissen. Es zeigt sich, dass die Spezifik der Selbstverständigung in der eigenen Sprache von Kunstwerken begründet liegt. Die Infragestellung des Verstehens in der ästhetischen Erfahrung initiiert einen Prozess der Entzifferung der Sprache eines Kunstwerks. Jedes Kunstwerk wird, so haben wir entsprechend gesehen, in der ästhetischen Erfahrung implizit in seinen Strukturen nachvollzogen. Es werden Momente in Beziehung zueinander gesetzt oder voneinander abgegrenzt. In dieser Weise verfolgt eine Rezipientin Formen und Strukturen in einem Kunstwerk. Die Erfahrung der eigenen Sprache im Kunstwerk führt zur Selbstverständigung. Als diese eigene Sprache lässt sie sich jenseits der ästhetischen Erfahrung nicht gebrauchen. So ist von der eigenen Sprache eines Kunstwerks her die Selbstzweckhaftigkeit der ästhetischen Erfahrung zu verstehen, auf die wir bereits im ersten Kapitel zu sprechen kamen. Die andere Seite der Selbstzweckhaftigkeit ist der Prozess der Selbstverständigung, den die Erfahrung der eigenen Sprache bedeutet. Die ästhetische Erfahrung ist eine Erfahrung des Verstehens am Rande des Verstehens und kann dadurch unsere sonstigen Verständnisse sowohl bestätigen als auch verändern. Auch wenn die Auseinandersetzung mit einem Kunstwerk so erlebt wird, dass sie nur darin besteht, sich im Kunstwerk zu verlieren, können wir das als eine bestätigende Form der Selbstverständigung begreifen. Die eigene Sprache des Werks wird dann als eine erfahren, die den eigenen Verstehenshorizont ganz und gar umfasst.

Die Infragestellung des Verstehens ist damit so gedeutet worden, dass sie Prozessen des Verstehens korrespondiert. Von den Grenzen des Verstehens her muss, so habe ich in diesem Kapitel dargelegt, gerade das spannungsreiche Verstehen in der Kunst begriffen werden. Die Infragestellung des Verstehens fällt damit immer wieder ins Verstehen zurück. Wird aber eine solche Deutung unseren ästhetischen Erfahrungen gerecht? Immer wieder sind solche Erfahrungen von einer Krise des Verstehens geprägt. Immer wieder kommt es in der Auseinandersetzung mit Kunstwerken zu Momenten des Nichtverstehens oder zu Unterbrechungen des Verstehens. Solchen Phänomenen kann man theoretisch erst dann in angemessener Weise Rechnung tragen, wenn man darlegt, inwiefern die Infragestellung als Aspekt ästhetischer Erfahrung über die Erfahrung bloßer Grenzen des Verstehens hinausreicht – inwiefern es eine Dimension der ästhetischen Erfahrung gibt, die gerade nicht mehr als Verstehen gefasst werden kann. Erst diese Dimension macht das negative Moment begreiflich, das Adorno hinsichtlich der Kunst betont. Der verstehensfernen Infragestellung als einer Erfahrung in der Kunst ist das nächste Kapitel gewidmet. Es soll deutlich machen, dass sich die ästhetische Erfahrung nicht im ästhetischen Verstehen erschöpft.

6 Material und Prozess

Immer wieder machen wir in der Auseinandersetzung mit Kunstwerken die Erfahrung, dass wir uns ihre Formen und Strukturen nicht erschließen können, dass uns bestimmte Zusammenhänge ganz und gar unverständlich bleiben oder dass wir überhaupt keine Zusammenhänge herzustellen vermögen. Im fünften Kapitel kamen solche Erfahrungen von Grenzen des Verstehens in der Kunst bereits zur Sprache. Sie wurden dort als Momente des Verstehens selbst dargestellt. Genau darüber will ich im Folgenden noch einmal hinausgehen: Ich will begreiflich machen, dass die Erfahrungen von Grenzen des Verstehens in der Kunst oftmals nicht zu Verständnissen führen, dass der Prozess des Verstehens als brüchig und krisenhaft erfahren wird. Wie können wir nachvollziehen, dass es in der ästhetischen Erfahrung Momente gibt, die nicht irgendwie in die Entzifferung der Sprache eines Kunstwerks einbezogen sind?

Um diese Frage zu beantworten, lassen sich vor allem zwei Begriffe aus der Philosophie der Kunst heranziehen: die Begriffe des (bloßen) Materials und des (bloßen) Prozesses. Die beiden Begriffe gehen einerseits Hand in Hand und widersprechen sich andererseits. Sowohl als (bloßes) Material als auch als (bloßer) Prozess vermitteln Kunstwerke verstörende Erfahrungen. In der Gegenwartskunst gibt es eine Vielzahl von Werken, die diesen Sachverhalt augenfällig werden lassen. Ein Beispiel ist die Videoinstallation *Anthro-Socio* von Bruce Nauman. Diese Installation (die unter anderem auf der *documenta IX* zu sehen war) zeigt auf vier Monitoren einen Kopf, der schreit. Die Monitore stehen in einer quadratischen Anordnung. Jeder zeigt in eine andere Richtung. Das Schreien ist von einer solchen Penetranz, dass es einer Betrachterin in einem größeren Umkreis unmöglich ist, sich ihm zu entziehen. Die Materialität der Stimme gewinnt eine schier unerträgliche Präsenz. Als noch bedrängender wird die Betrachterin aber wohl die Tatsache erleben, dass die Installation niemals pausiert. Das Schreien reicht in eine – wie Hegel gesagt hätte – schlechte Unendlichkeit. Sowohl Materialität als auch Prozessualität des Werks werden so zu verstörenden Erfahrungen.

Ein ganz anderes Beispiel bildet die Installation *A Thousand Years* (*Sensation*, Royal Academy of Arts, London, 1997) von Damien Hirst. Sie besteht aus einem großen Plexiglasgefäß, das seinerseits zwei Kammern umfasst. In der einen Kammer befinden sich Fliegenlarven, die im Laufe der Zeit zu Fliegen heranreifen. Diese Fliegen lockt die andere der Kammern mit dem Kopf eines toten Rinds. Unweit dieser Verlockung ist aber in der zweiten Kammer auch eine elektrische Einrichtung zur Vernichtung von Fliegen angebracht, wie sie unter anderem aus Großküchen bekannt ist. Neben dem Rinderkopf befindet sich daher eine große Anzahl von Fliegenleichen. So sieht der Betrachter den Lebensweg von Fliegen. Auf der einen Seite der Installation wird ihr Entstehen, auf der anderen Seite ihr Vergehen gezeigt. Dieser Gang der Dinge, der sich soweit noch recht harmlos anhören mag, wird durch den zersetzten Rinderkopf in krasser Weise untermalt. Insgesamt behandelt das Werk das alte Thema vom Werden und Vergehen, wobei es die unüberschaubare Dauer dieses ewigen Wandels durch den Titel *A Thousand Years* ironisch kommentiert. Ein Rezipient, der die Installation betrachtet, kann nur hoffen, dass die Sache früher zu Ende geht. Sowohl die Erfahrung des teilweise (noch) lebendigen Materials der Installation als auch diejenige des endlosen Prozesses sind gleichermaßen unerfreulich. Materialität und Prozessualität werden als verstörende Größen exponiert.

Was solche Beispiele neuester Kunst reflektieren, gehört grundsätzlich zur Kunst. Sowohl die materiale als auch die prozessuale Seite von Kunstwerken können als abweisende Momente erfahren werden. Es handelt sich um Momente, die das Spiel der Verständnisvermittlung im Werk unterbrechen. Material und Prozess arbeiten als solche Unterbrechungen nicht nur zusammen; sie arbeiten auch gegeneinander. Die materiale Festigkeit eines Werks kann sich gegen seine prozessuale Fluidität durchsetzen und umgekehrt. Auch dieses Gegeneinander von Material und Prozess kann man als Moment begreifen, das in Hirsts Installation reflektiert ist. Im Prozess löst das Material sich auf. Hirsts Werk gehört zu einer Vielzahl von Werken der Gegenwartskunst, die Material zeigen, das einem Prozess der Veränderung unterworfen ist. Das Extrem dieses Prinzips sind Kunstwerke, die konsequent jedes Material verweigern. Solche Werke – wie sie zum Beispiel innerhalb der Happening-, der Performance Art- oder der Fluxus-Bewegung, aber auch unter anderem in der Medienkunst entwickelt wurden – bieten im Extremfall bloß immaterielle Prozessualität – eine immaterielle Prozessualität, die immer beendet ist, bevor sie sich material sedimentieren könnte. Werke dieses Typs zeigen die Immaterialität des Prozessualen. Plastiken geben ein Beispiel für das gegenteilige Prinzip, die Beständigkeit des Materials. Eine marmorne Plastik nimmt zwar auch Spuren der Zeit an – dennoch ist ihre Materialität zumindest mittelfristig gegen die Vergänglichkeit gesichert.

Im skizzierten Sinn sind Material und Prozess als konvergente Momente zu verstehen, die sich zugleich im Konflikt miteinander befinden. Sowohl mit Blick auf ihre Konvergenz als auch auf ihren Konflikt lässt sich ihr verständnisverweigerndes Moment in der ästhetischen Erfahrung begreifen. Dieses Moment soll im Folgenden expliziert werden. Sowohl Materialität als auch Prozessualität sollen zuerst als negative Momente ästhetischer Erfahrungen charakterisiert werden. Danach lassen sich die Konvergenz und der Konflikt beider als Aspekte ästhetischer Erfahrung begreiflich machen.

Materialität in der Kunst

Viele Kunstwerke sind materiale Gegenstände: Es gibt Gebäude aus Stein und Plastiken aus Stahl, bemalte Leinwände und sonstige Materialien in der Kunst. Das Spiel mit dem Material, das in der Kunst gespielt wird, habe ich bislang als unerlässliches Moment ästhetischen Verstehens charakterisiert. Das ästhetische Material widersteht aber oftmals allem Verstehen. Es wird als bloßer Stein oder bloße Farbe erfahren. Ästhetische Erfahrungen gewinnen am Material eine sinnliche Intensität, die sich nicht als Moment eines Verstehensprozesses begreifen lässt. Kunstwerke präsentieren Material dann als etwas, das schlicht sinnlich erfahren wird. Material in dieser Form ist ein zentraler Bestandteil der Auseinandersetzung mit Kunstwerken. Ich will zwei Begriffe verfolgen, die diesen Bestandteil verständlich machen können: den Begriff des Überschusses und den Begriff der Allegorie der Vergänglichkeit.

Hegel und Adorno: Material als Überschuss

Hegel hat im Rahmen seiner Ästhetik-Vorlesungen unter anderem eine philosophische Geschichte der Kunst erzählt. Sie berichtet davon, wie Gegenstände, die dem Begriff der Kunst (nach Hegels Verständnis) gerecht werden, historisch Wirklichkeit wurden. Die Geschichte verläuft analog zu der Konstruktion des im zweiten Kapitel dargestellten Systems der Künste (vgl. S. 79 ff.). Analog zu diesem System verfolgt Hegel den Gedanken, dass Gegenstände zuerst hinter dem Begriff der Kunst zurückbleiben, dass sie ihn dann erreichen und schließlich über ihn hinausgehen. Hegel spricht mit Blick auf die drei Etappen dieser Geschichte von drei Kunstformen (der symbolischen, der klassischen und der romantischen Kunstform).[69] Für einen Begriff widerständiger Materialität ist die erste dieser Kunstformen, die symbolische, von besonderem Interesse. Es handelt sich um die Kunstform, die noch unterwegs ist zu einer Verwirklichung des Begriffs der Kunst. Kunst als das *sinnliche Scheinen der Idee* (vgl. S. 79 ff.) gelingt im Rahmen dieser Kunstform noch nicht. Die besten Beispiele für sie sind die ägyptischen Pyramiden. Sie zeichnen sich für Hegel dadurch aus, dass ihr sinnlich zugängliches Material ihre Bestimmung nicht richtig zeigt. Ihre Bestimmung liegt

69 Vgl. Georg Wilhelm Friedrich Hegel, *Vorlesungen über die Ästhetik I*, (s. Anm. 2), S. 389 ff.

zum Beispiel darin, eine Totenstätte zu sein, die eine bestimmte Vorstellung vom Tod reflektiert. Diese Bestimmung ist im Material nur angedeutet – sie ist nicht in ihm verwirklicht. Das Material ist nur ein Anlass, um an die konkreten Verständnisse zu denken, die mit dem Kunstwerk verbunden sind.

Der besondere Witz der symbolischen Kunstform besteht darin, dass dann, wenn die Verständnisse erreicht sind (wenn eine Rezipientin also das Werk versteht), das Material in gewisser Weise übrig bleibt. Es ist nicht gut genug in seine Bestimmung – die Verständnisse, die durch das Material erreicht werden sollen – integriert. Hegel hält dies für ein Defizit der symbolischen Kunstform. Man kann allerdings sagen, dass er in diesem Punkt unfreiwilligerweise einen wichtigen Beitrag zur Deutung der Materialität in der Kunst geleistet hat. Diesen Beitrag kann man mit einem Begriff schärfen, der sich in Adornos Texten findet: mit dem Begriff des »Überschusses«.[70] Der Begriff des Überschusses ist ein treffender Begriff für die Art und Weise, wie Material in der Kunst als widerständig erfahren werden kann.

Der Kreuzigungsdarstellung des *Isenheimer Altars* (1515, Colmar) lässt sich ein Beispiel für das Phänomen des Überschusses in der Kunst entnehmen. Die Tafel des deutschen Malers, der unter dem Namen Mathias Grünewald oder als Meister Mathis bekannt ist, zeigt in einer ergreifenden Schlichtheit und Intensität die Szene der Kreuzigung. Die Darstellung hält möglicherweise in der Figur der Maria

70 Vgl. dazu z. B. Theodor W. Adorno, *Negative Dialektik*, Frankfurt a. M. 1975, S. 164.

Magdalena, die auf der linken Seite vor dem Kreuz kniet, eine Überraschung bereit. Die Frau hat schönes, blond gelocktes Haar, das unter dem Kopftuch hervorquillt. Dieses Haar wird, wenn man ihm folgt, immer länger – und geht damit über seine Funktion, Attribut der Figur zu sein, hinaus. Es verselbständigt sich regelrecht. Es handelt sich einfach um sehr schön gestaltetes blond gelocktes Haar, das von dem Bild gezeigt wird. Dieses Haar bleibt gewissermaßen übrig: Es bildet einen Rest, der in dem Verständnis des Bildes, das eine Betrachterin möglicherweise erreicht, nicht aufgeht.

Andere Beispiele für einen solchen Überschuss finden sich vielfältig beim Hören von Musik. Man folgt zum Beispiel einer Symphonie von Gustav Mahler oder einem Quartett von Franz Schubert und begleitet hörend die Struktur, die Themen und Klänge der Musik. Mitten in solchem Hören zeigt sich mit einem Mal ein Klang oder ein Ton, ein fast nicht hörbares Instrument, eine überraschende Wendung – ein Moment, das nichts zur Entwicklung von Struktur, Themen und Klängen beiträgt. Genau ein solches Moment ist als ein Überschuss von Material zu verstehen: der Ton, das Instrument oder was auch immer als bloßes Material auffällt, das ganz und gar uneingebunden in das Werk bleibt. Auch alle anderen Künste sind mit solchen Erfahrungen von Überschüssen verbunden. So fällt zum Beispiel der Klang eines Wortes aus dem restlichen Gedicht heraus oder es steht in einem Roman ein Satz, der sich wie eine überflüssige Hinzufügung liest.

Wenn man mit Adorno hier von einem Überschuss spricht, ist keinesfalls daran gedacht, dass man ein solches Moment hätte weglassen können. Der Überschuss bildet vielmehr eine uneingebundene Dreingabe. Er ist dasjenige, was nicht in dem Gefüge eines Werks unterzubringen ist. Der Überschuss ist die Erfahrung sinnlosen Materials und damit zugleich eines ganz besonderen Wertes, der darin besteht, dass die Gestaltung über die Abrundung des Werks hinausreicht. Solches Material kann – wie am Beispiel des *Isenheimer Altars* zu sehen – durchaus gestaltet sein. Erfahrungen des Überschusses übersteigen dennoch die Dimension des Verstehens in einem Kunstwerk. Der Überstieg stellt weder eine Krise des Verstehens dar noch lässt er sich einfach – zum Beispiel als materiales Verstehen (vgl. S. 224 ff.) – in das Verstehen integrieren. Er ist vielmehr die Erfahrung des Endes von Verstehen. An diesem Ende beginnt das verständnisfreie Spiel der Kunst. Dieses Spiel kann den Charakter einer Verzierung haben, den der Verschwendung oder den der Sinnlosigkeit. Der Überschuss ist bloßes Material.

Der Überschuss von Material spielt also in der ästhetischen Erfahrung die Rolle einer grundsätzlichen Negation. Er ist das, was sich nicht integrieren lässt. Es ist aus diesem Grund wichtig, den Überschuss nicht als eine Krise oder Kritik des Verstehens zu deuten. Die Krise ist indirekt doch immer in das Geschehen integriert, dessen Krise sie darstellt. Sie lässt sich zumindest als Reflexion dieses Geschehens begreifen. Genau eine solche Reflexion stellt das Material als Überschuss nicht dar. Der Überschuss hat nicht die Funktion, irgendetwas am Werk zu zeigen oder zu klären. Er markiert weder die Grenzen noch die Möglichkeiten des Verstehens in der Kunst. Er bleibt schlicht außen vor. So ist das überschüssige Material – ob als Verzierung oder Verschwendung – eine Unterbrechung und ein Zwischenspiel. Es ist der Aufbruch des Mikrokosmos (vgl. S. 214 ff.).

Auch wenn die Erfahrung uneingebundenen Materials nichts zeigt oder klärt, verweist sie doch indirekt auf die Verfasstheit von Kunstwerken. Ein Überschuss kommt gerade auf der Basis der mikrokosmischen Verfasstheit des Kunstwerks zustande. Er lässt sich nicht in die spezifische Sprache eines Kunstwerks integrieren. Die Sprache fordert aber solche Integration. Unterschiedliche sinnlich-materiale Momente gehören einem Kunstwerk gerade dadurch an, dass sie als Elemente seiner Sprache verstanden werden können. Man kann so davon sprechen, dass jedem Kunstwerk die Tendenz innewohnt, die Momente, die in ihm vorkommen, zu integrieren. Vor dem Hintergrund dieser Tendenz treten Momente, die nicht integriert werden, in besonderer Weise zutage. Genau dies geschieht, wenn das Material sich ästhetisch als überschüssig erweist.

Benjamin: Material als Allegorie des Geschaffenseins

Ein weiterer Aspekt der Widerständigkeit von Material in der ästhetischen Erfahrung lässt sich auf der Basis von Überlegungen Walter Benjamins begreifen.[71] Benjamin hat eine Widerständigkeit beschrieben, die konkreter ausfällt als diejenige des Überschusses. Er betrachtet diesbezüglich Werke, die am anderen Ende der Entwicklung stehen, die Hegel mit der symbolischen Kunst anheben lässt. An diesem anderen Ende steht die Ruine oder das Fragment. Auch Ruine und Fragment bieten nur Andeutungen der Bestimmungen, die ein Werk realisiert. Die Andeutungshaftigkeit

71 Vgl. zum Folgenden Walter Benjamin, *Ursprung des deutschen Trauerspiels*, Frankfurt a. M. 1972, S. 197 ff.

resultiert allerdings in diesem Fall nicht aus der Unangemessenheit des Materials in Relation zu seiner Bestimmung, diese oder jene Verständnisse zu wecken. Das Material ist vielmehr unvollständig. Aufgrund dieser Unvollständigkeit gibt es bloße Andeutungen. Auch in dieser Form der Andeutung bleibt letztlich das Material zurück. Es ist Ruine, Fragment. Im Gegensatz zum bloßen Überschuss hat das Material als Ruine oder Fragment aber eine paradoxe Gestalt. Es zeigt sich als ungestaltet – als etwas, was von dem Schaffensprozess nicht beziehungsweise nicht vollständig erfasst ist. In diesem Sinn lässt sich nach Benjamin fragmentiertes Material in der Kunst als Allegorie des Geschaffenseins beziehungsweise allgemeiner als Allegorie der Vergänglichkeit begreifen.

Wiederum ist es hilfreich, von Beispielen auszugehen. Immer wieder zeigen Kunstwerke unfertiges Material. Es kann sich dabei um ein bestimmtes Stilmittel handeln, wie es unter anderem in der Romantik, aber auch in der Moderne eingesetzt worden ist. Für die Symphonien Anton Bruckners ist es bezeichnend, dass musikalisches Material gleichsam unverarbeitet dargeboten wird. Ein bloßes Motiv oder Thema wird unisono von großen Teilen des Orchesters gespielt, ohne dass es eine Form der Gestaltung oder Verarbeitung dieses Motivs oder Themas gibt. In anderer Weise lässt sich eine Präsentation ungestalteten beziehungsweise ungestalten Materials an den Plastiken von Auguste Rodin betrachten. Rodin hat seine Arbeiten vielfach so ausgeführt, dass Figuren in den ungestalteten Stein zurückgenommen sind. Am Rande oder am Fuße bleibt der Stein ungestaltet stehen (vgl. zum Beispiel *La danaïde*, 1889, Musée Rodin, Paris). In dieser Weise bieten Kunstwerke Material dar, das nicht vom Schaffensprozess betroffen ist. Sie bieten sich in fertiger Gestalt als Fragment dar. Das Material, aus dem sie in diesem Fall bestehen, ist nicht in der Weise überschüssig, wie ein Material, das aus dem Verständniszusammenhang eines Werks herausfällt. Dennoch trägt es auch ein Moment von Überschüssigkeit in sich. Man kann die Plastiken Rodins durchaus so betrachten, dass Rodin den überschüssigen Stein nicht fertig abgetragen hat. Überträgt man diese Sichtweise auf die Musik Bruckners, so kann man sagen, er hätte ein rohes Motiv oder Thema noch durchgestalten und damit seiner Musik ihre materiale Unwucht nehmen können.

Kunstwerke, die in dieser Weise fragmentarische Momente stehen lassen, exponieren Material als Material, das vom Schaffensprozess nicht (durch und durch) erfasst worden ist. Charakteristisch für sie ist es, dass das Material sich von der Sprache des Werks partiell emanzipiert. Das Material tritt aus dem Verständniszusammenhang des Kunstwerks heraus und zeigt, so kann man auf der Basis von Benjamins Überlegungen sagen, in eigensinniger Weise einen bestimmten Aspekt der Zeitlichkeit des Kunstwerks. Benjamin interpretiert die Ruinen, die zum Bespiel im Barock in allen Künsten prominent sind, als Allegorien der Vergänglichkeit. Analog kann man fragmentarisches Material in Kunstwerken deuten. Vergänglichkeit bedeutet im Kunstwerk demnach in erster Linie seine Bindung an kulturelle Kontexte, in denen allein es verständlich wird. Ein Kunstwerk ist sowohl in Produktion als auch in Rezeption in solchen Kontexten verhaftet. Trotz seiner noch so eigenständigen Sprachlichkeit kann es außerhalb solcher Kontexte keine Verständnisse wecken. Außerhalb ihrer bleibt es stumm. Ein Stummbleiben dieser Art wird durch fragmentarisches Material im Kunstwerk bedeutet. Das Material ist so eine Allegorie der Vergänglichkeit aller Verständnisse, die mit Kunstwerken verbunden sind. Das unverarbeitete Material im Werk deutet auf die Möglichkeit des Stummwerdens der Kunst im Ganzen hin. Es zeigt an, dass die Sprache eines Werks aus sich heraus letztlich doch nicht zu sprechen vermag.

Werke wie diejenigen von Bruckner und Rodin machen deutlich, dass eine ästhetische Erfahrung Momente von Material enthalten kann, die als Allegorie der Vergänglichkeit eines Werks zu begreifen sind. Vergänglichkeit ist dabei vor allem als das Geschaffensein des Werks im Spiel. Man kann hier in folgender Weise von der Dialektik des Geschaffenseins in einem Kunstwerk sprechen: Je mehr in einem Werk das Material durchgearbeitet ist, desto mehr kann das Material auch wieder als eines aus dem Werk herausfallen, das unverarbeitet ist. So kann eine Wortform in einem Gedicht Friedrich Hölderlins als Wortform auffallen, die wie eine Unterbrechung in dem Zusammenhang des Textes erscheint. Oder aus einer Musik von Johannes Brahms kann ein Intervall hervortreten, das sich als bloßes, ungestaltetes Intervall hört. In all solchen Fällen tritt im Rahmen der ästhetischen Erfahrung Material als Allegorie des Geschaffenseins von Kunstwerken hervor. Eine solche Allegorie ist das Material als eines, das sein Ungeschaffensein auffällig werden lässt. Immer wieder kann im Rahmen ästhetischer Erfahrung Material in dieser Weise herausstechen. Das Material erscheint dann für Momente als eines, das gleichsam naturhaft da ist.

Eine Allegorie der Vergänglichkeit beziehungsweise des

Geschaffenseins des Werks funktioniert genauso negativ wie das Material als Überschuss. Material, das in dieser Weise allegorisch zu verstehen ist, tritt aus der Sprachlichkeit eines Kunstwerks heraus. Es erscheint als ein Moment, das nicht zur Sprache eines Werks gehört. Nur als ein solches Moment gewinnt es den Status der Ruine oder des Fragments. Es deutet das Geschaffensein und die Vergänglichkeit des Werks an. Für ein solches Material gilt genauso wie für Material als Überschuss in einem Werk, dass es eine bloße Unterbrechung darstellt. Material dieser Art führt nicht zu einem Wechselspiel von Integration und Desintegration. Ein solches Wechselspiel kommt nur dort zustande, wo das Material in die Reichweite des Verstehens rückt. Für das ruinenartige und fragmentarische Material gilt aber gerade, dass es sich nicht ins Verstehen einfügt. Es bleibt außerhalb des sprachlichen Zusammenhangs, der das Verstehen eines Kunstwerks ausmacht.

Auch wenn die bloße Unterbrechung in dieser Weise das Geschaffensein und die Vergänglichkeit auszudrücken vermag, ist das nicht die Art und Weise, wie eine solche Unterbrechung in der ästhetischen Erfahrung auftritt. In dieser schlägt sich die Konfrontation zuerst in Verständnisverlust nieder, in Ratlosigkeit oder Befremden. Es ist eine Erfahrung davon, dass das Material gerade nicht, wie sonst in der Kunst, spricht. Mehr noch als der Überschuss hält das Material als Ruine oder Fragment diese Erfahrung bereit. Die ästhetische Erfahrung ist hier eine Erfahrung restloser Infragestellung des Verstehens.

Prozessualität in der Kunst

Weniger als die Materialität stand im Rahmen meiner Darlegungen bislang die Zeitlichkeit eines Kunstwerks im Fokus der Aufmerksamkeit. Zwar wurde im zweiten Kapitel Lessings Unterscheidung von Raumkünsten und Zeitkünsten gestreift (vgl. S. 61 ff.). Die grundsätzlich zeitliche Dimension ästhetischer Erfahrung wurde aber als solche noch nicht gewürdigt. Das hat seinen Grund darin, dass in dem Verständnisgeschehen von Kunstwerken ihre zeitliche Dimension nicht in besonderer Weise auffällig wird. Alle Entzifferung der Sprache eines Kunstwerks, alle Strukturierung seiner Elemente ist zwar nur in einem zeitlichen Prozess möglich – dieser Prozess tritt aber als solcher nicht hervor. Er ist in der verstehenden Auseinandersetzung mit einem Kunstwerk wie zum Beispiel der einfachen Betrachtung eines Films bei einem Kinobesuch nicht auffällig.

In besonderer Weise auffällig wird die Prozessualität im Rahmen der ästhetischen Erfahrung hingegen als Widerstand gegenüber Verstehensprozessen. Sie tritt dann dem Prozess des Verständnisgeschehens als ein Moment entgegen, das sich in dieses Geschehen nicht integrieren lässt. Ästhetische Erfahrungen beinhalten immer wieder Prozesse, die bloßer Leerlauf sind: ein Vergehen von Zeit, das nicht an irgendeinem Punkt endet – ein Spiel, das zu keinem Ergebnis kommt. Wie die Materialität kann so auch die Prozessualität als ein unterbrechender Aspekt der verstehenden Auseinandersetzung mit einem Kunstwerk fungieren. Genau in dieser Weise gewinnt die Prozessualität im Rahmen der ästhetischen Erfahrung ein besonderes Gewicht. Die Philosophie der Kunst hat diese spezifische

Widerständigkeit bislang nicht allzu intensiv aufgeklärt. Im Folgenden sollen zwei sehr heterogene Stimmen zu Wort kommen. Neuesten Tendenzen einer so genannten Ästhetik des Performativen oder des Ereignisses folge ich in der Einschätzung, dass Prozessualität ästhetisch das Zustandekommen eines Werks verhindern kann. Die zweite Explikation der Negativität des Prozessualen führt uns hingegen in die Romantik. Dort findet sich der Gedanke einer unendlichen Produktivität im Werk. Diese Produktivität führt dazu, dass das Werk nie zu einem abgeschlossenen Gegenstand der Erfahrung werden kann.

Prozessualität als Performativität: Werk versus Aufführung

Es ist eine triviale Wahrheit, dass alle Kunstwerke im weitesten Sinn der Aufführung bedürfen. Ein Bild muss gehängt, eine Plastik aufgestellt werden. Werke der Literatur bedürfen der Lektüre (der stillen Aufführung), Musik oder Theaterstücke der Darbietung. Die triviale Wahrheit der Relevanz von Aufführungen in allen Künsten wird erst dann interessant, wenn man sich klar macht, dass die Aufführung in der Kunst einen eigenständigen Charakter erhalten kann. Aufführungen können gegenüber den Werken, deren Aufführung sie sind, eine Eigenlogik entfalten. In gegenwärtigen Diskussionen der Kunsttheorie und Kunstphilosophie wird dieser Gedanke meist unter dem Stichwort der Performativität diskutiert. Performanz (von engl. *to perform* beziehungsweise *performance*) heißt nichts anderes als Darbietung oder Aufführung. Mit dem Konzept von Performativität verbunden ist der Verweis auf eine Prozessualität in der ästhetischen Erfahrung, die das Zustandekommen eines Werks beziehungsweise eines Werkverständnisses verhindert. Genau dieser Prozessualität soll nun unser Augenmerk gelten.

Aus Konzerthäusern und Theatern kennen wir viele Beispiele von Aufführungen, die ein Werk so darbieten, dass wir es nicht mehr wiedererkennen. Die uninteressanten dieser Aufführungen sind diejenigen, die man mit Blick auf ein Werk schlicht als misslungen charakterisieren kann. Solche Aufführungen kommen zwar sicher nicht selten vor, es lässt sich aber aus ihnen für den Begriff der Kunst wenig lernen. Fruchtbar für ein solches Lernen sind hingegen Aufführungen, die einen ganz und gar eigenen Zugriff auf das Werk präsentieren, die ein Werk verfremden und damit dennoch eine interessante Interpretation des Werks liefern. Man kann hier von der »starken Fehlinterpretation« eines Werks sprechen.[72] Stark ist eine Fehlinterpretation dann, wenn sie dem Werk dadurch treu bleibt, dass sie sich gegen es auflehnt, dass sie sich über den Spielraum, den das Werk eröffnet, hinwegsetzt. Zu entscheiden, ob eine starke Fehlinterpretation oder eine Übertreibung vorliegt, wird immer eine Frage des Einzelfalls bleiben.

Starke Fehlinterpretationen lassen sich als Beispiel für ein allgemeines Prinzip ästhetischer Darbietung begreifen. Ästhetische Darbietungen können als solche auch das Werk ausmachen. Die Darbietung stellt dann die einzige

72 Vgl. Richard Rorty, »Nineteenth-Century Idealism and Twentieth-Century Textualism«, in: R. R., *Consequences of Pragmatism*, Minneapolis 1982, S. 139–159, hier S. 151 f.

Basis dar, auf der sich ästhetisches Verstehen ausbilden kann. Diese Basis aber ist prekär. Von ihr geht eine spezifische Erfahrung der Prozessualität von Kunst aus. Bevor ich diese Erfahrung beschreibe, will ich noch bemerken, dass in der Avantgarde-Kunst der zweiten Hälfte des 20. Jahrhunderts viele Kunstformen entstanden sind, die bloß Aufführungen im Sinne starker Aufführungen bieten. Happenings, Werke der Performance Art oder des Fluxus: In all diesen Fällen rücken Darbietungen, denen kein Werk mehr zugrunde liegt, ins Zentrum der Kunst. Solche Darbietungen heben in besonderer Weise Aspekte hervor, um die es uns im Folgenden geht.[73] Dennoch reicht die Erfahrung verstörender Prozessualität in der Kunst weit über die Kunst der Avantgarde hinaus.

Die spezifische Erfahrung von Prozessualität ist die Erfahrung der Frage, wie es weitergeht. Dort, wo allein eine Darbietung das ästhetische Verstehen trägt, kann es immer zu Augenblicken kommen, in denen nicht mehr sicher ist, ob oder wie es weitergeht. Jean-François Lyotard hat solche Momente mit der Frage »Geschieht es?« (*arrive-t-il?*) umrissen.[74] Diese Frage zeigt die Unsicherheit, als die die Zeit in der Aufführung erlebt werden kann. Sie stellt sich aber nur dort, wo nicht mehr sicher ist, ob überhaupt etwas geschieht. Es geht ihr nicht darum festzustellen, wann es weitergeht. Wenn klar ist, dass es weitergeht, steht ein Werk hinter der Aufführung, das im weitesten Sinn ihren Ver-

73 Vgl. dazu u. a. Dieter Mersch, *Ereignis und Aura*, Frankfurt a. M. 2002.

74 Jean-François Lyotard, »Das Erhabene und die Avantgarde«, übers. von Heike Rutke und Clemens-Carl Härle, in: *Merkur* 424 (1984) S. 151–164, hier S. 152.

lauf garantiert. Erst dort, wo die Aufführung für sich steht, kann das »Geschieht es?« erfahren werden. Ein Augenblick, in dem die Zeit in dieser Weise in den Vordergrund tritt, ist ein Augenblick, in dem bloß Zeit vergeht. In einem solchen Augenblick wird bloße Prozessualität erfahren. Diese Erfahrung richtet sich gegen den ästhetischen Verstehensprozess insgesamt. Bloße Prozessualität kann nicht in den Prozess des Verstehens integriert werden. Sie führt dazu, dass dieser Prozess zumindest momentan abbricht. Wenn die Aufführung nach einem Augenblick des »Geschieht es?« so weitergeht, dass sich der Prozess des Verstehens fortsetzt, ist dieser von Grund auf gestört. Die Erfahrung bloßer Prozessualität bedeutet eine Verunsicherung, die darin besteht, dass nicht sicher ist, ob der Prozess des Verstehens sich abschließen wird oder ob er durch bloßen Abbruch endet.

Die nicht in das Verstehen integrierbare Zeitlichkeit, die ästhetisch erfahren wird, lässt das Werk als Kategorie der ästhetischen Erfahrung problematisch werden. Der einmal gestörte Prozess wird nicht mehr auf eine Einheit hin, sondern als Prozess vollzogen. In ihm gibt es keine orientierende Größe mehr, die außerhalb seiner liegt. Es geht nur noch um die Erfahrung des Prozesses, sofern er über die unterbrechenden Momente hinweg fortgesetzt werden kann. Man versteht nun, dass die Aufwertung von Aufführungen in der Kunst – wie sie zum Beispiel in den erwähnten Avantgarden stattgefunden hat – immer mit einer Kritik an der Werk-Kategorie einherging. Wenn eine Aufführung bloße Prozessualität in der ästhetischen Erfahrung erfahrbar macht, dann dementiert sie einen festen Rahmen für ästhetische Verständnisse, wie ihn viele Kunstwerke bereitstellen. Sie lässt die Verständnisse, die sich im Prozess krisenhaft herausbilden, als solche erscheinen, die durch keinen Rahmen abgesichert sind.

Kunst als endlose Produktion

Die Prozessualität kann im Zusammenhang der ästhetischen Erfahrung noch auf eine andere Weise unterbrechend auftreten. Diese andere Weise der Unterbrechung ist vor allem in der deutschen literarischen Romantik thematisiert worden. Autoren wie Novalis oder Friedrich Schlegel begreifen Kunst als ein ästhetisches Schaffen und nicht als eine ästhetische Schöpfung. Kunst ist in ihren Augen *energeia* – ein bloßes schöpferisches Werden. Diesem romantischen Begriff von Kunst kann man eine Idee von Prozessualität entnehmen, die sich als Zeit eines unauflösbaren Widerstreits bezeichnen lässt.[75] Wenn Kunst als Prozess eines unauflösbaren Widerstreits erfahren wird, dann wird der Verstehensprozess ästhetischer Erfahrung von innen aufgebrochen.

Hören wir zum Beispiel Bachs *Johannespassion*. Es handelt sich um die musikalische Dramatisierung des Todes Jesu nach dem Evangelium des Johannes. Vom ersten Ton an folgt die Musik dem religiösen Inhalt, der im Text zur Sprache kommt. Bach versteht es gerade in diesem Stück sehr gut, eine Musik zu schreiben, die den Text und die Dimension der Heilsbotschaft, die er beinhaltet, plastisch werden lässt. So wird man in der Musik zu Anfang die

75 Die folgenden Überlegungen stützen sich u. a. auf Ruth Sonderegger, *Für eine Ästhetik des Spiels*, Frankfurt a. M. 2000.

melancholische Traurigkeit eines Christenmenschen, dann später unterschiedliche Stimmungen auf dem Leidensweg hören. Die Musik strukturiert so die textlichen Inhalte und will als solche Strukturierung verstanden werden. Dennoch kann es sein, dass eine Hörerin mitten im Hören vergisst, was sie da hört, da sie mit einem Mal von der Schönheit der Musik in ihren Bann gezogen wird. Im Extremfall kann sie die Musik als verspielt oder als heiter erleben. Aber auch ohne einen solchen Extremfall kann ihr ein Thema, eine Harmoniefolge oder anderes in seiner musikalischen Form auffallen. Es kann sein, dass unsere Hörerin bei dieser Hörweise bleibt. Denkbar ist auch, dass sie ohne weitere Irritationen zur alten ›inhaltlichen‹ Hörweise von Bachs Musik zurückkehrt. Interessant ist allerdings ein dritter Fall. Da wird die Hörerin im weiteren Verlauf ihres Hörens hin und her gerissen sein, wie sie diese Musik nun hören soll, ob als ein Stück eines bestimmten Inhalts oder als einfach schöne Musik.

Die Hörerin macht in diesem Fall die Erfahrung, dass Bachs Werk sich für sie nicht mehr klärt. Sie macht die Erfahrung eines Widerstreits. Es handelt sich, allgemein gesprochen, um einen Widerstreit zwischen unterschiedlichen Verständnissen, die die Hörerin von der Musik gewinnt. Man kann eines der Verständnisse als inhaltlich, das andere als formal charakterisieren. Richtiger ist es allerdings, von unterschiedlichen Inhalten zu sprechen. Auch eine noch so formale Interpretation der Musik bezieht, wie wir oben gesehen haben, inhaltliche Momente ein. Der Widerstreit, der für die Hörerin zustande kommt, führt dazu, dass die ästhetische Erfahrung unterschiedliche Sprachfetzen aneinanderreiht, die sich nicht verbinden. Sie wird so zu einer schlechthin offenen Erfahrung, die unbegrenzt fortgesetzt, aber auch jederzeit abgebrochen werden kann.

Was die Hörerin in diesem Fall erfährt, lässt sich in den Kategorien der Romantiker gut als endlose Produktion bezeichnen. Die ästhetische Erfahrung handelt in ihrem Widerstreit davon, wie das Werk gemäß unterschiedlicher Verständnisweisen entsteht. Die Erfahrung spielt unterschiedliche Momente des Werks als Momente der Entstehung einer bestimmten ästhetischen Erfahrung durch. Jede Verständnisweise, die sich zu bilden beginnt, wird dabei von einer anderen Verständnisweise unterbrochen, und so an ihrer Abrundung (dem Verstehen einer zusammenhängenden Sprachlichkeit) gehindert. Daher wird das Werk in einem Widerstreit von Verständnisweisen als eines erfahren, das immer im Entstehen bleibt. In dieser Erfahrung tritt nun zugleich die Prozessualität der ästhetischen Erfahrung als offene Prozessualität hervor. Da die Erfahrung des Widerstreits keine Erschließung einer bestimmten Struktur zulässt, sondern jede Struktur immer wieder dementiert wird, wird ästhetisch zuletzt ein ungerichteter Prozess erfahren. Die Zeit der ästhetischen Erfahrung erweist sich hier als Zeit in ihrem bloßen Vergehen, als Dauer.[76] Auch ein solches Vergehen ist eine Form bloßer Prozessualität. Es handelt sich um eine Form der Prozessualität, die den Prozessen des Verstehens fremd gegenübersteht, die sich nicht in diese Prozesse integrieren lässt.

76 Henri Bergson, *Zeit und Freiheit*, aus dem Frz. übers., Frankfurt a. M. 1989, S. 84.

Ästhetische Erfahrung kann immer wieder zu einer Erfahrung endloser Produktion werden. Die Erfahrung besteht dann darin, dass nur noch unterschiedliche Ausschnitte möglicher Sprachlichkeit eines Werks durchgespielt werden. In solcher Erfahrung stellt sich keine Struktur mehr her, werden nicht mehr Teile in einem Zusammenhang mit anderen Teilen verständlich. Wird Prozessualität in dieser Weise als Dauer erfahren, ist das Verständnisgeschehen in der Auseinandersetzung mit einem Kunstwerk aufgebrochen. Die ästhetische Erfahrung erweist sich in diesem Fall als ein zielloses Spiel mit Momenten ästhetischen Verstehens. Das ist die besondere Charakteristik der Erfahrung von Prozessualität als Dauer in der Kunst. Aus diesem Grund habe ich oben auch davon gesprochen, dass der Verstehensprozess ästhetischer Erfahrung hier von innen her aufgebrochen wird. Die bloße Prozessualität wird als zielloses Spiel mit den Mitteln sonstigen ästhetischen Erfahrens erfahren – nicht, wie im Fall des »Geschieht es?« (vgl. S. 278 f.), gegen sie.

In beiden betrachteten Fällen kann sich die bloße Prozessualität allerdings nur im Kontext ästhetischer Verstehensprozesse ereignen. Nur vor dem Hintergrund dieser Prozesse und ihrer spezifischen Verfasstheit ist sie begreiflich. Die Momente, in denen bloße Prozessualität ästhetisch ins Gewicht fällt, bilden also einen Teil des Gesamts ästhetischer Erfahrungen. Sie stellen das ästhetische Verstehen tiefgreifend in Frage. Im Rahmen avantgardistischer Kunstprojekte sind die Momente solcher Infragestellung oftmals in besonderer Weise evoziert worden. Das heißt aber nicht, dass diese Projekte nicht mehr im Rahmen einer allgemeinen Ästhetik begriffen werden könnten, dass ihnen nur mit einer besonderen Ästhetik beizukommen sei.[77] Sie zeigen gerade ihre Zugehörigkeit zur Sache der Kunst, wie sie seit vielen hundert Jahren zunehmend entwickelt worden ist, darin, wie sie Prinzipien, die in der Kunst immer schon impliziert waren, profilieren. Wie die nichtdarstellende, die so genannte abstrakte Kunst, ist auch die performative Kunst Teil des umfassenden Projekts der Kunst.

Das Gegeneinander von Materialität und Prozessualität in der Kunst

Die Überlegungen der beiden zurückliegenden Abschnitte machen verständlich, inwiefern Materialität und Prozessualität in der ästhetischen Erfahrung konvergieren können. Materialität und Prozessualität treten immer wieder im Rahmen ästhetischer Verstehensprozesse als unterbrechend heraus. Auffällig werden sie dann jeweils als bloße Materialität oder bloße Prozessualität. Für Materialität und Prozessualität ist es im Rahmen der ästhetischen Erfahrung charakteristisch, dass sie die Prozesse der Strukturbildung, der Erfahrungen des Verstehens und der Störung von Verstehen aufbrechen können. Man kann hier von dem negativen Potential von Material und Prozess in der Kunst sprechen. Von Negation ist allerdings dann in einem formalen Sinn die Rede. Sie besagt so verstanden: Material und Prozess werden in entsprechenden negativen Erfahrungen als Momente erfahren, die nicht mitspielen. In diesem Sinn

77 Vgl. Erika Fischer-Lichte, *Ästhetik des Performativen*, Frankfurt a. M. 2004, etwa S. 9–30.

war in den Darlegungen der vorangehenden Seiten immer wieder von Unterbrechungen die Rede. Die Erfahrungen bloßer Materialität und Prozessualität dürfen also nicht als Störungen des Verstehens verstanden werden. Es sind Unterbrechungen, Aussetzer, die innerhalb der ästhetischen Verständnisprozesse korrespondenzlos bleiben. In diesem Sinn könnte man sagen, dass sich in den unterbrechenden Momenten eine gewisse Eigenlogik zeigt. Im Rahmen des großen Spiels der Kunst entwickeln sie ein kleines Extraspiel mit eigenen Regeln.

Die Konvergenz von Materialität und Prozessualität als Konvergenz von Momenten, die im ästhetischen Geschehen eine Unterbrechung entfalten können, macht deutlich, dass in der Kunst Material und Prozess nicht notwendigerweise in einen Gegensatz geraten. Auch wenn eine starke Intuition besagt, es bestehe ein solcher Gegensatz, ist er nicht einfach verständlich zu machen. Nach der entsprechenden Intuition gibt es einen Gegensatz vom festen und stabilen Material auf der einen und von stets hinfälligen und immateriellen Prozessen der Aufführung und der Interpretation auf der anderen Seite. Genau so aber lässt sich ein möglicher Gegensatz von Material und Prozess in der Kunst nicht verstehen. Material tritt ästhetisch vielmehr dann in einen Widerstreit zur Prozessualität, wenn Zeichen sich in ihrer Präzision als Material verfestigen.

Zeichenbestimmtheit und Interpretationsprozess

Jacques Derrida hat in einem seiner kunstphilosophischen Texte ein Werk eines zeitgenössischen französischen

Künstlers namens Gérard Titus-Carmel besprochen.[78] Dieses Werk trägt den kuriosen Titel *La Grande Bananeraie Culturelle* (1969/70). Das Kunstwerk lässt sich als ein Relief aus Bananen beschreiben. In regelmäßigen Abständen sind auf einer größeren Fläche Bananen aufgehängt. Allerdings handelt es sich nur in einem Fall um eine echte Banane. Neben dieser besteht das Kunstwerk aus 59 Plastikbananen. Das Werk verändert sich im Laufe seiner Ausstellung. Die echte Banane folgt dabei der Bestimmung ihrer zeitlichen Existenz. Nach einiger Zeit steht eine Betrachterin vor 59 Plastikbananen, die wirklich aussehen wie eine Banane, und einem braunen verschrumpelten Gegenstand, der einmal eine den Plastikbananen ähnliche Banane war.

Dieses Kunstwerk lässt sich als eine Reflexion auf die Prozessualität von Kunstwerken überhaupt verstehen. Es zeigt einerseits die Veränderung, die alle Werke erfahren können. Andererseits wirft es damit ein Licht auf das Zustandekommen von Identität im Werk. In dem Werk Titus-Carmels wird die Identität als eine künstliche repräsentiert. Ironischerweise präsentiert das Werk Plastikbananen als dasjenige, was in dem Werk Identität stiftet. Die Identität wird damit als genauso künstlich markiert, wie die Bananen es sind, die sie in dem Werk herstellen. Was dieses Werk zeigt, kann man allgemeiner folgendermaßen zum Ausdruck bringen: Kunstwerke haben ihre Identität nicht einfach als einen Bestand. Die Identität wird vielmehr durch Rezeptionen und Interpretationen hergestellt (vgl. S. 256 ff.). Sie ist durchaus damit vereinbar, dass das Werk

78 Jacques Derrida, »Kartuschen«, in: J. D., *Die Wahrheit in der Malerei* (s. Anm. 62), S. 219–300, hier S. 258 ff.

sich verändert. Kunstwerke sind nicht in ihrer materialen Seite fixiert. Auch für eine Malerei oder für eine Plastik gilt, dass ihr Bestand als Kunstwerk mit Rezeptionen oder Interpretationen zusammenhängt. Der Gegenstand, den zum Beispiel Möbelpacker transportieren, ist nicht als solcher einfach ein Kunstwerk.

Die Reflexion des Werks von Titus-Carmel auf die Verwicklung von Material und Prozess deutet an, wie Material und Prozess in der Auseinandersetzung mit Kunstwerken in einen Widerstreit geraten können. Es ist demnach möglich, dass das Material sich als verfestigt erweist. Das Kunstwerk kann als Zeichen als fixiert erfahren werden, so dass es dem interpretativen Prozess widersteht. Dieser Widerstand lässt sich mithilfe einiger Überlegungen Hegels verstehen.

Hegel hat in seinen Interpretationen zur romantischen Kunst die mögliche Diskrepanz von Material und Prozess in der Kunst thematisiert. Hegel war kein Freund der romantischen Kunst oder vielmehr, weniger im Stil einer biographischen Anmerkung gesagt: Er ging davon aus, dass in der Romantik die Bestimmung der Kunst, so wie er sie begreift (vgl. S. 79 ff.), nicht mehr erreicht wird. Die Romantik vergeistigt die Kunst und überfordert sie damit in gewisser Weise. Teil dieser Überforderung ist, dass in der Romantik ein Gegensatz zwischen Material und Prozess entsteht. Nun ist es so, dass Hegel dies diagnostiziert, um der Romantik ein verfehltes Kunstverständnis vorzuwerfen. Seine Deutungen sind aber besser als seine Einschätzungen. Hegel gelingt es gerade dort, wo er die romantische Kunst beschreibt, oftmals sehr gut, einige allgemeine Einsichten in die Kunst zu gewinnen. So ist es auch in diesem Fall.

Der Ausgangspunkt von Hegels Überlegungen ist die These, dass Kunst ein Selbstverständigungsgeschehen darstellt. Hegels These hinsichtlich der romantischen Kunst lautet nun, dass das Selbstverständigungsgeschehen der Kunst sich von dem Material eines Kunstwerks entfremden kann.[79] Dies geschieht dann, wenn ein Kunstwerk sein Material als ein überaus präzise und eigensinnig gestaltetes Material präsentiert. Der Detailreichtum des ästhetischen Zeichens kann sich dann in der Interpretation als verfestigt erweisen. In dem gleichen Maße, wie es zu einer solchen Verfestigung kommt, lösen sich Verständnisprozesse, die in Auseinandersetzung mit dem Kunstwerk stattfinden, von dem Material. Für eine Rezipientin wird ein ästhetisches Zeichen so zu einem bloßen Anlass, sich in komplexe Verständniswelten zu versenken. Sie hakt sich an dem einen oder anderen Detail der Gestalt des Kunstwerks fest und lässt sich zu immer neuen Verständnissen und Imaginationen treiben. In dieser Weise treten Zeichengestalt und rezeptiver Prozess auseinander. Kunst wird so mit Blick auf die Beherrschung des Materials bloße technische Meisterschaft. Hegel spricht von einer »immer geistloseren Gestaltung«,[80] die aus dieser Entwicklung resultiert. Was in dieser Weise immer geistloser wird, ist das Kunstwerk als Zeichen, als immer perfektere äußere Zeichengestalt.

Hegel begreift das Phänomen, das er hier beschreibt, als einen Verfall der wahren Bestimmung der Kunst. Mir

79 Vgl. etwa Georg Wilhelm Friedrich Hegel, *Vorlesungen über die Ästhetik II*, Frankfurt a. M. 1977, S. 136 ff.

80 Ebd., S. 197.

scheint aber, dass er sehr präzise ein grundsätzliches Moment ästhetischer Erfahrung erfasst. Das Gegeneinander von Materialität und Prozessualität, das Hegel in der romantischen Kunst bemerkt, prägt die Wirklichkeit ästhetischer Zeichen insgesamt. Man kann das Gegeneinander unabhängig von Hegel folgendermaßen beschreiben. Wir haben die Bedeutung der konkreten materialen Gestalt ästhetischer Zeichen mit dem Begriff der definitiven Bestimmtheit gefasst. Kunstwerke sind Zeichen, deren konkrete materiale Gestalt für das Verständnis relevant ist. Die definitive Bestimmtheit des ästhetischen Zeichens trägt nun in sich die Tendenz, sich zu verfestigen. Diese Tendenz besteht unabhängig davon, ob ein Kunstwerk sehr detailreich und unübersichtlich gestaltet ist oder ob seine Gestaltung eher minimalistisch ausfällt. Jedes Kunstwerk – ob eine kleine Zeichnung von Paul Klee oder eine große Oper von Giuseppe Verdi – leidet als Zeichen an einer gewissen Überpräzision. Die Kehrseite solcher Überpräzision besteht darin, dass rezeptive Prozesse sich verselbständigen können. Ein Detail des Werks kann derart reich scheinen, dass es eine ganze Verständniswelt beim Betrachter evoziert. Dieser verfolgt die Verständnisse, die sich auf diese Weise bei ihm einstellen, unabhängig von der Gestalt des Kunstwerks. Er erfährt in diesem Moment die Materialität des Kunstwerks als eine Verfestigung, die ihn letztlich daran hindert, reichhaltigere Verständnisse zu gewinnen. Die Fluidität der Verständnisprozesse und die Festigkeit des ästhetischen Zeichens treten in einen Gegensatz zueinander. Ein solcher Gegensatz kann im Rahmen ästhetischer Erfahrungen immer aufbrechen. Als Folge der Spezifik ästhetischer Zeichen ist es möglich, dass in der Auseinandersetzung mit diesen Zeichen Zeichenmaterialität und Rezeptionsprozesse auseinanderdriften.

Es sei allerdings betont, dass im Fall eines solchen Auseinanderdriftens nicht das Werk als bloße Materialität in Gegensatz zu den Verständnisprozessen gerät. Vielmehr ist es die konkrete Zeichengestalt. Die Verfestigung, die in der ästhetischen Erfahrung stattfindet, ist ein Moment des Verständnisprozesses. Erst als Zeichen betrachtet, kann ein Kunstwerk sich in seinen Details als starr erweisen. Gegenüber der Starre des Zeichens weist die Rezeption die Freiheit auf, den Verständnisprozess als einen Prozess zu gestalten. Die Erfahrung solcher Prozessualität des Verstehens tritt am deutlichsten dann auf, wenn in der Rezeption eine andere Fortsetzung des Werks verfolgt wird. Ausgehend von einem Detail des Werks, zum Beispiel einem musikalischen Thema, spinnt eine Rezipientin eine andere Ausführung des Werks fort. Dieses Fortspinnen hat den Charakter einer Interpretation. Es geht dann nicht darum, ein bestimmtes Detail in der Imagination treiben zu lassen. Vielmehr ist es das Ziel eines Rezeptionsprozesses, der in dieser Weise verläuft, das Detail in ästhetisch stimmiger Weise auszubuchstabieren. Der Verständnisprozess kann in diesem Fall als eine Kritik der Werkgestalt begriffen werden. Der Prozess insistiert darauf, dass das Werk auch hätte anders ausfallen können. Gegenüber dem Potential seiner Details wird es in seiner konkreten Zeichengestalt als verhärtet erfahren.

Von diesen Überlegungen aus kann man noch einmal auf das Werk zurückblicken, das Derrida als eine Reflexion auf die Identität von Kunstwerken interpretiert. Die Identität von Kunstwerken ist, so habe ich zuspitzend gesagt, als künstlich zu begreifen. Sie stellt einen Moment der verstehenden und interpretativen Auseinandersetzung mit einem Kunstwerk dar. Wenn das Werk sich hingegen verfestigt, dann zeigt sich die Identität im Werk selbst fixiert. Die Identität, die im Verstehen und in der Interpretation eines Kunstwerks nachvollzogen wird, und die Identität des Werks als einer Zeichenmaterialität geraten in einen Widerstreit. Das mögliche Gegeneinander von Materialität und Prozessualität in der Kunst kann so als ein Gegeneinander in Bezug auf die Identität des Werks begriffen werden.

Material und Interpretation in Produktion und Improvisation

Das Gegeneinander von Materialität und Prozessualität lässt sich auch auf Seiten der Produktion von Kunst nachvollziehen. Viele Arbeitsberichte von Künstlern dokumentieren ein solches Gegeneinander. So wird zum Beispiel von Bildhauern wie Michelangelo gesagt, ein Marmorblock habe ihm gleichsam befohlen, die Figur aus ihm zu befreien. Ein solcher Befehl signalisiert die Verfestigung des Materials als Moment der ästhetischen Erfahrung, die der Künstler macht. Die Bestimmtheit der Zeichengestalt, die er schafft, entfaltet so eine Eigenlogik, noch bevor das Zeichen in seinen konkreten Details fertig gestellt ist. Die Verstehensprozesse, die der Künstler dem von ihm gestalteten Zeichen gegenüber erfährt, gewinnen eine Prozessualität, gegenüber der das entstehende Zeichen als unflexibel erscheint. Der Künstler kann mit seinem eigenen Material nicht dahin, wo er will. Solche Beschreibungen des künstlerischen Schaffensprozesses stellen aber letztlich keinen

Beleg dar. Viele Aspekte solcher Beschreibungen sind stilisiert und reflektieren eher die soziale Stellung des Künstlertums als die Bestimmung der Kunst.

Bei der Produktion von Kunstwerken spielt der mögliche Gegensatz von Materialität und Prozessualität vor allem in improvisatorischen Kunstformen eine Rolle. Improvisationen lassen sich als ästhetische Geschehnisse verstehen, die den Gegensatz von Materialität und Prozessualität zu überwinden suchen. Das macht die besondere ästhetische Bedeutung von Formen wie dem Jazz, dem Improvisationstheater oder -tanz aus. Die definitive Bestimmtheit des ästhetischen Zeichens wird dabei mit der Fluidität des ästhetischen Verstehensprozesses korreliert. In der Improvisation kann die Bestimmtheit, die das Zeichen erlangt, immer entlang den Veränderungen der Verständnisse, die eine improvisierende Künstlerin im Schaffensprozess von dieser Bestimmtheit erlangt, verändert werden. Das Zeichenmaterial ist in der Improvisation von Grund auf darauf angelegt, nachzugeben. Zwar kann auch eine Improvisation die Forderungen, die ein solches Material stellt, nicht unterbinden. In der Improvisation werden diese Forderungen aber zu einem Korrektiv der Gestaltung des ästhetischen Zeichens. In der Improvisation ist es immer möglich, noch einmal neu anzusetzen und so ein Detail zu realisieren, das andere Forderungen impliziert. Die resultierende Bestimmtheit des ästhetischen Zeichens beinhaltet die Offenheit der Verständigungsprozesse, die die Interpreten während der Aufführung erfahren haben.

Wenn allerdings das Ergebnis einer Improvisation – wie es gerade im Jazz vielfältig der Fall ist – als Werk zum Beispiel durch Aufnahme fixiert wird, kehrt der mögliche Gegensatz von Materialität und Prozessualität in der ästhetischen Erfahrung, die man in der Auseinandersetzung mit dem Werk erfahren kann, zurück. Ästhetische Erfahrungen können immer von diesem Gegensatz geprägt sein. Um es noch einmal mit Hegel zu sagen: Gegenüber dem Beteiligtsein an der Selbstverständigung, die Kunstwerke als Zeichen ermöglichen, kann immer die konkrete Gestalt eines Kunstwerks als eine Verfestigung erfahren werden.

Unterbrechungen im ästhetischen Verstehen

Ästhetische Selbstverständigung hat darin ihre besonderen Dimensionen, dass Kunstwerke beziehungsweise ästhetische Geschehnisse eine eigene Sprache entwickeln. In dieser Sprache schließen sie sich gegenüber dem außerästhetischen Sonst, aber auch gegenüber anderen Kunstwerken in gewisser Weise ab. Kunstwerke sind, so habe ich in idealistischem Vokabular gesagt, Mikrokosmen. Man kann diese Verfasstheit von Kunstwerken, wie betrachtet, nur dann begreifen, wenn man sie als Zeichen begreift. Für die Zeichen, die Kunstwerke sind, ist es charakteristisch, dass ihre Verständnis eröffnenden Elemente im Kontext anderer Elemente genau dieses Zeichens verstanden werden müssen. Jedes Kunstwerk ist dadurch ausgezeichnet, dass seine Elemente eine bestimmte Struktur ausbilden. In ästhetischen Erfahrungen geht es grundsätzlich darum, diese Struktur als die Sprache des Kunstwerks zu erschließen.

Der Prozess einer solchen Erschließung hat immer auch den Charakter einer Erfahrung. Dies liegt unter anderem darin begründet, dass sinnlich-materiale Momente des Kunstwerks sowohl als Elemente der Sprache des Werks verstanden werden als auch sich in ihrer sinnlich-materialen Verfasstheit präsentieren können. Ästhetische Erfahrungen können in diesem Sinn als Erfahrungen eines spezifischen Verstehens begriffen werden. Sie gehen allerdings nicht in Verstehen auf. Mit der Abgeschlossenheit von Kunstwerken hängt zusammen, dass die Erfahrungen von Verstehen immer auch mit solchen der Verständnislosigkeit verbunden sein können. Kunstwerke weisen als Material und Prozess immer wieder Momente auf, die sich weder als Elemente einer Sprache noch in einer aus dem Material hervorgehenden Verständlichkeit erschließen. Solche Momente sind Unterbrechungen des Verstehens. Zu der Eigensprachlichkeit von Kunstwerken gehört es, dass ästhetische Erfahrungen sich nicht in Erfahrungen von Verstehen erschöpfen.

In den Erfahrungen der Unterbrechungen von Verstehen zeigt sich bloße Materialität oder bloße Prozessualität. Diese Rekonstruktion macht deutlich, dass eine gängige Perspektive auf die Auseinandersetzung mit Kunstwerken falsch ist. Man ist leicht geneigt, bei ästhetischen Erfahrungen sinnliche Momente an den Anfang zu stellen. Die Erfahrung von Kunst gilt so als der Prozess sinnlicher Interaktion mit materialen Momenten eines Kunstwerks. Die zurückliegenden Überlegungen akzentuieren gegenüber dieser Auffassung, wie schwer es ist, das bloß sinnliche Material und den bloßen Prozess als Momente der ästhetischen Erfahrung zu begreifen. Das sinnlich zugängliche Material muss in der Kunst in erster Linie als Träger von Verständnissen gedacht werden. Erst vor diesem Hintergrund ist es – nach einer Reihe von gedanklichen Schritten – möglich, einen Begriff von bloßer Materialität und bloßer Prozessualität zu gewinnen. Letztere sind in der Kunst kein einfaches, sondern ein höchst komplexes Phänomen. Sie stehen nicht am Anfang der Auseinandersetzung mit der Kunst, sondern bedürfen einer längeren Entwicklung, um begriffen werden zu können.

Dass die ästhetische Erfahrung sich nicht in einer Erfahrung des Verstehens erschöpft, klärt die letzte Dimension ästhetischer Selbstverständigung auf: Die Infragestellung als eine Dimension ästhetischer Selbstverständigung zeigt erst auf der Basis der Unterbrechungen, die durch Materialität und Prozessualität initiiert sein können, ihren eigenständigen Charakter. In Frage stellend ist die ästhetische Erfahrung in besonderer Weise als eine Erfahrung der Verständnislosigkeit, als eine Erfahrung des Abbruchs. Die Unterbrechungen durch Materialität und Prozessualität lassen sich allerdings erst im Kontrast zu Momenten des Verstehens begreifen. Von einem ästhetischen Geschehen kann man nur dann sagen, dass es in einen verständnisfernen Leerlauf gerät, wenn es grundsätzlich als ein Verständnisgeschehen gedeutet wird. So zeigt sich gerade an den Momenten der Unterbrechung des Verstehens die spannungsreiche Einheit ästhetischer Erfahrungen.

7 Geschmacksurteil und Kunstkritik

Im deutschen Fernsehen gab es von 1988 bis 2001 eine populäre Sendung, die *Das Literarische Quartett* hieß (unter diesem Titel ist seit 2015 eine neue Sendung mit verwandtem Format wieder aktiv). Der berühmte Literaturkritik-Papst Marcel Reich-Ranicki diskutierte in der Sendung mit seinen Kollegen Sigrid Löffler und Hellmuth Karasek sowie einer weiteren Kritikerin bzw. einem weiteren Kritiker über Literatur. Die Sendung war berüchtigt (und beliebt) dafür, dass es zu heftigem Streit zwischen den Kritikerinnen und Kritikern kam. Immer wieder wurden durchaus polemische Urteile gefällt und trugen die Beteiligten zum Teil heftige, persönlich gefärbte Konflikte aus.

Man mag jetzt denken, dass es dabei in erster Linie darum ging (und auch in dem neuen Format geht), dem Publikum eine emotional bewegende Show zu bieten und dass aus diesem Grund alles letztlich nur in übertriebener Weise gespielt war. Eine solche Einschätzung ist sicher nicht ganz unberechtigt. Den Kern dessen aber, womit man im Streit von vier Kritikerinnen und Kritikern konfrontiert war, trifft es nicht. Kunst ist, so habe ich bereits im ersten Kapitel festgehalten, umstritten. Es ist grundsätzlich unklar, was Kunst ist und was nicht. Das wiederum hängt damit zusammen, dass unklar ist, als wen wir uns verstehen und inwiefern bestimmte Werke uns ansprechen und andere nicht.

Der provokante und zur Schau gestellte Kritikerstreit zeigt also etwas, das für Kunst wesentlich ist: Da Kunst ein Medium der Selbstverständigung ist, steht immer in Frage, ob Kunstwerke uns etwas bedeuten oder nicht oder ob sie uns in produktiver Weise in unseren Verständnissen herausfordern oder nicht. So geben uns Kunstwerke stets aufs Neue Anlass zum Streit. Wie *Das Literarische Quartett* zeigt, geht es in dem Streit nicht nur um das Kunstwerk als solches. Es geht auch um diejenigen, die sich streiten, die mit ihren Einschätzungen, Erfahrungen und Perspektiven im Spiel sind. Insofern ist es nicht verwunderlich, dass ein solcher Streit auch Persönliches betrifft.

Zum Streit um die Kunst gehört, dass diejenigen, die sich mit Kunstwerken auseinandersetzen, sich in Urteilen über diese Kunstwerke äußern. Entsprechende Urteile sind wertend. Mit dem französischen Wort für »werten«, *évaluer*, können wir sie als *evaluative* Urteile bezeichnen. Kunstwerke werden evaluiert. Es wird beurteilt, ob sie als Kunstwerke wertvoll sind oder nicht. Traditionellerweise hat man die Urteile als solche verstanden, die die Schönheit eines Gegenstands oder deren Fehlen feststellen. Man sprach und spricht hier von Geschmacksurteilen. Das Schöne gefällt uns, und das stellen wir in seiner Beurteilung als schön fest. Aber lässt sich die Schönheit von Gegenständen tatsächlich beurteilen? Haben wir Grundlagen für eine solche Beurteilung? Lässt sie sich verbindlich vornehmen?

Immer wieder hat man in der Geschichte des Nachdenkens über das Schöne davon geträumt, dass Geschmacksurteile sich objektiv begründen lassen. Und immer wieder sind solche Träume der Einsicht gewichen, dass es in Fragen des Geschmacks nicht gleichermaßen objektiv zugeht wie zum Beispiel bei der Ermittlung der Außentemperatur. Wie aber funktionieren unsere Urteile über Kunstwerke dann?

In diesem Kapitel will ich verfolgen, wie sich die Diskussion dieser Frage seit dem 18. Jahrhundert entwickelt hat. Ich setze bei zwei zentralen Positionen von damals an (David Hume und Immanuel Kant) und kontrastiere diese mit zwei wichtigen Positionen aus der Gegenwart (Noël Carroll und Christoph Menke). Aus dieser Diskussion heraus wird deutlich, dass Geschmacksurteile eine ganz andere Fundierung haben als Erkenntnisurteile, die sich auf die empirische Welt beziehen. Ihre Fundierung liegt in dem Streit, den Menschen über ihr jeweiliges Selbstverständnis führen. Dieser Streit wird, sofern er Kunst betrifft, in der Praxis ausgetragen, die wir Kunstkritik nennen.

Von Kunstkritik spreche ich hier in einem offenen Sinn, so dass damit nicht nur die Praxis bezeichnet ist, die wir aus den Feuilletons und aus anderen Medien kennen. Richtig verstanden umfasst Kunstkritik weit mehr: Das gemeinsame Lachen über eine gelungene Filmsequenz gehört genauso dazu wie die anerkennenden Blicke der Rezipierenden bei einer Jazz-Improvisation. Auch die kurzen Gespräche während der Lektüre eines Romans und die Bewertung von Ausstellungen im Internet sind kunstkritische Aktivitäten.

Um Urteile über Kunstwerke in ihrer Eigenart zu verstehen, müssen wir uns also fragen, wie Kunstkritik funktioniert und worum es in Kunstkritik geht. Und wenn wir wiederum aus philosophischer Perspektive auf Kunstkritik schauen, müssen wir uns fragen, warum so viele wichtige kunstphilosophische Positionen Kunstkritik nicht in ihrer Relevanz würdigen oder Kunstkritik – im Extrem – als eine Praxis verstehen, in der Kunst verfehlt wird. In diesem Sinn muss die Kunstphilosophie den Streit, mit dem Kunst verbunden ist, ernst nehmen.

Das Geschmacksurteil

Die Diskussion über Kunst ist in der Neuzeit schon früh mit dem Begriff des Geschmacks verbunden worden. Das Geschmacksurteil steht unter anderem im Zentrum der kunsttheoretischen Diskussionen, die im Kontext der französischen Salonkultur im 17. Jahrhundert aufgekommen sind. Von dort aus hat es auch die kunsttheoretischen Debatten des 18. Jahrhunderts weitgehend geprägt. Ein Geschmacksurteil wird dabei als ein solches verstanden, das einen Gegenstand als schön beurteilt. Dabei liegt es nahe zu sagen, dass es keine objektive Basis für ein solches Urteil gibt. Es scheint eine subjektive Sache zu sein, die Schönheit von etwas einzuschätzen. Wenn dies zutrifft, stellt sich die Frage, ob sich trotz der Subjektivität des Geschmacksurteils eine sichere Basis für entsprechende Urteile gewinnen lässt.

Hume: Die Subjektivität des Geschmacksurteils

Diese Frage hat in paradigmatischer Weise David Hume (1711–1776) gestellt. In seinem berühmten Essay *Of the Standard of Taste* fragt Hume danach, ob es eine Regel des Geschmacks gibt. Er stellt dabei zuerst fest, dass Geschmacksurteile eine subjektive Sache sind. Dabei prägt er das geflügelte Wort, Schönheit liege im Auge des Betrachters.[81] Dies ist für Hume allerdings nicht mit der Konse-

81 David Hume, »Über die Regel des Geschmacks«, übers. von Friedhelm Herborth, in: *Materialien zu Kants »Kritik der Urteilskraft«*, hrsg. von Jens Kulenkampff, Frankfurt a. M. 1974, S. 43–63, hier: S. 46.

quenz verbunden, alle entsprechenden Urteile seien gänzlich relativ. Dass es immer Subjekte braucht, um Schönheit zu beurteilen, ist, wie Hume ganz zurecht sagt, als ein Moment der Freiheit des Geschmacksurteils zu verstehen (ich komme darauf weiter unten zurück). Menschen können sich selbst von dem unmittelbaren Eindruck, den Gegenstände auf sie machen, befreien, indem sie – auf Basis ihrer natürlichen Fähigkeiten – Geschmacksurteile fällen lernen.

Hume insistiert nun darauf, dass Menschen ihren Geschmack schulen müssen. Sie können in ihrem Urteilsvermögen immer mehr Sicherheit erlangen. Subjekte stehen vor der Aufgabe, sich Distanz und damit Freiheit von den Objekten zu erarbeiten, die sie beurteilen wollen. Auf diese Weise erlangen sie in ihrem Geschmack Eigenständigkeit. Diese etwas abstrakte Überlegung kann man an unserem Umgang mit Wein illustrieren: Wer Wein geschmacklich einschätzen will, muss seinen eigenen Geschmack kultivieren. Er muss seine Geschmacksfähigkeiten und sein Urteilsvermögen in Bezug auf die Geschmacksnoten von Weinen entwickeln. Am Ende eines solchen Lernprozesses steht das Expertentum. Die Praxis des Beurteilens der Schönheit von Gegenständen ist so für Hume damit verbunden, dass es zur Ausbildung von Expertinnen und Experten kommt. Entsprechend macht er geltend, dass der Geschmack letztlich eine Sache solcher Expertinnen und Experten ist. Sie sind diejenigen, die ihren Geschmack kultiviert haben und damit das Ideal aller Beurteilung von Schönheit.

Mit dieser Erklärung der Funktionsweise des Geschmacks ist der Gedanke verbunden, dass der Geschmack Einzelner in einer Gesellschaft generell von anderen beurteilt wird. Geschmacksurteile müssen die Anerkennung anderer finden. So steht nicht einfach fest, wer die Expertinnen und Experten des Geschmacks sind. Sie müssen sich ihren Status der Kunstkennerschaft vielmehr im Rahmen einer Gemeinschaft erst verdienen. In diesem Sinn spricht Hume davon, »daß der Geschmack bestimmter Menschen – wie schwierig es auch immer sein mag, diese Menschen herauszufinden – vom allgemeinen Gefühl als dem Geschmack anderer Menschen überlegen anerkannt wird«.[82] Zugespitzt gesagt: Geschmack bildet sich auf natürlichen Grundlagen im Subjekt aus und wird im Rahmen eines Prozesses der Gemeinschaftsbildung von anderen hinsichtlich des mit ihm realisierten Urteilsvermögens eingeschätzt.

Der Ansatz Humes verdeutlicht ein wichtiges Moment aller Urteilspraxis im Zusammenhang mit Kunstwerken. Urteile in Bezug auf die Schönheit von Gegenständen werden von Subjekten gefällt. Die Grundlage der entsprechenden Beurteilung von Gegenständen ist das Urteilsvermögen der Subjekte. Dennoch sind Subjekte in ihren Urteilen nicht allein. Sie interagieren vielmehr mit vielen anderen Subjekten und werden dabei in ihrem Urteilsvermögen immer wieder von anderen beurteilt. Erst dann, wenn das Urteilsvermögen sich in den Augen anderer bewährt, kann es als gefestigt gelten. Dies ist eine wichtige Einsicht in die Funktionsweise und Bedeutung von Kunstkritik.

Diese Einsicht wird aber zugleich von Hume in einer problematischen Art und Weise ausbuchstabiert. Für diese Einschätzung will ich zwei Gründe nennen:

82 Ebd., S. 57.

Erstens hat Hume keine Antwort auf die Frage, welche Bedeutung ihre Urteilsfähigkeit in Bezug auf Fragen des Geschmacks für Subjekte hat. Er argumentiert ja dafür, dass der Geschmack nur über Kennerschaft abgesichert werden kann. Seinem Verständnis zufolge müssen Subjekte sich als urteilsfähig erweisen, wollen sie in Sachen des Geschmacks zu belastbaren Urteilen kommen. So erweckt er den Anschein, es sei der subjektiven Kompetenz einzelner Subjekte in einer Gesellschaft überlassen zu bestimmen, was guter und was schlechter Geschmack ist. Damit wird zwar zurecht betont, dass Geschmack an Subjekte gebunden ist. Es wird aber nicht klar, was genau das Urteilsvermögen in Fragen des Geschmacks für Subjekte bedeutet: Warum setzen sich Subjekte überhaupt mit solchen Fragen auseinander? Handelt es sich dabei nur um ein gesellschaftliches Spiel?

Zweitens hat Hume nichts zu einer besonderen ästhetischen Dimension des Geschmacks zu sagen. Der Zusammenhang von wechselseitiger Anerkennung und Kennerschaft, den er für den Geschmack geltend macht, gilt für Urteilsfähigkeit insgesamt. In jedem Bereich, in dem Urteile eine relevante Rolle spielen (z. B. in der Politik, im Recht, in der Bildung oder in der Wissenschaft), ließe sich eine analoge Struktur ausmachen. So gesehen verfehlen Humes Analysen die Eigenart von Urteilen in Bezug auf Kunst.

Kant: Die Objektivität des Geschmacksurteils

Immanuel Kant ist in seiner Philosophie grundsätzlich stark von Hume beeinflusst. In der Vorrede seiner *Prolegomena zu einer jeden künftigen Metaphysik, die als Wissen-*

schaft wird auftreten können hat er explizit bemerkt, in seiner gesamten kritischen Philosophie von Hume wesentliche Anstöße empfangen zu haben. Eine entsprechende Beeinflussung liegt auch in Kants Lehre zum ästhetischen Urteil vor, auch wenn sich in der *Kritik der Urteilskraft* selbst kein expliziter Hinweis auf Hume findet. Kant reagiert mit seiner Aufklärung des ästhetischen Urteils genau auf die Probleme, die sich in der soweit skizzierten Position Humes ausmachen lassen.

Seine Reaktion setzt bei dem letzten von mir genannten Kritikpunkt an: Hume verfehle, so kann man Kant verstehen, die Eigenart ästhetischer Urteile, da er diese Urteile auf eine bloß subjektive Kompetenz zurückführt. Subjektiv kompetent sind wir aber nur in Bezug auf das, was für uns als Individuen mit spezifischen Eigenschaften, Vorlieben und Kompetenzen Bedeutung hat. In Kants Worten: für das, was uns angenehm und was uns nützlich ist.

Urteile über das, was einem angenehm und was einem nützlich ist, sind aber Kant zufolge gerade keine Urteile über Schönheit. Aus Urteilen über Schönheit können wir nur Sinn machen, wenn wir darin nicht eine Artikulation von persönlichen Vorlieben bzw. subjektiver Präferenz sehen. Sie sagen nicht: »Dies ist für mich schön.«, sondern vielmehr: »Dies ist schön.« Wir müssen Geschmacksurteile aus diesem Grund als objektive Urteile verstehen, wenn wir der Eigenart von Schönheit Rechnung tragen wollen.[83]

Nun gesteht auch Kant zu, dass Geschmacksurteile nicht einfach Urteile über Objekte sind. Schönheit ist nicht einfach eine Eigenschaft von Gegenständen wie eine Form

83 Vgl. Kant, *Kritik der Urteilskraft* (s. Anm. 7), §§ 1–5.

oder eine Farbe eine solche Eigenschaft ist. Schönheit liegt vielmehr in der Wirkung, die das Objekt auf ein Subjekt ausübt.

Diese Wirkung allerdings ist im Fall der Schönheit als solche objektiv. Sie ist nicht in den Eigenarten eines spezifischen Individuums begründet, also nicht nur – wie es bei Hume scheint – Ausdruck einer subjektiven Kompetenz. Vielmehr sind die Urteile Ausdruck einer Kompetenz für das, was Subjekte allgemein betrifft (vgl. zu Kants Analyse dieser Kompetenz: S. 115 ff.). So kann man etwas verkürzend sagen: Geschmacksurteile sind Urteile über objektive subjektive Reaktionen auf Objekte.

Wenn es sich aber um objektive subjektive Reaktionen handelt, dann steht es einem Subjekt oder einer Gemeinschaft nicht einfach zu Belieben, einen Gegenstand schön zu finden oder nicht. Sofern er schön ist, kann von jeder und jedem erwartet werden, dass sie oder er die Einschätzung teilt. Entsprechend sagt Kant, dass wir immer dann, wenn wir einen Gegenstand als schön beurteilen, die Zustimmung anderer fordern.[84] Das heißt nicht, dass wir in jedem Fall tatsächlich die Zustimmung anderer zu gewinnen suchen. Was wir in dem Urteil sagen, setzt vielmehr voraus, dass alle uns zustimmen sollten. Insofern handelt es sich nicht um eine subjektive Erwartung, sondern um einen Anspruch, der objektiv begründet ist.

Mit seiner Analyse eröffnet Kant einen Weg, zu verstehen, inwiefern im Zentrum von Geschmacksurteilen Subjekte stehen, ohne dabei auf bloß subjektive Kompetenzen zurückzugreifen. Da er den Urteilen einen objektiven

84 Ebd., B o.

Charakter zuschreibt, kann er sagen, dass die Urteile alle Subjekte gleichermaßen betreffen. Ein Geschmacksurteil drückt also nicht die individuellen Einschätzungen eines bestimmten Subjekts aus. Es drückt vielmehr aus, wie Subjekte, die so verfasst sind wie wir (und das heißt aus Kants Perspektive: alle menschlichen Subjekte überhaupt), auf den betreffenden Gegenstand reagieren.

So zeugt das Geschmacksurteil von einem Sinn für das, was alle angeht. Kant spricht hier mit der Tradition von einem *sensus communis*, einem Gemeinsinn.[85] Dieser Sinn entspringt nicht einer bestimmten Gemeinschaft. Kant begreift ihn vielmehr als einen Sinn für das allen Menschen Gemeinschaftliche. So kann er plausibler sagen, was Hume zu sagen versucht: Geschmacksurteile sind dort, wo sie gelingen, Ausdruck von Kennerschaft – allerdings nicht einer Kennerschaft, die in einer bestimmten Gemeinschaft durch Anerkennung anderer zustande kommt, sondern einer Kennerschaft für das, was Menschen in ihrer Natur, sinnlich-vernünftige Wesen zu sein, insgesamt ausmacht.

Nach dieser Analyse ist klar, dass Geschmacksurteile nicht so funktionieren wie Urteile im Recht, in der Politik oder in der Wissenschaft. Kennerschaft in der Kunst heißt für Kant nicht Kennerschaft in Bezug auf einen bestimmten Gegenstand im Rahmen einer bestimmten Urteilsgemeinschaft, sondern vielmehr Kennerschaft in Bezug auf das, was Menschen ihrer Natur nach sind, überhaupt. So macht Kant den gemeinschaftlichen Charakter von Geschmacksurteilen genauso verständlich wie die Eigenart dieser Urteile.

85 Ebd., §§ 20–22.

Dafür allerdings zahlt er einen hohen Preis: Er verliert den Kontakt zu den Objekten. Kant zufolge sagen Geschmacksurteile nur aus, dass bestimmte Objekte in uns Subjekten ein Wohlgefallen daran auslösen, dass wir uns als sinnlich verständige Wesen erkennend auf die Welt beziehen können. Wäre dies das letzte Wort in der Analyse des Geschmacksurteils, bliebe gänzlich unklar, warum wir es in der Kunst mit sehr vielfältigen und unterschiedlichen Objekten zu tun haben: Sofern Kunstwerke durch Geschmacksurteile beurteilt werden, wäre aus Kants Perspektive ein einziges Kunstwerk ausreichend. Wenn sich einmal gezeigt hat, dass das Objekt die relevante Reaktion in uns auslöst, könnten wir dieses Objekt einfach immer wieder reproduzieren, um wieder und wieder die Erfahrung des Schönen zu machen. Das zeigt, dass Kants Analyse nicht verständlich macht, inwiefern wir mit Geschmacksurteilen sehr unterschiedliche Gegenstände auch in ihren Eigenarten beurteilen.[86]

Der Grund der Beurteilung von Kunstwerken

Sehr allgemein gesagt können wir festhalten, dass auch Kant das Geschmacksurteil noch zu sehr vom Subjekt her denkt. Es muss nun darum gehen, Geschmacksurteile mehr

86 Damit keine unnötigen Missverständnisse entstehen, will ich am Rande bemerken, dass Kant durchaus etwas zur Pluralität von Künsten sagt, und unter anderem erläutert, dass Kunstwerke unterschiedlichen Inhalt haben können. Sofern sie aber Gegenstände sind, die wir als schön beurteilen, gilt, was ich hier diagnostiziere. Vgl. Kant, *Kritik der Urteilskraft*, §§ 45 ff.

in den von uns beurteilten Gegenständen zu verankern. Wie aber kann dies gelingen?

Ein naheliegender Weg besteht darin, von der Eigenart von Kunstwerken auszugehen. Entsprechend gilt es, die Hypothese zu verfolgen, dass Geschmacksurteile auf diese Eigenart hin ausgerichtet sind. Wir sollten also unsere subjektive Reaktion als Spiegel einer bestimmten Eigenart von Kunstwerken verstehen. Damit würden wir die Probleme der Kantischen Analyse überwinden. Es käme entsprechend nicht mehr auf die subjektive Reaktion als solche an, sondern auch auf die Beschaffenheiten der Gegenstände, die diese Reaktion auslösen.

Diesen vielversprechenden Weg haben unterschiedliche Positionen eingeschlagen. Ich will ihn exemplarisch an zwei Positionen der gegenwärtigen Kunstphilosophie diskutieren. Dabei soll es um zwei konträre Realisierungen der Verankerung von Geschmacksurteilen im Gegenstand gehen: Auf der einen Seite wird der Gegenstand als konkrete Basis unserer Urteile verstanden; auf der anderen Seite als Grundlage für die Erfahrung der Brüchigkeit allen Urteilsgeschehens.

Carroll: Beurteilung aufgrund künstlerischer Standards

Der amerikanische Kunstphilosoph Noël Carroll (*1947) hat in einer dem ersten Augenschein nach sehr plausiblen Weise auf die Problematik reagiert, die ich in der Erläuterung des Geschmacksurteils bei Kant ausgemacht habe. Carroll fragt, wie kunstkritische Urteile funktionieren. Es handelt sich, so sagt er in gut Kantischer Tradition, nicht um Urteile, die etwas am Gegenstand feststellen. Vielmehr bewerten, so Carroll, die Urteile das Gelungensein der Gegenstände. Dieses Gelungensein aber versteht Carroll nun nicht nur auf Basis ihrer Eignung, in uns eine bestimmte subjektive Reaktion – oder im Sinne Kants gesagt: ein Gefühl ästhetischer Lust – auszulösen. Es messe sich vielmehr an den Standards, die in künstlerischen Traditionen in unterschiedlichen Künsten etabliert seien.[87]

Wer einen Roman positiv beurteile, stelle damit also fest, dass der Text die Standards der Gattung des Romans in gelungener Weise verwirklicht. Dabei ist auch für Carroll klar, dass Kunstwerke solche Standards nicht einfach stereotyp umsetzen: Flaubert schreibt nicht wie Goethe und Dostojevski nicht wie Flaubert. Dem kann man Rechnung tragen, indem man sagt: Wir messen in Geschmacksurteilen Kunstwerke daran, ob sie die Standards der künstlerischen Gattung, der sie angehören, auf eine interessante Weise verwirklichen. Wir messen Kunstwerke demnach an allgemeinen Standards, die in Gattungen realisiert sind, und legen zugleich Wert darauf, dass diese Standards auf je individuelle Weise realisiert werden.

Carroll geht damit davon aus, dass sich in der Geschichte der Kunst unterschiedliche Künste ausgebildet haben. Diese unterschiedlichen Künste sind mit je unterschiedlichen Standards verbunden. Wer Kunstwerke produziert, verhält sich, so gesehen, zu künstlerischen Gattungen. Er legt sich in der künstlerischen Produktion mindestens auf eine Gattung fest. Deren Standards müssen von dem zu schaffenden Werk erfüllt werden. Ob dies der Fall ist oder nicht, hat die Rezeption der Kunstwerke zu klären. Rezipierende

87 Vgl. Noël Carroll, *On Criticism*, New York 2009, bes. S. 170–190.

haben sich entsprechend zu fragen, welcher Gattung ein Werk angehören soll. Auf Basis der Antwort auf diese Frage haben sie sich dann zu fragen, ob das Werk die Standards dieser Gattung verwirklicht oder nicht. In dieser Weise treffen sie ihre wertenden, evaluativen Urteile.

Mit dieser Erläuterung gelingt Carroll unzweifelhaft eine Rückbindung von Geschmacksurteilen an Kunstwerke. Unsere kunstkritischen Urteile bewerten Kunstwerke demnach daraufhin, ob sie die Standards ihrer Gattung erfüllen oder nicht. So wird die ästhetische Lust von der Beschaffenheit der Gegenstände her erklärt: Die Erfüllung künstlerischer Standards ist der Grund dafür, dass Kunstwerke uns gefallen oder nicht. Auch wenn Carroll so den Subjektivismus Humes und Kants offensichtlich hinter sich lässt, handelt er sich mit seiner Erläuterung wiederum andere, schwerwiegende Probleme ein. Zwei dieser Probleme sollen hier ein wenig ausgeführt werden.

Das erste dieser Probleme liegt in der Theorie künstlerischer Gattungen. Carroll setzt voraus, dass künstlerische Gattungen mit Standards verbunden sind, die sich über die Geschichte einer Gattung hinweg durchhalten. Die Gattung des Romans bringt demnach Standards mit, die jemand wie Gustave Flaubert oder James Joyce einfach aufgreifen kann.

Es liegt aber nahe zu sagen, dass die Gattung des Romans sich zwischen Flaubert und Joyce verändert hat. So kann mehr als fraglich erscheinen, dass Flaubert und Joyce in ihren Romanen an dieselben Standards gebunden sind. Wenn das aber stimmt, muss man Gattungen eher als Zusammenhänge von Kunstwerken begreifen, in deren Rahmen Standards sich immer wieder verändern. In diese

Richtung gingen auch unsere Überlegungen im zweiten Kapitel dieses Buches (vgl. S. 102 ff.). Wenn das aber stimmt, stehen niemals vor einem Kunstwerk die Standards der Gattung, unter die es fällt, einfach fest. Das Kunstwerk trägt vielmehr dazu bei, dass diese Standards neu bestimmt werden. So gesehen kann das Kunstwerk jedoch nicht einfach an Standards gemessen werden, die unabhängig von ihm feststehen.

Das zweite Problem betrifft die Bedeutung künstlerischen Gelingens für uns als diejenigen, die sich mit Kunstwerken (als Produzierende oder Rezipierende) auseinandersetzen. Warum sollte es uns interessieren, dass ein Roman die Standards der Gattung des Romans erfüllt? Was hat das mit uns zu tun? Man kann zur Verteidigung Carrolls sagen, dass sich diese Frage bei allen schönen Gegenständen stellen lässt. Auch eine Rose ist möglicherweise dann als schön zu verstehen, wenn sie besonders das zeigt, was Rosen ausmacht. Man könnte also sagen: Sie ist schön, weil sie die Standards der Gattung der Rosen besonders gut verwirklicht. Aus diesem Grund gefällt sie uns. Und das kann man weiter erklären, indem man sagt: Eine schöne Rose lässt uns in spezifischer Weise sehen, was Rosen ausmacht. So kommen wir in der Erfahrung des Schönen zu einem besseren Verständnis der Welt.

Leider funktioniert dieser Erklärungsansatz bei Romanen nicht in gleicher Weise. Romane sind ja nicht einfach Gegenstände in der natürlichen Welt, die wir zu verstehen hätten. Vielmehr sind es Gegenstände, die wir für uns herstellen und die dabei, zumindest dem ersten Augenschein nach, keinen praktischen Nutzen haben. In Bezug auf solche Gegenstände ist ein Verständnis des Gegenstands als solchem nicht sonderlich informativ. Es mag sein, dass wir Lust empfinden, wenn ein Roman uns zeigt, was Romane ausmacht. Aber das erklärt nicht, warum wir Romane verfassen und warum wir uns mit ihnen auseinandersetzen. Carroll lässt es so aussehen, als funktionierten Urteile über künstlerisches Gelingen wie Urteile über das Gelungensein einer Rose oder eines Regenschirms. Das aber heißt, dass wiederum die Eigenart der Kunstwerke verfehlt ist.

Menke: Erfahrung der Brüchigkeit aller Normen

So kann man fragen, ob es möglich ist, die Geschmacksurteile an die Gegenstände zurückzubinden und der Eigenart von Kunstwerken dennoch Rechnung zu tragen. Wiederum bietet sich hier ein offensichtlicher Weg an: Man kann im Sinne der angedeuteten gattungstheoretischen Kritik an Carrolls Position sagen: Kunstwerke sind Gegenstände, die Standards gerade nicht erfüllen. Sie brechen Standards auf. Wenn man diese Überlegung ins Extrem treibt, besagt sie: Kunstwerke sind Gegenstände, die wir konstitutiv nicht unter Standards zu bringen vermögen. Insofern sind unsere Geschmacksurteile Ausdruck der Irritationen, die Kunstwerke uns bereiten. Die Eigenart des Ästhetischen liegt, so gesehen, darin, dass Standards durchbrochen werden. In dieser Durchbrechung aber werden nicht einfach neue Standards etabliert. Vielmehr kommt es zur Erfahrung der Brüchigkeit von Standards insgesamt.

Christoph Menke (*1959) hat eine Erläuterung von Geschmacksurteilen vorgeschlagen, die diesen Gedanken in paradigmatischer Weise fasst.[88] Seine Position besagt, dass uns die Kunst Erfahrungen der Brüchigkeit aller normativen Zusammenhänge eröffnet. Normative Zusammenhänge sind aus dem Grund grundsätzlich brüchig, weil unsere begrifflichen Vermögen nicht aus sich selbst heraus begründet sind. Ihre Grundlage seien vielmehr Kräfte, deren blindes Spiel alles Lebendige bestimmt.[89] Eine grundlegende Unbestimmtheit sei die Basis aller unserer begrifflichen Bestimmungen. Die unbestimmten blinden Kräfte aber ließen sich im Rahmen unserer gewöhnlichen begrifflichen Aktivitäten nicht erfahren. So entstehe der Eindruck, als seien begriffliche Vermögen in sich selbst gegründet.

Dieser Eindruck aber werde durch Kunstwerke konterkariert: Kunstwerke ermöglichten uns Erfahrungen der Unbestimmtheit, die allen begrifflichen Vermögen zugrunde liege. In Kunstwerken begegnet uns demnach ein Spiel unbestimmter Kräfte. Geschmacksurteile artikulieren die Erfahrung dieses Spiels. Es handelt sich um Urteile, mit denen die alltägliche Urteilstätigkeit unterbrochen wird. Die Eigenart des Geschmacksurteils liegt demnach darin, dass in der Form des Urteils das Funktionieren von Urteilen in Frage gestellt wird. So ermöglichen uns die von Kunstwerken eröffneten Erfahrungen und die Geschmacksurteile, die diese Erfahrungen artikulieren, ein Verständnis dessen, was wir in Verständnissen im engeren

88 Vgl. besonders Christoph Menke, »*Das Urteil*: zwischen Ausdruck und Reflexion«, in: C. M., *Die Kraft der Kunst*, Berlin 2013, S. 56–81.

89 Vgl. Christoph Menke, *Kraft. Ein Grundbegriff ästhetischer Anthropologie*, Berlin 2008, z. B. S. 57 f.

Sinn nicht fassen können: Geschmacksurteile sind Urteile der Brüchigkeit des Urteilens selbst.

Menkes Position antwortet auf die Probleme, die sich in den Erläuterungen Carrolls gezeigt haben. Wie schon Kant kann man auch Menke so verstehen, dass es ihm gerade darum geht, die Eigenart des Ästhetischen verständlich zu machen. Dies leistet er dadurch, dass er ästhetische Erfahrungen als Erfahrungen der Unterbrechung alltäglicher normativer Praktiken erläutert. Die Eigenart des Ästhetischen wird dabei nicht als subjektive Reaktion verstanden: Sie ist vielmehr im Kunstwerk selbst verankert. Kunstwerke sind so beschaffen, dass unser Urteilen keinen Anhaltspunkt findet. Sie spiegeln in ihrer Beschaffenheit die Erfahrungen der Brüchigkeit unseres Verstehens wider. Insofern fasst Menke anders als Carroll die Beschaffenheit von Kunstwerken so, dass deren Bedeutung für Subjekte verständlich wird.

Allerdings ist diese Lösung wiederum mit dem Preis verbunden, dass die Unterschiedlichkeit von Künsten und Kunstwerken unklar wird. Die Erfahrung der Unbestimmtheit von Kräften ist immer wieder die gleiche. Die besagte Unterschiedlichkeit ist dafür nicht erforderlich. Dieses Problem, dem wir in ähnlicher Form schon in Kants Erläuterung des Geschmacksurteils begegnet sind, ist aber nicht das einzige Problem, das Menkes Position mit sich bringt. Sie macht nämlich ebenso wenig verständlich, warum wir unsere ästhetischen Erfahrungen überhaupt in Urteilen artikulieren. Wie die Positionen von Hume und Kant gezeigt haben, sind Geschmacksurteile gemeinschaftsbildend. Die Beurteilung von Gegenständen als schön stellt eine Gemeinschaft zwischen unterschiedlichen Subjekten her. Wenn das Geschmacksurteil aber, wie Menke nahelegt, nicht als Urteil funktioniert, dann wird Gemeinschaft durch das Geschmacksurteil eher unterbrochen als hergestellt.

Menke vertritt konsequent die These, dass diejenigen, die ästhetische Erfahrungen machen, aus der Form der Subjektivität ausbrechen.[90] Dies aber heißt, dass sie nicht mehr als Mitglieder einer Gemeinschaft fungieren. Jenseits einer Gemeinschaft aber wird Urteilen unverständlich. In dieser Hinsicht muss die Einsicht Humes ernst genommen werden: Urteile haben nur dadurch Bedeutung, dass andere anerkennend auf sie eingehen. Urteilen ist so als eine Interaktion zwischen Subjekten zu begreifen. Wo unbestimmte Kräfte vorherrschen, hat es keinen Sinn.

Kunstkritik

Die bislang diskutierten Positionen haben drei wichtige Konturen der Bestimmung des Geschmacksurteils ergeben: Geschmacksurteile artikulieren erstens eine Reaktion von Subjekten auf Objekte, in denen es den Subjekten auch um sich selbst geht. Zweitens stellen Geschmacksurteile eine Gemeinschaft zwischen Subjekten her. Und drittens sind Geschmacksurteile dabei zugleich auf die Beschaffenheiten der Objekte bezogen, die diese Urteile veranlassen. Sofern diese Konturen triftig sind, stellt sich die Frage, wie man ihnen in der Erläuterung von Geschmacksurteilen Rechnung tragen kann.

Die Antwort auf diese Frage lässt sich auf eine einfache

90 Vgl. Menke, *Die Kraft der Kunst* (s. Anm. 87), S. 13.

Weise gewinnen: Es gilt zu verstehen, wie Kunstkritik funktioniert. Kunstkritik wird, wie bereits bemerkt, in sehr unterschiedlichen Formen realisiert. Sie findet in Gesprächen nach dem Film genauso statt wie in kurzen Unterhaltungen während der Lektüre eines Romans. Kleine Äußerungen wie »Das ist wirklich fesselnd« gehören genauso dazu wie »Ich weiß nicht, was das soll«. Kunstkritische Diskussionen werden im Feuilleton geführt, in Lesezirkeln und in Blogs. Sie sind genauso von mehr oder weniger nebensächlichen Äußerungen geprägt wie von großspurigen Bewertungen. Kunstkritik findet zudem vielfach praktisch statt: durch das Umschalten am Fernseher, im Atelier einer Malerin, die immer wieder die Komposition ihres Gemäldes korrigiert, und besonders auch in Improvisationen, in denen die von Mitspielern ausgehenden Anstöße aufgegriffen werden oder nicht. So begleitet Kunstkritik in vielfältiger Weise ständig unsere Auseinandersetzung mit Kunst.

Im Rahmen der Kunstkritik haben Geschmacksurteile ihren Ort. An diesem Ort müssen sie verständlich werden. Dabei zeigt sich, dass die genannten drei Aspekte in einen Zusammenhang gebracht werden können. Kunstkritik ist als solche eine Praxis, in der Subjekte miteinander interagieren. In dieser intersubjektiven Praxis geht es genauso um die Subjekte, die miteinander diskutieren, wie um die Objekte, über die diskutiert wird. Das sollten wir genauer verstehen.

Ein intersubjektives Erkunden wertvoller Impulse

Wenn wir die unterschiedlichen Positionen von Carroll und Menke als einseitige Positionen begreifen, die es zu verbinden gilt, machen diese eines deutlich: Wer sich kunstkritisch artikuliert, lässt sich von den Standards des Objekts leiten und lässt dabei sein Urteilsvermögen in Frage stellen. Was kann das heißen? Betrachten wir noch einmal einen kunstkritischen Dialog, wie er im *Literarischen Quartett* stattgefunden haben könnte. Hier wird zum Beispiel von einem behauptet, dass ein Plot banal oder uninteressant sei. Eine andere mag dem entgegenhalten, dass das durchaus stimme, aber nicht gegen den Text spreche, sondern gerade für ihn. Die Stärke des Texte liege genau in dieser Banalität, die auf eine künstlerisch sehr gelungene Weise gestaltet sei, oder darin, dass er sich auf eine fesselnde Art und Weise als uninteressant präsentiere.

Wie sind Äußerungen dieser Art zu verstehen? Erstens artikulieren sie implizit oder explizit Standards des literarischen Textes. Ein Text kann sich an dem Standard orientieren, etwas Interessantes darzubieten (wie zum Beispiel eine Novelle eine »unerhörte Begebenheit«). Er kann aber auch mit dem Ziel verbunden sein, der Verunsicherung in der modernen Welt in einer großen Erzählung Rechnung zu tragen (wie Robert Musils *Mann ohne Eigenschaften*). Wer einen entsprechenden Text kritisiert, sucht solche Standards zu verstehen und sie interpretierend geltend zu machen. In diesem Sinne lässt eine Kritikerin sich von den Standards des Objekts leiten. Zugleich aber werden die Standards in den besagten Urteilen nicht einfach wiedergegeben, sondern es wird auch Stellung zu ihnen bezogen.

Die Thematisierung von Banalität kann genauso überzeugen wie sie als falsch, artifiziell oder übertrieben kritisiert werden kann. Zudem kann die Kritik sich natürlich auch an der Frage entzünden, ob die Thematisierung von Banalität in dem Text in gelungener Weise umgesetzt ist.

Nun mag es scheinen, als kämen wir mit diesen Überlegungen wieder zur Position Humes zurück: Ist die Bewertung nicht als Artikulation einer subjektiven Perspektive zu begreifen? Die Positionen, denen wir inzwischen gefolgt sind, erlauben es uns, diesen Schluss zu vermeiden. Die Bewertung ist nämlich mehr als eine subjektive Perspektive: Sie bringt einen Anstoß für das urteilende Subjekt zum Ausdruck. Genau dies lässt sich mit Kant sagen: Wer etwas als schön beurteilt, sieht in dem Gegenstand einen Anstoß für sich als Subjekt gegeben. Allerdings geht es der kunstkritischen Auseinandersetzung mit einem Werk zumeist nicht um das, was Menschen insgesamt ausmacht, und auch bei weitem nicht nur um die Frage der Schönheit. Vielmehr wird der durch ein Kunstwerk realisierte Anstoß auf spezifische Subjekte bezogen und unter Rekurs auf sehr vielfältige Kriterien bewertet. Er wird so als spezifischer Impuls für diese Subjekte verstanden, die eigenen Verständnisse zu befragen.

Anders als Kant oder Menke vorschlagen, ist die Befragung also nicht eine, die unsere Verständnisse allgemein betrifft. Befragt werden vielmehr unsere konkreten Verständnisse (zum Beispiel von der Verunsicherung in der Moderne). Genau diese bringen Artikulationen von Kritikern zum Ausdruck. Wenn der Plot eines erzählerischen Textes als banal oder uninteressant kritisiert wird, dann kann das unter anderem heißen, dass er die damit angesprochenen Verständnisse der Kritikerin nicht in aufschlussreicher Weise herausfordert. Insofern nimmt die Kritikerin mit ihrem evaluativen Urteil Stellung gegenüber dem Anstoß, den sie in dem Kunstwerk gegeben sieht oder eben gerade nicht. Sie kann auch geltend machen, dass das Werk seine eigenen Standards nicht in gelungener Weise umsetzt. Dann geht es ihr weniger darum, ob die durch das Werk realisierte Herausforderung aufschlussreich ist, als vielmehr darum, dem Werk eine mangelhafte Umsetzung einer möglichen Herausforderung zu bescheinigen.

Nun mag man immer noch argwöhnen, dass eine solche Stellungnahme einer Kritikerin subjektiv ist. Ist es nicht eine Sache der jeweiligen subjektiven Perspektiven, was als Anstoß wirkt und was nicht? An diesem Punkt ist es wichtig, die Situation genauer zu betrachten, in der eine kunstkritische Äußerung zustande kommt. Denken wir noch einmal an *Das Literarische Quartett*: Die Äußerung einer Kritikerin findet hier im Dialog mit anderen Kritikerinnen und Kritikern statt. Ein solcher Dialog ist wesentlich für unsere kunstkritischen Auseinandersetzungen mit Kunst. Innerhalb seiner geht es um etwas anderes als nur die Artikulation einer subjektiven Perspektive. Es geht um die Bewertung eines Objekts in Bezug auf Anstöße, die unterschiedliche Subjekte von dem Objekt erhalten können. Die Kritikerinnen und Kritiker diskutieren nicht miteinander, um bloß Meinungen auszutauschen. Sie wollen vielmehr etwas über die diskutierten Texte herausfinden. In der Diskussion geht es den Kritikerinnen und Kritikern um etwas, das sie miteinander teilen: Um die für sie wertvollen Impulse, die literarische Texte für sie bereithalten.

Aus diesem Grund sind kunstkritische Äußerungen als

Einschätzungen von Objekten zu begreifen. Die Anstöße, die Subjekte von den Objekten erfahren, werden in einer gemeinschaftlichen Auseinandersetzung bewertet. So wird deutlich, dass Kant und Hume grundsätzlich Recht haben: Geschmacksurteile sind gemeinschaftsbildend. Ohne den Aspekt der Gemeinschaftsbildung lassen sie sich nicht verstehen. Die Gemeinschaft bildet sich allerdings nicht als eine homogene Gemeinschaft gleicher Subjekte, sondern als eine Gemeinschaft konflikthaft miteinander interagierender Individuen. Mit ihren heterogenen Perspektiven erkunden die Subjekte das Potential von Kunstwerken, Anstöße für die Revision Verständnisse zu geben.

Das hat drei entscheidende Konsequenzen für das Verständnis der Gemeinschaften von denjenigen, die sich mit Kunstwerken auseinandersetzen:

Erstens geht es in kunstkritischen Kontroversen nicht in erster Linie um die Anerkennung der Kennerschaft von subjektiven Einschätzungen, sondern primär um die Artikulation der produktiven Wirkungen, die bestimmte Objekte auf Subjekte und ihre Praktiken und Verständnisse haben. Auch die Urteile von Kritikerinnen und Kritikern, die in einer Gemeinschaft hohe Anerkennung erfahren, können umstritten sein. So legt die Gemeinschaft nicht einfach fest, was Anerkennung verdient und was nicht. Festgelegt wird dies durch die Objekte und ihre Wirkungen auf Subjekte.

Zweitens ist die Gemeinschaft nicht als eine solche zu verstehen, in der es schlicht um die Einmütigkeit hinsichtlich kritischer Einschätzungen geht. Im Rahmen kunstkritischer Auseinandersetzungen werden immer wieder kontroverse Positionen miteinander konfrontiert. Und in diesen Kontroversen wird – üblicherweise – keine Einigkeit erzielt. Dies ist jedoch kein Unfall, sondern entscheidend für die in der Kunstkritik hergestellte Gemeinschaft. Die Gemeinschaft konstituiert sich durch Kontroversen. Erst dadurch, dass unterschiedliche Perspektiven artikuliert werden, gewinnen die Kriterien Kontur, auf deren Basis die Beteiligten ihre Einschätzungen formulieren.

Drittens ist damit die Gemeinschaft der Kunstkritik anders zu verstehen, als Hume sie fasst. Hume zufolge wird die Kunstkritik von anerkannten Expertinnen und Experten bestimmt. Eine solchermaßen bestimmte Gemeinschaft ist als homogen zu verstehen. Das aber trifft auf die Gemeinschaft der Kunstkritik gerade nicht zu. Diese Gemeinschaft ist nicht von Expertinnen und Experten bestimmt, sondern von Kontroversen zwischen unterschiedlichen Positionen. In einer entsprechend heterogenen Gemeinschaft gibt es grundsätzlich keine privilegierten Rollen. Jede und jeder kann in kunstkritischen Kontroversen eine gewichtige Stimme haben.

Wer sind wir und wer wollen wir sein?

Bislang habe ich es so dargestellt, als gehe es in der Kunstkritik darum, ob wir von Kunstwerken Impulse empfangen oder nicht. Damit ist das Geschmacksurteil aber noch zu einseitig vom Objekt her verstanden. Diese Einseitigkeit müssen wir noch korrigieren. Es geht uns in der Auseinandersetzung mit Kunstwerken nicht einfach darum, Impulse zu erhalten. Es geht uns vielmehr um Impulse, die es uns erlauben, uns in produktiver Weise weiterzuentwickeln. In Geschmacksurteilen geht es also immer auch um uns als die Subjekte, die diese Urteile fällen. In diesem Punkt ist es wichtig, Kant zu folgen.

Wie gesehen argumentiert Kant, dass Geschmacksurteile etwas über die urteilenden Subjekte aussagen. Nun habe ich Kants Analyse kritisiert, weil er das Subjekt erstens zu formal fasst und weil er zweitens in seiner Analyse die Objekte aus dem Blick verliert. Wie können wir Kant folgen, ohne wiederum diese Kritik auf uns zu ziehen? Wir müssen die Geschmacksurteile als Aussagen über die urteilenden Subjekte konkret fassen. Das Kunstwerk wird so als eines beurteilt, das mich gewissermaßen fragt, wer ich eigentlich bin. Das Kunstwerk konfrontiert mich mit Verständnissen, die mich in meinen Selbstverständnissen herausfordern. Insofern habe ich immer wieder betont, dass ein Moment von Infragestellung wesentlich für ästhetische Erfahrungen ist.

Kunstwerke sind Herausforderungen an unsere Selbstverständnisse. Sie richten sich an unsere Antworten auf die Frage, wer wir sind, oder besser gesagt: als wen wir uns begreifen. Gerade bei Kunstwerken, die uns bestätigen, wird das besonders deutlich. So kann es sein, dass ich wieder und wieder die Gemälde von Lyonel Feininger betrachte, dass ich mir viele Reproduktionen dieser Gemälde besorge, und dies aus dem schlichten Grund, dass ich die Welt im Lichte dieser Gemälde sehe. Oder die Musik Gustav Mahlers kann mich ansprechen wie sonst keine Musik auf dieser Welt, so dass ich immer wieder zu dieser Musik zurückkehre, um zu mir selbst zu finden. In dieser Weise können Kunstwerke für unser jeweiliges Selbstverständnis prägend werden.

Dies halten wir dann auch in Geschmacksurteilen fest: Geschmacksurteile sind an uns als urteilende Subjekte also dadurch gebunden, dass sie zum Ausdruck bringen, inwiefern Kunstwerke für unsere Selbstverständnisse ein prägendes Potential haben.

Nun habe ich immer wieder betont, dass Geschmacksurteile nicht einfach als Ausdruck subjektiver Präferenzen zu verstehen sind. Es ist also wichtig, die Prägung von Selbstverständnissen nicht als ein bloß subjektives Geschehen zu begreifen. Es kann ja auch kein Zweifel daran bestehen, dass es viele Kunst- und Musikliebhaber gibt, denen Gemälde von Feininger oder die Musik Mahlers wenig oder gar nichts bedeuten. Insofern kann die Prägung von Selbstverständnissen einzelner Subjekte als Basis von Geschmacksurteilen nicht besagen, dass die Geschmacksurteile nur diese Prägung ausdrücken. Vielmehr artikulieren sie das allgemeine Potential zu einer solchen Prägung.

Urteile, die ein Gelingen von Kunstwerken feststellen, sprechen diesen Werken ein bestimmtes Potential zu. Sie haben demnach das Potential, uns in unseren Selbstverständnissen herauszufordern. Dass wir uns in unseren Selbstverständnissen bestätigt finden, ist eine Art und Weise, in der eine solche Herausforderung sich manifestiert. Eine andere Art und Weise liegt darin, dass Kunstwerke Veränderungen unserer Selbstverständnisse anstoßen. Aber diesen Anstößen sind wir nicht einfach so ausgeliefert. Sie wirken vielmehr auf uns im Lichte der Frage, wer wir sein wollen. Kunstwerke stellen uns so gesehen oft vor genau diese Frage: Wer wollen wir sein?

Kunstkritik handelt letztlich immer auch von dieser Frage. Sie kritisiert Kunstwerke mit Blick darauf, ob die durch sie realisierten Herausforderungen für die Entwicklung unserer Selbstverständnisse als produktiv einzuschätzen sind. Betrachten wir als Beispiel noch einmal Mahlers Musik. Denkbar ist zum Beispiel, dass diese Musik in ihrer ästhetischen Gestalt geschätzt, aber doch zugleich für ihre emotionale Suggestivkraft kritisiert wird. Eine solche Kritik kann darauf zielen, dass die Musik uns zu sentimentalisch stimmt (man denke zum Beispiel an die Filmmusik zu Luchino Viscontis Verfilmung von Thomas Manns *Der Tod in Venedig*, die als Filmmusik Teile aus Mahlers 3. und vor allem das *Adagietto* aus der 5. Sinfonie verwendet). Sie kann geltend machen, dass ein solches sentimentalisches Gestimmtsein für die nüchterne Auseinandersetzung mit anderen und der Welt nicht produktiv ist. Sofern Mahlers Musik in dieser Weise kritisiert wird, werden die von ihr ausgehenden Impulse als solche eingeschätzt, die uns zu solchen machen, die wir gerade nicht sein wollen.

Kunstkritik ist in dieser Weise immer um die Fragen zentriert, wer wir sind und wer wir sein wollen. Sie lotet die in Kunstwerken realisierten Herausforderungen daraufhin aus, ob sie ein Potential haben, für unser jeweiliges Selbstverständnis produktiv zu sein. Auch wenn viele Kunstkritiken allem Anschein nach nur von den Kunstwerken handeln, die sie besprechen, ist doch immer der Bezug auf uns als Subjekte mit im Spiel. Der Wert der Kunst liegt darin, Selbstverständigungen anzustoßen. Aus diesem Grund ist die Bewertung von Kunst naheliegenderweise damit verbunden, dass die Realisierung dieses Werts befragt wird.

Die Missachtung der Kunstkritik in der Kunstphilosophie

Wenn man in der vorgeschlagenen Weise Kunstkritik als ein wesentliches Element unserer Auseinandersetzung mit Kunst begreift, kann man sich fragen, warum viele wichtige Positionen der Kunsttheorie und Kunstphilosophie in der Tradition in ihrer Erläuterung von Kunst nicht auf Kunstkritik zu sprechen kommen. Ja, mehr noch: Immer wieder wird Kunstkritik eher abfällig kommentiert. Nicht zuletzt ist auch dieses Buch, obwohl ich den Streit um die Kunst von Anfang an betont habe, gut 10 Jahre lang ohne dieses letzte Kapitel erschienen. Ich selbst habe, als ich die erste Version des Buches verfasst habe, die Relevanz von Kunstkritik als eines Mediums, in dem der Streit um die Kunst mit ausgetragen wird, nicht angemessen eingeschätzt.

Deshalb ist es wichtig, sich zu fragen, warum es im Nachdenken über Kunst eine Tendenz gibt, Kunstkritik entweder zu unterschätzen oder sie sogar als problematisch zu bewerten. Diese Frage können wir in zwei Hinsichten verfolgen:

Erstens können wir uns fragen, was Philosophien sich von Kunst versprochen haben, so dass Kunstkritik nicht zu dem Versprechen passte. Hier sind die Kunstphilosophien von Gadamer und Adorno instruktiv.

Zweitens ist die Frage von Interesse, welches Moment der Kunstkritik nicht recht in das allgemeine Bild passt, das man sich gerne von Kunst macht. Hier werde ich noch einmal auf den kontroversen Charakter der Kunstkritik zu sprechen kommen.

Kunst als Rationalitätskritik: Gadamer und Adorno

Besonders in der Philosophie des 20. Jahrhunderts hat es zuweilen die Tendenz gegeben, sich von Kunst besonders viel zu versprechen. Kunst wird dabei gewissermaßen als die bessere Philosophie verstanden. Dieser überraschende Gedanke lässt sich folgendermaßen begründen: Kunst erlaubt es uns, Rationalität in neuer Weise zu verstehen. Hans-Georg Gadamer und Theodor W. Adorno haben diese These in sehr unterschiedlicher Weise vertreten. Gadamer geht es darum begreiflich zu machen, dass Rationalität in einer Offenheit dafür liegt, sich in seinen Verständnissen in Frage stellen zu lassen. Eine solche Infragestellung sieht er paradigmatisch in der Kunst gegeben (ganz im Sinne der Ausführungen in diesem Buch). Adorno will hingegen eine Form von Rationalität begründen, die nicht auf Begriffen beruht. Rationalität soll darin bestehen, dass man sich auf Gegenstände in ihren Eigenarten einlässt. Hierfür ist die Kunst ein leuchtendes Beispiel.

Wer sich von Kunst in diesen oder in anderen Weisen ein neues Verständnis von Rationalität verspricht, ist skeptisch gegenüber den von Kunst überwundenen Formen der Rationalität. Genau solche Formen aber vermutet er argwöhnisch, wo Subjekte sich von sich aus zu Kunst äußern. Aus der Perspektive Gadamers und Adornos mag es so aussehen, als sei Kunstkritik eine Form, die gerade die neuen Impulse der Kunst für Rationalität verhindere. In der Kunstkritik äußern sich, so scheint es, die Subjekte in der ihnen vertrauten Form der Rationalität. Sie artikulieren Verständnisse, die sie bereits haben. Und sie gebrauchen dabei unhinterfragt Begriffe. So scheint Kunstkritik in ihrer Form alles beim Alten zu lassen. Wenn das stimmt, dann wäre dadurch das Potential der Kunst tatsächlich verfehlt.

Aber es stimmt nicht. Auch dann, wenn man der Kunst eine Neuausrichtung unserer Verständnisse von Rationalität zutraut, braucht man Kunstkritik nicht zu fürchten. Denn nichts auf der Welt schließt aus, dass Kunstkritik die Anstöße von Kunstwerken zur Weiterentwicklung von Rationalität aufnimmt. Dies ist sogar genau das, was wir von kunstkritischen Texten erwarten. Kunstkritische Texte oder Beiträge in Diskussionen sind nur dann gelungen, wenn sie den Kunstwerken gerecht werden. Das aber können sie nur, wenn sie die Impulse der Kunstwerke aufgreifen. Kunstkritische Texte oder Beiträge sind aus diesem Grund immer mit Interpretationen verbunden. Interpretation besteht gerade darin, den Strukturen im Kunstwerk zu folgen (vgl. S. 248 ff.). Wenn also vom Kunstwerk eine Neuausrichtung von Rationalität ausgeht, dann führen Interpretationen eine solche Neuausrichtung in konkreter Weise aus. So geht die Neuausrichtung auch in kunstkritische Diskussionen und Texte ein.

Es ist also ein falsches Verständnis von Kunstkritik, sie als eine bloß äußerliche Bewertung von Kunstwerken zu verstehen. Kunstkritik steht nicht äußerlich zu Kunstwerken. Vielmehr ist sie ein wesentlicher Bestandteil dessen, was Kunst ist. Als ein solcher Bestandteil ist sie mit den Strukturen der Kunstwerke verbunden. Zwar kann es kunstkritische Texte oder Beiträge geben, die den von Kunstwerken ausgehenden Herausforderungen nicht gerecht werden. Es besteht jedoch keine Berechtigung dazu, der Kunstkritik den Zugang zu den von Kunstwerken ausgehenden Impulsen grundsätzlich abzusprechen. Kunstkritik kann zum Beispiel gerade eine Neuausrichtung unseres Verständnisses von Rationalität artikulieren. Der genannte Vorbehalt läuft ins Leere.

Gegen den Streit: Ein falsches Verständnis von Objektivität

Damit aber sind die Vorbehalte gegenüber der Kunstkritik noch nicht erledigt. Ein weiterer Vorbehalt besagt nämlich, dass der kunstkritische Streit Kunstwerken Unrecht tut. Kunstwerke verdienen es, dass man sich voll und ganz auf sie einlässt. Wenn man sich hingegen endlos über sie streitet und sie zum Teil derben Kritiken unterzieht, wird man ihnen nicht gerecht.

Der Streit, wie er zum Beispiel *Das Literarische Quartett* immer wieder beherrschte, wird so als das verstanden, was an Kunstkritik eigentlich problematisch ist: Solange keine Möglichkeit denkbar ist, den Streit zu überwinden, kann demnach Kunstkritik der Kunst nicht gerecht werden. Meine Überlegungen haben nun zum Ergebnis, dass wir nicht von der Möglichkeit der Überwindung des Streits ausgehen sollten. So scheint eine Skepsis gegenüber Kunstkritik unumgänglich. Auf einen Slogan gebracht: Solange der Streit in der Kunstkritik das letzte Wort hat, muss man die Kunst vor ihr schützen.

Aber auch diese Skepsis der Kunstkritik gegenüber ist unberechtigt und dies aus zwei Gründen. Erstens zehrt sie von einem falschen Begriff von Objektivität. Zweitens wird mit dieser Skepsis der Freiheit von Rezipierenden gegenüber Kunstwerken, wie sie Hume bereits als wesentliches Moment von Geschmacksurteilen verstanden hat, nicht ausreichend Rechnung getragen. Beide Gründe kann man folgendermaßen im Zusammenhang erläutern: Objektiv ist, so will der Vorbehalt, das, was über allen Streit erhaben ist. Wer Zugang zu ihm hat, ist über den Streit hinausgelangt. Ein entsprechender Gedanke ist auch in Bezug auf Kunst verbreitet: Hier ist Adorno besonders deutlich. Er spricht von einem »Vorrang des Objekts«[91] in der Kunst. Das kann man als Ausdruck des Gedankens verstehen, dass es in der Kunst Erfahrungen von Objekten gibt, die sich den Rezipierenden auferlegen. Wenn Kunst wirklich erfahren wird, dann nimmt sie die Rezipierenden ganz in ihren Bann. Die Erfahrung macht so jeden Streit sinnlos.

Wie wir an unterschiedlichen Stellen der zurückliegenden Überlegungen gesehen haben, steckt in diesem Gedanken durchaus ein wahrer Kern. Wer sich mit Kunstwerken auseinandersetzt, gibt sich einem Objekt hin. Er folgt ganz den Konfigurationen des Objekts. In diesem Sinn liegt durchaus ein Vorrang des Objekts vor. Allerdings folgt aus all dem nicht, dass Objekte sich einfach den Rezipierenden auferlegen. Dass man sich Kunstwerken als Objekten hingibt, heißt nicht, dass das Objekt die Rezipierenden einfach manipuliert.

Es mag Momente in der Auseinandersetzung mit Kunstwerken geben, in denen diese eine ganz und gar suggestive Kraft auf Rezipierende ausüben. Aber die Auseinandersetzung mit Kunstwerken geht in einer solchen Suggestivkraft keineswegs auf. Ganz im Gegenteil: Die Auseinandersetzung mit Kunstwerken setzt voraus, dass Rezipierende aus

91 Adorno, Ästhetische Theorie (s. Anm. 4), S. 111 u. ö.

freien Stücken mit ihnen umgehen. Kunstwerke können Rezipierende nur dann ansprechen, wenn sie sich mit ihren Verständnissen ins Spiel bringen. Das ist bei einer Manipulation aber gerade nicht der Fall. Aus diesem Grund ist die Rezeption von Kunstwerken mit einer Kritik an Manipulation verbunden (wie ich mit meinen Beispiel einer möglichen Kritik an Mahlers Musik oben angedeutet habe). Eine solche Kritik findet unter anderem in der Kunstkritik statt. Die Kunstkritik muss also als ein Element der Auseinandersetzung mit Kunstwerken verstanden werden, das die Freiheit im Umgang mit Kunst sichert.

Für diese Freiheit wiederum ist der Streit zwischen Rezipierenden unerlässlich. Wenn sich Rezipierende aus freien Stücken zu Kunstwerken verhalten, können sie von sich aus nicht sicherstellen, dass sie dem Objekt gerecht werden. Sie brauchen die Perspektiven der anderen, um zu klären, ob ihr Verständnis des Objekts angemessen ist. Diese erlauben es Rezipierenden, Distanz von ihren je eigenen Perspektiven zu gewinnen. Anderen gegenüber müssen sie die Anstöße, die sie durch Kunstwerke erfahren, artikulieren. Dabei setzten sie sich dem Widerspruch und den möglicherweise andersartigen Erfahrungen anderer aus. In diesem Sinn ist der Streit wesentlich, um einen freien Bezug zum Objekt zu entfalten und zugleich nicht in einem problematischen Subjektivismus zu enden.

In kunstkritischen Kontroversen werden Divergenzen von Perspektiven ausgelotet. Dadurch lernen Rezipierende, die eigenen Erfahrungen aus der Konfrontation mit den Perspektiven anderer besser zu verstehen. Kurz gesagt: Sie gewinnen gleichermaßen sowohl Distanz zu dem in Auseinandersetzung mit dem Kunstwerk gewonnenen Anstoß als auch zu sich selbst. Dadurch begründet der Streit Objektivität. Er besiegelt nicht die Unmöglichkeit von Objektivität, sondern genau das Gegenteil. Insofern ist es ein Missverständnis, den Streit als eine Interaktion zu verstehen, mit der man sich vom Objekt entfernt. Auch diese Skepsis greift nicht.

Kunstkritik und der Streit um das Gelingen von Kunst

Vom ersten Kapitel an habe ich die These vertreten, dass Kunst grundsätzlich umstritten ist. Kunst ist eine Praxis, in der nichts auf selbstverständliche Weise funktioniert. Wir haben nun gesehen, dass zum Umstrittensein der Kunst immer auch die Kunstkritik gehört. In kunstkritischen Diskussionen und Texten wird der Streit um Kunst ausgefochten. Dieser Streit ist gerade deshalb wesentlich für die Entwicklung von Kunst, weil in Bezug auf Kunst gerade nichts selbstverständlich ist. Kunst kann nur aufgrund dieser fehlenden Selbstverständlichkeit gelingen.

Das Fehlen von Selbstverständlichkeit ist im künstlerischen Schaffen nur allzu offensichtlich. Wer immer sich an Kunst versucht hat, kann ein Lied davon singen. Bei der Arbeit an einem Kunstwerk wird stets um ein Gelingen von Kunst gerungen. Dieses Ringen findet in der Arbeit am künstlerischen Material statt, in der Entwicklung eines in seiner Materialität konkreten Zeichens.

Dabei aber ist eine Künstlerin mit ihrem Material nicht allein. Sie arbeitet vielmehr in einer Tradition, zu der besonders die bereits bestehenden Werke der Gattung gehören, zu der das von ihr geschaffene Werk einen Beitrag leisten soll. Sie kennt andere Werke und deren Herausforderungen. Zugleich ist sie aber auch mit Interpretationen und Kritiken solcher anderen Werke vertraut. Ob direkt oder indirekt: Sie hat mit anderen über solche Werke diskutiert und hat dabei Verständnisse dessen gewonnen, was Kunst als Herausforderung menschlicher Selbstverständnisse leisten sollte (auch wenn sie das normalerweise sicher nicht so ausdrücken würde). Interpretationen und Kritiken haben ihr Kriterien ersichtlich gemacht, die sie an das Gelingen von Kunst anlegt. So ringt sie um das von ihr geschaffene Werk im Lichte dieser Kriterien.

Kunstkritik ist insofern ein zentrales Element der Realisierung von Kunst angesichts ihrer fehlenden Selbstverständlichkeit. Wie wir gesehen haben, ist sie genauso wichtig für die Stiftung der Gemeinschaft derer, die sich mit Kunst auseinandersetzen, wie für ihre Freiheit im Umgang mit Kunst. In Kunstkritik wird darum gestritten, was es heißt, dass Kunstwerke für Selbstverständnisse produktive Herausforderungen entwickeln. Es wird sowohl um Bewertungen des Gelingens als auch genauso um solche des Scheiterns gekämpft. All solcher Streit stiftet Zusammenhänge in der Auseinandersetzung mit Kunst. Der Streit wird also falsch verstanden, wenn man ihn als ein kunstfremdes Verhalten schilt. Die in Kunstwerken realisierten Herausforderungen, wie wir sie kennen, sind ohne diesen Streit nicht denkbar.

Die weitläufigen Überlegungen, die ich in den Kapiteln vier bis sechs der Beschaffenheit von Kunstwerken und der Auseinandersetzung mit ihnen gewidmet habe, müssen also um die soweit entfalteten Überlegungen zur Kunstkritik ergänzt werden. Erst dadurch wird das Bild davon, wie Kunstwerke zur Selbstverständigung beitragen, vollständig. Wer sich mit einem Kunstwerk befasst, muss genau hinsehen und hinhören. Er muss sowohl Strukturen des Werks als auch genauso Brüche innerhalb dieser Strukturen nachvollziehen, und seine Strukturierungsarbeit in Interpretationen artikulieren. Nicht zuletzt aber muss er sich auch eine Meinung dazu bilden, ob das Kunstwerk seine Mühe lohnt oder nicht. Unabhängig davon, ob er diese Meinung äußert oder nicht: Sofern er sie hat, betätigt er sich kunstkritisch: Er trägt etwas zu der Frage bei, was es heißt, den Wert der Kunst zu realisieren.

Im ersten Kapitel habe ich dafür argumentiert, dass wir in der Kunstphilosophie nach dem Wert fragen müssen, den Kunst für uns hat. Diese Frage aber kommt, so habe ich auch zu Anfang bereits gesagt, nicht erst durch kunstphilosophische Überlegungen in die Welt. Vielmehr kommt sie in ganz alltäglichen Diskussionen ins Spiel. Diejenigen, die einen Roman lesen, fragen sich genauso, ob sich die Lektüre für sie gelohnt hat, wie diejenigen, die aus dem Kino gehen, sich fragen, was sie von dem Film halten, den sie gesehen haben. Wo immer es um Kunst geht, wird nach ihrem Wert gefragt. Ohne Kunstkritik gibt es keine Kunst.

Der Wert der Kunst für uns: ein Resümee

Die Überlegungen dieses Buches haben mit der These begonnen, dass es Kunst nur als etwas gibt, das einen bestimmten Wert für uns hat. Dieser Wert lässt sich mit dem Begriff der Selbstverständigung umreißen. Man kann die grundlegende Weichenstellung der Philosophie der Kunst, die ich in den vorangehenden Kapiteln zum Ausgangspunkt gewählt habe, noch einmal in folgenden Aussagen verdichten: Kunstwerke gehören nicht zur Ausstattung der von Menschen unberührten Welt. Sie bilden einen Teil der Ausstattung *unserer* Welt – der Welt, in der wir in vielfältiger Weise zu Verständnissen und Selbstverständnissen kommen. Im Rahmen dieser Welt stellt Kunst eine besondere, an sinnlich-materiale Gegenstände und Geschehnisse gebundene Form der Selbstverständigung dar.

Die Besonderheit der ästhetischen Selbstverständigung besteht allerdings auch darin, dass in ihr eigentümlich spannungsreiche Verständnisse zustande kommen. Das spannungsreiche Geschehen ästhetischer Selbstverständigung umfasst in Frage stellende, bestätigende und verändernde Momente des Verstehens. Kunstwerke sind als Zeichen zu begreifen, hinsichtlich deren der Prozess des Verstehens in besonderer Weise krisenhaft ist. Im Vorangegangenen wurde diese Krisenhaftigkeit unter anderem so expliziert, dass die spezifische Sprachlichkeit eines Kunstwerks erschlossen werden muss. Kunstwerke sind Zeichen, deren Sprache nicht umstandslos verstanden werden kann. Kunstwerke sind Zeichen, die sich für uns nicht einfach in Verständnisse münzen lassen.

Das Spannungsfeld ästhetischer Selbstverständigung

kann man in den Begriffen »eigene Sprache«, »materiales Verstehen«, »Grenzen des Verstehens« und »Unterbrechungen des Verstehens« ausbuchstabieren. Kunstwerke sind Zeichen, an deren sinnlich-materialer Gestalt wir Verständnisse entwickeln. Unabhängig davon, ob es sich um eine antike Plastik, um eine moderne Tanzperformance oder um eine Erzählung handelt: Immer konfrontiert ein Kunstwerk seine Rezipienten mit einer bestimmten sinnlich-materialen Gestalt, an der entlang diese Rezipienten Verständnisse gewinnen können. Verständnisse kommen dadurch zustande, dass sinnlich-materiale Momente eines Kunstwerks in Beziehungen zueinander gesetzt werden und somit Strukturen entstehen. Alles Verständnisgeschehen in der Auseinandersetzung mit Kunstwerken lässt sich so begreifen, dass es darum bemüht ist, die spezifische Sprache eines Kunstwerks in ihren Strukturen zu erfassen. Die Strukturierungsarbeit stößt aber immer wieder auf Momente, die in die Struktur nicht direkt einbezogen werden können. Das können Momente sein, in denen das Material in seiner eigenen Verständlichkeit präsentiert wird. Andere solcher Momente bringen das Verstehen an seine Grenzen. Ein Kunstwerk erweist sich als unüberschaubar oder überbestimmt oder als fragmentiert. Zuletzt finden sich Momente, die das Verstehen ganz und gar unterbrechen.

Alle Strukturbildung im ästhetischen Verständnisgeschehen ereignet sich in einem Spiel der Integration und Desintegration einzelner Bestandteile. Durch die Momente, die sich desintegrieren, fällt ein Licht auf die Strukturbildung – sie wird als solche in Frage gestellt. Insgesamt ist das ästhetische Verstehen ein prekäres Verstehen – ein Verstehen, das durchweg krisenhaft bleibt. Gerade sein prekärer Charakter zeichnet das ästhetische Verstehen als eine Form der Selbstverständigung aus. Das Verständnisgeschehen der Kunst ist durch seine mangelnde Selbstverständlichkeit charakterisiert. Immer geht es auch von dem Aspekt der Infragestellung aus.

Ästhetisches Verstehen ist ein Verstehen, das uns als solche, die (sich) in einer Welt verstehen, herausfordert. Die Herausforderung ästhetischen Verstehens kommt durch die Eigenständigkeit der Verständniswelten, die Kunstwerke sind, zustande. Die Verständniswelten können die Verständnisse, die wir mitbringen, bestätigen. Sie können diese Verständnisse allerdings auch verändern. So zeigt die ästhetische Selbstverständigung die Aspekte der Infragestellung von Verständnissen, der Verständnisbestätigung und der Verständnisveränderung. Das Verstehen in der Kunst stellt ein komplexes Verständnisgeschehen dar, das uns gerade durch seine interne Vielfältigkeit und Brüchigkeit in unseren Verständnissen anspricht und dadurch zu einer spezifischen Form von Selbstverständigung wird.

Die Bestimmungen der Kunst, die wir zusammengetragen haben, bestehen nicht unabhängig voneinander. Sie stellen nur Momente eines umfangreichen und vielgestaltigen Geschehens dar, das von unterschiedlichen ästhetischen Medien getragen wird und das uns als Verstehende anspricht. Immer wieder habe ich die Vielgestaltigkeit dieses Geschehens in den vorhergehenden Ausführungen mit dem Begriff des Spannungsfelds charakterisiert. Kunst ist ein Spannungsfeld in dem Sinn, dass diejenigen, die sie verstehen wollen, mit gegenläufigen Tendenzen rechnen müssen. Immer wieder hängen in der Kunst Aspekte wie Verständnisreichtum und Verständnisferne eng zusammen.

Kunst ist allerdings nicht nur als Verständnisgeschehen spannungsreich. Auch der Zusammenhang unterschiedlicher sinnlicher Medien und Verfahrensweisen bedeutet ein eigenes spannungsreiches Geschehen der Kunst. Kunst ist untrennbar mit der Differenzierung von Künsten verbunden. Das Verständnisgeschehen der Kunst ist ein Verständnisgeschehen unterschiedlicher sinnlicher Formen und Ausdrucksweisen, unterschiedlicher Materialien und Darbietungsformen. Auf ihre je eigene Art verwirklichen die Künste die Spannung zwischen der Infragestellung des Verstehens, der Bestätigung und Veränderung von Verständnissen. Sie realisieren damit gemeinsam den Wert, den Kunst für uns darstellt: in einer besonderen Weise Selbstverständnisse von uns und unserem Stand in der Welt zu gewinnen.

Kunst gibt es nur dann, wenn Werke mit Blick auf unsere Verständnisse von und in der Welt zu sprechen beginnen. Eine Opern-Aufführung kann uns in diesem Sinn genauso ansprechen wie eine Lektüre dadaistischer Lyrik. Musik, Tanz und viele andere ästhetische Formen können alle in unsere Verständnisse eingreifen. Ohne einen solchen Eingriff bleibt Kunst stumm. Für den distanzierten Beobachter gibt es keine Kunst. Wenn Kunstwerke nicht auf irgendeine Weise beginnen, uns anzusprechen, haben sie womöglich noch einen historischen oder kulturhistorischen Wert. Sie lassen sich dann aber nicht mehr als Kunst im engeren Sinn verständlich machen.

Die Philosophie der Kunst kann keinen Beitrag dazu leisten, dass Kunstwerke beginnen, Verständnisse zu wecken. Sie setzt erst dort ein, wo ästhetische Verständnisgeschehen bereits gegeben sind. Wo ästhetische Erfahrungen zustande kommen, sind sie damit verbunden, dass sie Fragen aufwerfen. Im 17. und 18. Jahrhundert ist hier von Fragen des Geschmacks gesprochen worden. Es scheint aber plausibler, von Fragen des Verstehens zu sprechen. Kunstwerke werfen die Frage auf, inwiefern sie zu einer Selbstverständigung von Menschen beitragen, inwiefern sie für Menschen in diesem Sinn sprechend werden. Kunst ist von einem ständigen Nachdenken über Kunst begleitet. Wie wir gesehen haben, ist Kunstkritik die Praxis, in der dieses Nachdenken in besonderer Weise gepflegt wird. Zu ihm kann aber auch die Philosophie einen Beitrag leisten. Sie kann die mit der Kunst verbundenen Fragen aufklären. Sie kann Begriffe vorschlagen und den Zusammenhang von Begriffen beleuchten, die in Bezug auf die Auseinandersetzung mit Kunst aufschlussreich sind. Die Philosophie der Kunst stattet damit das Nachdenken über Kunst günstigstenfalls mit einem Handwerkszeug aus.

Von den Liebhabern der Kunst ist immer wieder geargwöhnt worden, dass die Philosophie oder, allgemeiner gesprochen, die theoretische Interpretation die Erfahrung der Kunst verhindere. Es kann kein Zweifel daran bestehen, dass dieser Argwohn zu Recht die Hilflosigkeit festhält, die viele Theoretiker angesichts der Kunst überkommt. Diese Hilflosigkeit ist auch in vielen Philosophien der Kunst zu spüren. Sie liegt unter anderem darin begründet, dass in der Philosophie immer wieder philosophische Hoffnungen mit der Kunst verbunden wurden. Kunst sollte als eine Instanz verstanden werden, die die Lösbarkeit schwerwiegender philosophischer Fragen garantiert. Bei einem solchen Vorhaben kann ein Blick auf konkrete Kunst nur Irritationen hervorrufen. Dennoch haben die Überlegungen, die hinter uns liegen, meines Erachtens gezeigt, dass der Argwohn der Kunst der Philosophie gegenüber letztlich zu Unrecht besteht. Die Philosophie der Kunst trägt keine Fragen an unsere Praktiken mit Kunstwerken heran, die nicht schon innerhalb dieser Praktiken vorkämen. Das Nachdenken über Kunst muss so verstanden werden, dass es realisiert, was die Kunst immer schon fordert: ihre Bestimmung zu diskutieren. Kunst, die nicht in dieser Weise auf ihre Bestimmung hin umstritten ist, ist keine mehr. Aus diesem Grund nimmt es nicht wunder, dass das philosophische Nachdenken über Kunst einen ernst zu nehmenden Beitrag in Fragen der Kunst zu erbringen vermag.

Mit dem begrifflichen Handwerkszeug der Philosophie kann die Fragwürdigkeit, die alle Kunst mit sich bringt, angegangen werden. Es kann darüber gestritten werden, in welcher Weise ein Kunstwerk uns anspricht, wie es zu verstehen ist, worin seine Besonderheit liegt, usw. Um den philosophischen Ertrag in dieser Weise zu erproben, bedarf es allerdings nicht mehr der Philosophie, sondern der tatsächlichen Auseinandersetzung mit Kunst. Soll dieser Text zu seiner wahren Bestimmung gelangen, ist es also nun erforderlich, ihn wegzulegen und sich dem zu widmen, was ihn allein sinnvoll erscheinen lässt: der Erfahrung von Kunst.

Literaturhinweise

Grundlegende Literatur

Adorno, Theodor W.: Ästhetische Theorie. Frankfurt a. M. 1973.
– Noten zur Literatur. Frankfurt a. M. 1974.
– Philosophie der neuen Musik, Frankfurt a. M. 1976.
Aristoteles: Poetik. Übers., Einl. und Anm. von Olof Gigon. Stuttgart 1978.
Baumgarten, Alexander Gottlieb: Theoretische Ästhetik. Die grundlegenden Abschnitte aus der *Aesthetica* (1750/58). Hamburg 1983.
Benjamin, Walter: Das Kunstwerk im Zeitalter seiner technischen Reproduzierbarkeit. Frankfurt a. M. 1963.
Collingwood, Richard G.: The Principles of Art. Oxford 1938.
Croce, Benedetto: Ästhetik als Wissenschaft des Ausdrucks und allgemeine Linguistik. Theorie und Geschichte. Übers. von Hans Feist und Richard Peters. Tübingen 1930.
Danto, Arthur C.: Die Verklärung des Gewöhnlichen. Eine Philosophie der Kunst. Übers. von Max Looser. Frankfurt a. M. 1984.
Derrida, Jacques: Die Wahrheit in der Malerei. Übers. von Michael Wetzel. Bearb. der Übers. von Dagmar Travner. Wien 1992.
– Gestade. Übers. von Monika Buchgeister und Hans-Walter Schmidt. Wien 1994.
Dewey, John: Kunst als Erfahrung. Übers. von Christa Velten [u. a.]. Frankfurt a. M. 1988.
Dickie, George: Art and the Aesthetic. Ithaca (N. Y.) 1974.
Eco, Umberto: Einführung in die Semiotik. Übers. von Jürgen Trabant. München 1972.
– Das offene Kunstwerk. Übers. von Günter Memmert. Frankfurt a. M. 1973.
Gadamer, Hans-Georg: Die Aktualität des Schönen. Stuttgart 1977.
– Wahrheit und Methode. Grundzüge einer philosophischen Hermeneutik. 6. Aufl. Tübingen 1990.

Goodman, Nelson: Sprachen der Kunst. Entwurf einer Symboltheorie. Übers. von Bernd Philippi. Frankfurt a. M. 1995.
Hegel, Georg Wilhelm Friedrich: Vorlesungen über die Ästhetik (I–III). In: G.W. F. H.: Werke in 20 Bänden. Bd. 13–15. Frankfurt a. M. 1977.
Heidegger, Martin: Der Ursprung des Kunstwerkes. In: M. H.: Holzwege. 7. Aufl. Frankfurt a. M. 1994. S. 1–74.
Hume, David: Über die Regel des Geschmacks. In: Jens Kulenkampff (Hrsg.): Materialien zu Kants *Kritik der Urteilskraft*. Frankfurt a. M. 1974, S. 43–63.
Kant, Immanuel: Kritik der Urteilskraft. In: I. K.: Werkausgabe. Bd. 10. Frankfurt a. M. 1977.
Lessing, Gotthold Ephraim: Laokoon oder Über die Grenzen der Malerei und Poesie. Stuttgart 1964.
Lukács, Georg: Die Theorie des Romans. München 1991.
– Die Eigenart des Ästhetischen. 2 Bde. Neuwied 1963.
Lyotard, Jean-François: Essays zu einer affirmativen Ästhetik. Übers. von Eberhard Kienle und Jutta Kranz. Berlin 1982.
– Die Analytik des Erhabenen. Übers. von Christine Pries. München 1994.
Merleau-Ponty, Maurice: Das Auge und der Geist. Philosophische Essays. Auf der Grundlage der Übers. von Hans Werner Arndt neu bearb., komm. und mit einer Einl. hrsg. von Christian Bermes. Hamburg 2003.
– Die Prosa der Welt. Übers. von Regula Giuliani. 2. Aufl. München 1993.
Nietzsche, Friedrich: Die Geburt der Tragödie aus dem Geiste der Musik. Stuttgart 1981.
Paul, Jean: Vorschule der Ästhetik. Hamburg 1990.
Platon: Phaidon oder Von der Unsterblichkeit der Seele. Nach der Übers. von Friedrich Schleiermacher neu durchges. Stuttgart 1987.
– Der Staat. Übers. von Karl Vretska. Stuttgart 1958.
Rosenkranz, Karl: Ästhetik des Häßlichen. 2. Aufl. Leipzig 1996.
Schelling, Friedrich Wilhelm Josef: Texte zur Philosophie der Kunst. Stuttgart 1982.

Schiller, Friedrich: Kallias oder Über die Schönheit. Über Anmut und Würde. Stuttgart 1971.
– Über die ästhetische Erziehung des Menschen in einer Reihe von Briefen. Stuttgart 1986.
Schleiermacher, Friedrich Daniel Ernst: Ästhetik. Über den Begriff der Kunst. Hrsg. von T. Lehnerer. Hamburg 1984.
Schopenhauer, Arthur: Metaphysik des Schönen. München 1985.

Weiterführende Literatur

Bachtin, Michael M.: Die Ästhetik des Wortes. Übers. von Rainer Grübel und Sabine Reese. Frankfurt a. M. 1979.
Beardsley, Monroe C.: Aesthetics. Problems in the Philosophy of Criticism. Indianapolis 1958.
Bertram, Georg W.: Kunst als menschliche Praxis. Eine Ästhetik. Berlin 2014.
Bittner, Rüdiger / Pfaff, Peter (Hrsg.): Das ästhetische Urteil. Köln 1977.
Bubner, Rüdiger: Ästhetische Erfahrung. Frankfurt a. M. 1989.
Burri, Alex / Huemer, Wolfgang (Hrsg.): Kunst denken. Paderborn 2007.
Carroll, Noël: On Criticism. New York 2009.
Dahlhaus, Carl: Musikästhetik. Köln 1968.
Danto, Arthur C.: Die philosophische Entmündigung der Kunst. München 1993.
– Kunst nach dem Ende der Kunst. München 1996.
Davies, Stephen: Musical Meaning and Expression. Ithaca (N. Y.) 1994.
Derrida, Jacques: Aufzeichnungen eines Blinden. Übers. von Andreas Knop und Michael Wetzel. München 1997.
Feige, Daniel Martin: Kunst als Selbstverständigung. Paderborn 2012.
Fiedler, Konrad: Schriften zur Kunst. 2 Bde. Hrsg. von Gottfried Boehm. 2. Aufl. München 1991.
Früchtl, Josef: Ästhetische Erfahrung und moralisches Urteil. Eine Rehabilitierung. Frankfurt a. M. 1996.

Gaskell, Ivan / Kemal, Salim (Hrsg.): Explanation and Value in the Arts. Cambridge (Mass.) 1993.
Houlgate, Stephen (Hrsg.): Hegel and the Arts. Evanston 2007.
Imdahl, Max: Reflexion – Theorie – Methode. Gesammelte Schriften. Bd. 3. Frankfurt a. M. 1996.
Ingarden, Roman: Das literarische Kunstwerk. Tübingen 1962.
Jakobson, Roman: Poetik. Ausgewählte Aufsätze 1921–1971. Übers. von Regine Kuhn [u. a.]. Frankfurt a. M. 1979.
Jauß, Hans Robert: Ästhetische Erfahrung und literarische Hermeneutik. Frankfurt a. M. 1982.
Kern, Andrea / Sonderegger, Ruth (Hrsg.): Falsche Gegensätze. Frankfurt a. M. 2002.
Kivy, Peter: The Chorded Shell: Reflections on Musical Expression. Princeton (N. J.) 1980.
Levinson, Jerrold (Hrsg.): Aesthetics and Ethics: Essay at the Intersection. Cambridge (Mass.) 1998.
McIver Lopes, Dominic: Beyond Art. Oxford 2014.
Menke, Christoph: Die Souveränität der Kunst. Ästhetische Erfahrung nach Adorno und Derrida. Frankfurt a. M. 1991.
Menke, Christoph: Kraft. Ein Grundbegriff ästhetischer Anthropologie. Frankfurt a. M. 2008.
Menke, Christoph: Die Kraft der Kunst. Berlin 2013.
Menke, Christoph / Küpper, Joachim (Hrsg.): Dimensionen ästhetischer Erfahrung. Frankfurt a. M. 2003.
Nancy, Jean-Luc: Die Musen. Übers. von Gisela Febel und Jutta Legueil. Stuttgart 1999.
Noë, Alva: Strange Tools. Art and Human Nature. New York 2015.
Nussbaum, Martha C.: Love's Knowledge. Essays on Philosophy and Literature. Oxford 1990.
Pöggeler, Otto: Die Frage nach der Kunst. Von Hegel zu Heidegger. Freiburg i. Br. / München 1984.
Rancière, Jacques: Die Aufteilung des Sinnlichen. Die Politik der Kunst und ihre Paradoxien. Übers. von Maria Muhle [u. a.]. Berlin 2008.

Schmücker, Reinold: Was ist Kunst? Eine Grundlegung. München 1998.
Seel, Martin: Eine Ästhetik der Natur. Frankfurt a. M. 1991.
– Ästhetik des Erscheinens. München 2000.
Valéry, Paul: Eupalinos oder Der Architekt. Übertr. von Rainer Maria Rilke. Frankfurt a. M. 1995.
Vogel, Matthias: Medien der Vernunft. Eine Theorie des Geistes und der Rationalität auf Grundlage einer Theorie der Medien. Frankfurt a. M. 2001.
Walton, Kendall: Mimesis as Make-Believe: On the Foundations of the Representational Arts. Cambridge (Mass.) 1990.
Wellmer, Albrecht: Versuch über Musik und Sprache. München 2009.
Wollheim, Richard: Objekte der Kunst. Frankfurt a. M. 1982.

Einführungen in die Kunstphilosophie

Carroll, Noël: Philosophy of Art. A Contemporary Introduction. London [u. a.] 1999.
Davies, Stephen: The Philosophy of Art. Oxford 2006.
Dickie, George: Introduction to Aesthetics: An Analytic Approach. Oxford [u. a.] 1997.
Eldridge, Richard: An Introduction to the Philosophy of Art. Cambridge (Mass.) [u. a.] 2003.
Freeland, Cynthia: Auch das ist Kunst. Eine Einführung in die Kunsttheorie. Übers. von Christiane Spelsberg. Zürich/Berlin 2003.
Gethmann-Siefert, Annemarie: Einführung in die Ästhetik. München 1995.
Graham, Gordon: Philosophy of the Arts. An Introduction to Aesthetics. London [u. a.] 1997.
Lüdeking, Karlheinz: Analytische Philosophie der Kunst: Eine Einführung. München 1998.
Majetschak, Stefan: Ästhetik zur Einführung. Hamburg 2007.

Reicher, Maria Elisabeth: Einführung in die philosophische Ästhetik. Darmstadt 2005.
Scheer, Brigitte: Einführung in die philosophische Ästhetik. Darmstadt 1997.

Nachschlagewerke und Übersichtsdarstellungen zur Kunstphilosophie

Barck, Karlheinz (Hrsg.): Ästhetische Grundbegriffe. Stuttgart 2000.
Carroll, Noël (Hrsg.): Theories of Art Today. Madison 2000.
Cooper, David [u. a.] (Hrsg.): A Companion to Aesthetics. London 1995.
Hauskeller, Michael (Hrsg.): Was ist Kunst? Positionen der Ästhetik von Platon bis Danto. München 1999.
Hecken, Thomas / Spree, Axel (Hrsg.): Nutzen und Klarheit. Anglo-amerikanische Ästhetik im 20. Jahrhundert. Paderborn 2002.
Henrich, Dieter / Iser, Wolfgang (Hrsg.): Theorien der Kunst. Frankfurt a. M. 1982.
Kelly, Michael (Hrsg.): Encyclopedia of Aesthetics. 2nd. Revised Edition. Oxford 2014.
Koppe, Franz (Hrsg.): Perspektiven der Kunstphilosophie. Frankfurt a. M. 1991.
Kultermann, Udo: Kleine Geschichte der Kunsttheorie. Darmstadt 1987.
Lamarque, Peter / Olsen, Stein H. (Hgrs.): Aesthetics and the Philosophy of Art. The Analytical Tradition. An Anthology. Oxford 2004.
Neill, Alex / Ridley, Aaron (Hrsg.): The Philosophy of Art: Readings Ancient and Modern. New York 1995.
Nida-Rümelin, Julian / Betzler, Monika (Hrsg.): Ästhetik und Kunstphilosophie. Von der Antike bis zur Gegenwart in Einzeldarstellungen. Stuttgart 1998.

Oelmüller, Willi: Kolloquium Kunst und Philosophie. 3 Bde. Paderborn 1981 ff.
Schneider, Norbert: Geschichte der Ästhetik von der Aufklärung bis zur Postmoderne. Stuttgart 1996.

Personenregister

Zum Autor

Georg W. Bertram, geb. 1967. 1997 Promotion
phie an der Justus-Liebig-Universität Gießen. 2
litation an der Universität Hildesheim. Von 199
wissenschaftlicher Mitarbeiter an der Justus-Lie
versität Gießen. Von 2002 bis 2007 Juniorprofe
Philosophie an der Universität Hildesheim. Seit 20
fessor für Philosophie an der Freien Universität
Gastwissenschaftler an der University of Pittsburg
Gastprofessuren an den Universitäten Roma Tre,
und Wien. Wichtigste Publikationen: *Hermeneutik*
Dekonstruktion. Konturen einer Auseinandersetzung
Gegenwartsphilosophie (2002); *Die Sprache und das G*
ze. Entwurf einer antireduktionistischen Sprachphilosop
(2006); *Sprachphilosophie zur Einführung* (2011); (Hrs
Philosophische Gedankenexperimente. Ein Lese- und Stud
enbuch (2012; 2. Aufl. 2016); *Kunst als menschliche Prax*
(2014); *Hegels Phänomenologie des Geistes. Ein systematischer Kommentar* (i. Vorb.).